„Ich gründe eine Akademie für Selbstachtung."

LITERARISCHES LEBEN HEUTE
Herausgegeben von Kai Bremer

Band 1

PETER LANG
Frankfurt am Main · Berlin · Bern · Bruxelles · New York · Oxford · Wien

Kai Bremer (Hrsg.)

„Ich gründe eine Akademie für Selbstachtung."

Moritz-Rinke-Arbeitsbuch

PETER LANG
Internationaler Verlag der Wissenschaften

Bibliografische Information der Deutschen Nationalbibliothek
Die Deutsche Nationalbibliothek verzeichnet diese Publikation
in der Deutschen Nationalbibliografie; detaillierte bibliografische
Daten sind im Internet über http://dnb.d-nb.de abrufbar.

Umschlaggestaltung:
Olaf Glöckler, Atelier Platen, Friedberg

Umschlagabbildung:
Moritz Rinke vor dem Bahnhof in Worpswede.
Fotografie: © 2010, Lars Fischer, Grasberg.

Gedruckt auf alterungsbeständigem,
säurefreiem Papier.

ISSN 1868-954X
ISBN 978-3-631-59507-1
© Peter Lang GmbH
Internationaler Verlag der Wissenschaften
Frankfurt am Main 2010
Alle Rechte vorbehalten.

Das Werk einschließlich aller seiner Teile ist urheberrechtlich
geschützt. Jede Verwertung außerhalb der engen Grenzen des
Urheberrechtsgesetzes ist ohne Zustimmung des Verlages
unzulässig und strafbar. Das gilt insbesondere für
Vervielfältigungen, Übersetzungen, Mikroverfilmungen und die
Einspeicherung und Verarbeitung in elektronischen Systemen.

www.peterlang.de

INHALT

KAI BREMER
„Ich gründe eine Akademie für Selbstachtung." Zur Einleitung in das
Moritz-Rinke-Arbeitsbuch   9

I. Essays und Interviews zum literarischen Werk

THOMAS IRMER
Der Dramatiker Moritz Rinke: Das Spiel mit der Wirklichkeit   13

MICHAELA REINHARDT / MORITZ RINKE
Über Möglichkeitsmenschen und den Klang der Ideologisierung   23

KAI BREMER
Arrogante Naivität. Zur politischen Dimension von Rinkes Handlungspoetik   28

STEPHAN KRAFT
Komödie in der Psychiatrie – Psychiatrie als Komödie: Zur *Republik Vineta*
mit einigen Anmerkungen zur Verfilmung durch Franziska Stünkel   39

ULRIKE VEDDER
Ökonomie und Theater. Arbeitswelt und Simulation bei Moritz Rinke   50

VERENA AUFFERMANN / MORITZ RINKE
„Ich finde Moral gar nicht schlecht!". Ein Gespräch über Ethik und Literatur   63

MICHAELA REINHARDT
„Doch eure Welt, sie dient der Lüge!" Zu *Die Nibelungen*   69

ANDREAS PFLITSCH
„Wo ist die Wut?" Betrachtungen über das (Un-)Politische bei Moritz Rinke   85

PETER VON BECKER
„Ist es besser, über vieles wenig zu wissen, oder über weniges viel?"
Der Zeitungsschriftsteller Moritz Rinke – ein Porträt   94

SANDRA HEINRICI / MORITZ RINKE
„Ich suche schon die ganze Zeit nach diesem Doppelton."
Ein Werkstattgespräch über *Der Mann, der durch das Jahrhundert fiel*   102

II. Notizen zu Werkgenese, Rezeption und Werdegang

1. Lektüren und Inszenierungen

KLAUS VÖLKER
Die Melodie des Möglichkeitssinns 119

KLAUS SIEBENHAAR
Die verwandelten Koffer oder Wie es begann 122

MICHAEL EBERTH
Der Rabe im Blauwal. Improvisation über ein Thema aus Rinkes
Blauwal im Kirschgarten 125

JOHN VON DÜFFEL / KAI BREMER
„Humor macht meistens einsam." Ein Gespräch 131

MICHAEL PROPFE
Skizze zu einem Porträt des Autors als junger Mann 135

SIBYLLE BROLL-PAPE / KAI BREMER
„Theater lebt vom Dialog!" Ein Gespräch 138

ULRIKE MAACK
Wenn einer eine Reise tut ... oder: *Die Optimisten* 143

ULRICH KHUON
Von der Scheinhaftigkeit der Idylle 146

MARIO ADORF
„Aber nur unter der Bedingung, dass Sie den Hagen spielen!" 148

MAREN ZIMMERMANN
Der aufhaltsame Einbruch der Realität 150

MANFRED ORTMANN
Café Umberto.
„Don't play what's there. Play what's not there." (Miles Davis) 153

MICHAEL HEICKS
Mit Leichtigkeit über dem Abgrund tanzen 155

HARALD WOLFF, Mitarbeit: DAGMAR KANN-COOMANN
Darauf erstmal einen Latte Macchiato. Utopie und Wirklichkeit in Rinkes
Café Umberto 158

MICHAELA REINHARDT
Bilder einer verrutschten Welt 171

SABINE CARBON
Unglaubliche Wahrheiten jenseits der Coolness　178

STEPHAN KIMMIG
der lorax　183

2. Lebensläufe

JOHANN KRESNIK
Fast ein Sohn　189

PETRA BOLTE-PICKER / MORITZ RINKE
Den Widerstand studieren. Ein Gespräch über den Zufall des Schreibens　190

ULRICH HORSTMANN
Römische Elegie (für Moritz Rinke)　198

GÜNTHER RÜHLE
Rinke? Rinke kenne ich nicht!　199

TOM STROMBERG
Das vorenthaltene Video　201

HANS MEYER
Das große Stolpern? Impressionen von der WM 2005　203

KATHARINA ADLER
Vor dem Fliegen Schwimmstunden　204

CHRISTOPHER KLOEBLE
Leibgeschriebenes　207

VERZEICHNIS DER BEITRÄGER　211

„Ich gründe eine Akademie für Selbstachtung."

Zur Einleitung in das Moritz-Rinke-Arbeitsbuch

KAI BREMER

In *Café Umberto* setzt sich Moritz Rinke mit Problemen der Arbeitswelt in der postmodernen Industriegesellschaft auseinander. Dabei bezieht er konkrete politische Maßnahmen wie die Einführung von Ich-AGs ebenso ein wie Fragen nach dem Ort des Utopischen in der Gegenwart. Das Utopische ist in dem Stück dem Lebenskünstler Jaro vorbehalten, der angesichts der Kreativität, die in der Wartehalle der Arbeitsagentur vor sich hinvegetiert, und angesichts der zunehmenden menschlichen Katastrophen, die sich dort ereignen, beschließt: „Ich gründe eine Akademie für Selbstachtung." Im Stück scheitert Jaro. Doch gerade dadurch fordert das Drama heraus. Es nimmt die Realität zur Kenntnis und macht nicht schlicht einen utopischen Raum auf, sondern insistiert darauf, dass immer wieder aufs Neue, darüber nachgedacht werden muss, in welcher Welt wir leben wollen. Dies ist ein Grundzug der Literatur Rinkes. Deswegen gibt Jaros Satz dem vorliegenden Buch den Titel.

Doch mag eben dieser Grundzug von Rinkes Stück die Frage aufwerfen, warum seine Werke Vermittlung benötigen, wie sie mittels dieses Buchs geleistet werden soll. Rinkes Texte fordern gleich aus verschiedenen Gründen zur Reflexion heraus: nämlich 1.) aus poetologischen Gründen, die sich besonders an der in der deutschen Dramatik derzeit einzigartigen Figurendarstellung festmachen lassen, dann 2.) aufgrund der inzwischen existierenden Werk- und Inszenierungsgeschichte sowie 3.) auch wegen der politischen Dimension seiner Arbeiten.

Das vorliegende Buch versucht, indem es sich diesen Punkten nähert, einen Spagat, der in der deutschen Literaturwissenschaft immer noch für schräge Blicke sorgt. Generell gilt hier bis heute die Auseinandersetzung mit lebenden Autoren als problematisch. Erst recht ist die Beschäftigung mit Autoren verpönt, zu denen man in der Freizeit, also durch Zuneigung und Gefallen, gefunden hat. Dabei ist die Frage, warum einem Leser ein Buch besser gefällt als ein anderes, gewiss nicht leicht zu beantworten. Nun hätte ich, um meine Wertschätzung von Rinkes Dramen und Prosa-Texten zu bekunden, sicherlich nicht gleich ein ganzes Buch herausgeben müssen. Je länger ich mich aber mit Rinkes Texten befasst habe, desto mehr ist mir aufgefallen, wie viele Menschen seine Literatur gerne lesen. Rinke ist inzwischen seit mehr als fünfzehn Jahren präsent in der deutschen Gegenwartsliteratur wie wenige andere Autoren. Seine Stücke werden nicht nur erfolgreich uraufgeführt, sondern auch vielfach nachgespielt, was in einem Theaterbetrieb, der nur noch von Uraufführung zu Uraufführung zu hecheln scheint, eine Rarität ist. Mit Rinkes Theater-Erfolgen ist sodann eine rasche Etablierung im Literatur-Kanon einhergegangen. Seine Stücke werden im Schul- wie im Universitätsunterricht gelesen und bearbeitet. Und sie werden offenbar auch von Privatlesern geschätzt. Dafür sprechen die Verkaufszahlen seiner Bücher.

Das Rinke-Arbeitsbuch hat das Anliegen, all denen, die sich mit seinem Werk weitergehend befassen möchten, Anreize zu bieten und diese Auseinandersetzung produktiv zu begleiten. Konkret beansprucht das Arbeitsbuch, sowohl für den Unterricht als auch für Inszenierungen Texte zu versammeln, die eine Auseinandersetzung befördern. Es setzt dabei auf Stimmen-Vielfalt und nicht auf umfassende, erschöpfende Darlegungen (was sich übrigens auch darin niederschlägt, dass den Beiträgern freigestellt wurde, ob sie mit einem Fußnoten-Apparat arbeiten oder nicht).

Das Buch ist zweigeteilt. Im ersten Teil finden sich Darlegungen, die einen Überblick über Rinkes Arbeiten geben sollen und die generelle Fragen seines Werks thematisieren. Im zweiten Teil werden Notizen zur Werkgenese, zur Rezeptions- und Inszenierungsgeschichte sowie zu seinem Werdegang vorgelegt. Hier kommen Regisseure, Dramaturgen, Kritiker, Theaterwissenschaftler und Schriftsteller zu Wort, die zum Teil Wegbegleiter, wenn nicht gar Freunde Rinkes sind. Da das literarische Leben nicht nur durch Argumente und ästhetische Positionen kartiert wird, sondern auch durch Ablehnung und Zuneigung, schien es dem Herausgeber besser und ehrlicher, diese Nähe nicht zu verheimlichen. Dass neben einigen kritischen Stimmen einzelne dieser Notizen ausgesprochen persönlich anmuten, mag den einen oder anderen Leser stören. Sie sind Folge einer großen Zuneigung, die Rinke bei vielen Menschen auslöst, die ihm begegnen und die der Herausgeber nicht gänzlich unterschlagen mochte (zumal er sich selbst davon nicht frei machen kann). Diese Zuneigung zeigt sich auch daran, dass die Beiträger zu diesem Buch kein Honorar verlangt haben, wofür ich ihnen sehr zu Dank verpflichtet bin. Außerdem danke ich Moritz Rinke und Uwe Wirth für die vielfältige Unterstützung.

Das vorliegende Buch eröffnet zugleich die Reihe „Literarisches Leben heute". Sie hat sich zum Ziel gesetzt, den Dialog zwischen Literatur und ihren verschiedenen kulturellen Manifestationen einerseits und ihrer wissenschaftlichen Erforschung andererseits offener zu gestalten. Das Arbeitsbuch zu Moritz Rinke soll dementsprechend der Auftakt sein zu einer Reihe von Auseinandersetzungen mit der zeitgenössischen Literatur.

Leider kann Martha Kück nicht bewusst erleben, dass ihr Enkel ein Buch über einen Worpsweder Künstler herausgibt. So bleibt mir nur, es ihr zu widmen.

Gießen, 7.7.2010

I. Essays und Interviews zum literarischen Werk

Der Dramatiker Moritz Rinke: Das Spiel mit der Wirklichkeit

THOMAS IRMER

Wenn es aber Wirklichkeitssinn gibt, und niemand wird bezweifeln, daß er seine Daseinsberechtigung hat, dann muß es auch etwas geben, das man Möglichkeitssinn nennen kann.

Dieser Satz von Robert Musil könnte über allem stehen, was der Stückeschreiber und Feuilletonist Moritz Rinke bislang geschrieben hat. Zumindest ließe sich so die innere Bewegung seiner Texte aufzeigen, in denen immer eine Ungleichzeitigkeit von Welten zu entdecken ist, die dem Ganzen dann mit einer Energie zusetzt, dass die Klaviatur von tiefer Melancholie bis purem Witz einer eingängigen Melodie zu folgen scheint. Der Germane Helmbrecht, der in dem Stück *Der Mann, der noch keiner Frau Blöße entdeckte* aus seiner spätrömischen Zeit in die Gegenwart einer Theaterprobe von *Romeo und Julia* tappt, ist vielleicht der anschaulichste Repräsentant dieser Ungleichzeitigkeit. Rinke, gewiss auch einer der witzigsten Journalisten heute, hat neben vielem anderen und einer gleichermaßen anachronistisch beschwingten EXPO-Kritik außerdem bewiesen, dass selbst bei dem ehemaligen Kulturstaatsminister Michael Naumann komische Ungleichzeitigkeiten zu entdecken sind. Als Naumann, der ansonsten ein sehr aufgeklärter Kritiker seiner Zeit ist, sich zu einer Bemerkung über die negativen Folgen des Internet-Konsums für die literarische Bildung hinreißen ließ (Jeder könne ja ganz schnell etwas zu beispielsweise „Shakespeare und der Mond" herunterladen, ohne auch nur eine Zeile Shakespeare zu lesen), tippte Rinke „Naumann und der Mond" in die Suchmaschine, um, bis zu diesem Zeitpunkt jedenfalls, keinen einzigen Eintrag festzustellen. So wurde „Naumann und der Mond", auch das eine Möglichkeit gegen die Wirklichkeit, zur Chiffre für Maschinenstürmerei in unserer digitalen Kultur. Der Journalist hält dem Dramatiker die Augen offen, und umgekehrt führt der Dramatiker dem Journalisten die Hand, wenn eine Reportage urplötzlich die Wendung ins Unmögliche, aber nicht Unwahrscheinliche nimmt.

Auf den ersten Blick ist *Der graue Engel*, mit dem Rinke am Schauspielhaus Zürich 1996 debütierte, eine Hommage an gleich mehrere Größen und scheint noch nicht von der Möglichkeits-Wirklichkeits-Dichotomie durchdrungen wie die darauf folgende *Trilogie der Verlorenen*. Es handelt sich um ein fiktives Bild der alternden Marlene Dietrich, die, umgeben von zwei Wänden aus Koffern, sich an eine schier endlose Reihe zumeist berühmter Liebhaber erinnert und dabei, an ihren stummen Diener Konstantin wie auch an ein imaginäres Publikum gerichtet, immer wieder von der „Weltverführungskunst" schwadroniert. Einen tragischen Zug erhält dieser monomanische „Monolog zu zweit", so die Bezeichnung des Autors, durch die Gewissheit, dass es für den grauen Engel, diese einst hinreißend spielende Diva, mit aller Verführungskunst vorbei ist. Und doch wird eine Aufführung des Stücks sich genau das zur Aufgabe machen müssen. Stilistisch und dramaturgisch ist das Stück vor allem an Thomas Bernhard geschult und so als Erstling eben auch eine Hommage an den Meister der theatralischen Vergeblichkeitssuada. Andrzej Wirth, an dessen Gießener Institut für Angewandte Theaterwissenschaft Rinke studierte, würdigte das Stück im Nachwort der Buchveröffentlichung als „intelligentes Überschreiben (‚rewrite') von Beckett (*Happy Days*), Bernhard (*Die Macht der Gewohnheit*) und Genet (*Die Zofen*). [...] Rinkes Schreiben ist nicht ohne Genealogie; er nutzt sie und hebt sie auf."[1] Tatsächlich geht dieses Überschreiben bis ins beinahe wörtliche Zitat („Wieder ein neuer Tag", so beginnen der erste und der dritte Akt) und über die von Wirth angesprochenen Vorgänger hinaus in viele Anspielungen (Shakespeare, Goethe, Rilke), die den Text zu einem regelrechten Kunst-Stück machen. Diese literarische Überfrachtung der fiktiven Dietrich-Skizze wird dabei durch eine sehr überlegte dramatische Bewegung ausgeglichen, wenn der Dreiakter aus den Liebhabererinnerungen heraus am Ende auf den Tod des grauen Engels zuläuft (hinein in Filmbilder aus einem geöffneten Koffer). Genau besehen ist diese Frau der erste von Rinkes Möglichkeitsmenschen, denn ihre zunehmend skurriler ausfallenden Selbstdarstellungen sind eine Behauptung gegen den Tod in selbst gewählter Einsamkeit und den Verlust der Kunst als Verführung.

Das zweite Stück, *Der Mann, der noch keiner Frau Blöße entdeckte*, thematisiert das Theater als einen Lebenssinn, der sich möglicherweise gar nicht erfüllt, noch sehr viel deutlicher. In der fantastischen Konstellation, dass der Germane Helmbrecht in die Vorbereitungen zu einer Probe von *Romeo und Julia* hineinplatzt, ist das Theater mit dem Regieassistenten Felix eben der Ort in der Wirklichkeit, dem der Möglichkeitssinn längst abhanden gekommen zu sein scheint. Felix, der mit Kaffeetassen und Requisiten genauso wie mit inszenierten Gefühlen routiniert umzugehen weiß, steht dem zeitreisenden Fremden zunächst hilflos und letztlich wenig interessiert gegenüber. Im Gegensatz zu den anderen Figuren hat Helmbrecht eine Vorgeschichte als „Kolonisierter", der nach dem Selbstmord der mit hohen Abgaben verschuldeten Eltern aus seiner germanisch-römischen Welt geflohen ist. Ausgestattet mit einem sprechenden Stein und mit einer für die Gegenwart völlig fremden Vorstellungswelt, die nur einige Anleihen bei den tatsächlichen Verhältnissen der spätrömischen Zeit am Rhein nimmt, ist er der Antagonist, der den Alltag für eine Möglichkeit aufstört. Dieser ist allerdings schon dadurch in Frage gestellt, dass draußen in der Stadt

---

[1] Andrzej Wirth: Mythos als Sterbehilfe, in: Moritz Rinke: Der graue Engel. Ein Monolog zu zweit. Berlin 1995, S. 90-92, hier S. 90.

ein Aufstand ausgebrochen ist, weshalb die erwarteten Schauspieler nicht zur Probe erscheinen. Lediglich Anna ist dem Tumult entkommen, von dem sie wie von einem Action-Film erzählt, und beginnt, nach den Anweisungen von Felix, zusammen mit Helmbrecht die Balkonszene zu proben. Helmbrecht gelangt über die geprobte Liebe zur Liebesprobe mit Anna; er wird wie ein moderner Kaspar Hauser auf dem Theater „kultiviert" und nachfolgend in das Geheimnis der Liebe eingeführt. Als Rudolfo Valentino, der angenommenen Rolle als Schauspielerstar, wird er sich später nach Helmbrecht erkundigen.

Der Fremde wirkt aber auf die zurück, die mit ihm umgehen. Seine anachronistisch-poetische Art zu sprechen („Helogermanisch / Melogermanisch") und sein, im Gegensatz zum gleichaltrigen Felix, romantisch wirkendes Verhältnis zur Liebe lösen in den anderen beiden Figuren Veränderungen aus, die man als Entkrampfungen umschreiben könnte. Der Theaterbetriebsroutinier Felix schlägt vor: „Können wir uns nicht einmal ohne Resultat betrachten",[2] und er, der sich gern in die Welt großer Filme gespiegelt sieht, wünscht sich am Ende sogar einmal, „zitatfrei zu trinken".[3] Während Helmbrecht mit der zusammengebrochenen Anna auf dem Arm wie in einem Western in der untergehenden Sonne verschwindet, kehrt die Szene mit dem Auftauchen der Schauspielerin Angela zu ihrem Ausgangspunkt zurück. Die Umstände des Tumults draußen bleiben indes ungeklärt.

Dieses „Schauspiel in vier Tagen" greift, mehrfach gebrochen, das alte Motiv vom Theater auf dem Theater neu auf. Diese Konzeption des Autors wurde auch durch die Erfahrung von 1989/90 angeregt. Das Theater, das nach seiner eigenen Welt mit den immer gleichen Stücken strebt, wird in seinem Betrieb von außen gestört. Doch was das Außen ist, damit vermag es sich nicht zu befassen. Erst in der unmittelbaren Konfrontation mit dem Anderen verlässt es, in der Ausnahmesituation dieser vier Tage, seine ausgetretenen Pfade. Ob das tatsächlich Folgen hat, bleibt jedoch offen. Als erstes Stück der *Trilogie der Verlorenen* wirft es mit Felix und Anna einen melancholisch ironischen Blick auf Gegenwartsmenschen, die zwar nicht eigentlich verloren sind, aber ihre Empfindungen jenseits der ihnen bekannten Rollen im Theater und im Leben noch finden sollen. Nicht von ungefähr buchstabiert Felix in der vorvorletzten, „Die Welt ist aus den Fugen" betitelten, der insgesamt 23 Szenen das Wort „Au-then-ti-zi-tät" – ein Schlüsselbegriff für die jüngere Dramatik der neunziger Jahre.

Dass die *Trilogie der Verlorenen* nicht in einem Handlungs-, sondern in einem thematisch assoziativen Zusammenhang angelegt ist, wurde mit dem

---

[2] Moritz Rinke: Der Mann, der noch keiner Frau Blöße entdeckte, in: ders.: Trilogie der Verlorenen. Stücke. Reinbek bei Hamburg 2002, S. 9-87, hier S. 68f.
[3] Ebd., S. 77.

1999 am Schauspiel in Hannover uraufgeführten zweiten Teil *Männer und Frauen* deutlich. Das Stück, eine Auftragsarbeit im Goethe-Jahr, lässt sich als eine sehr freie Faust-Paraphrase auffassen, die darin wiederum Elemente des Märchens und des Traumspiels mit geradezu boulevardesker Leichtigkeit aufnimmt. Das Verhältnis zwischen Möglichkeits- und Wirklichkeitswelt ist hier, im Vergleich zum Vorgänger und vor allem zu der nachfolgenden *Republik Vineta*, sehr viel stärker zugunsten des Fantastischen bestimmt. Andererseits ist das Thema der Liebe, genauer der Liebessuche, sehr viel konkreter, differenzierter und zugleich – mit dem Rückgriff auf ein in Märchen häufig wiederkehrendes Motiv – bis in den Titel hinein formelhaft angelegt.

Dem Hirnforscher Martin Goldmann, einer Überhöhung heutiger Forscher, die nach dem „Ideal" substanzlosen Lebens streben, schickt Gott den Engel Heinrich, der ihm bei der Suche nach der passenden Frau behilflich sein soll. Heinrich ist, in Rinkes Ensemble, ein Verwandter Helmbrechts, ebenfalls ausgestattet mit dem Wissen ferner, vergangener Welten (er klassifiziert Frauen nach griechischen Idealen), und vom Autor gedacht, als wundersamer Fremdling in unserer Gegenwart zu „verheutigen" und damit ein poetischer Widerspruch zu werden. Der Herr, der nur als *Stimme aus der Ferne* zu vernehmen ist, legt die Regeln fest: „Wenn es nicht die erste ist: gut. Dann vielleicht die zweite. Wenn es nicht die zweite ist: gut. Dann wird es die dritte sein. Wenn es aber nicht die dritte ist, werde ich wütend. Sehr wütend. [...] Und noch etwas: Nicht Jenny!" Die Reise beginnt, und die Versuche mit Susanne in Stuttgart und Natalie in Berlin schlagen fehl. Ausgerechnet Jenny (eine junge, schöne Frau in Schlaghose und Plateauschuhen), die Verbotene, wird am Ende von beiden Männern begehrt: von dem zur Liebe eher unfähigen Goldmann und seinem Liebesengel Heinrich, der inzwischen mit den irdischen Dingen bis hin zur Currywurst vertraut geworden ist, dem Jenny aber erst recht verboten ist. Nichts lässt sich lösen, und in der letzten Szene bringt sich eine allegorische Korrespondenzfigur, „die Verlorene", einsam auf einer Parkbank um.

Der Reiz des Stücks liegt vor allem darin, „Ewiges" in seinen bekannten Motiven ins Heutige zu setzen, den ältesten Geschichten eine Gegenwart und eine Sprache für die Gegenwartsbühne zu geben. Rinke hat dem Stück ein Zitat von Roland Barthes vorangestellt, nicht im Sinne eines Mottos, sondern vielmehr als ein mit diesem Stück (und seinen Inszenierungen) zu widerlegender Ausgangspunkt: „Die Empfindung der Liebe ist altmodisch, aber dieses Altmodische kann nicht einmal als Schauspiel wiedereingeholt werden."

Als geradezu überraschende Wendung kann der Abschluss der Trilogie mit dem im September 2000 am Hamburger Thalia Theater uraufgeführten Stück in vier Akten *Republik Vineta* gelten. Rinke gehört mit diesem Stück zu den Autoren seiner Generation, die nach der Dekade der mikropolitischen Familien- und Beziehungsdramen die heutige Arbeitswelt als Thema für die Bühne erschlossen haben.[4] Zu diesen das Thema ganz unterschiedlich behandelnden Stücken gehören neben den Vorläufern etwa Urs Widmers *Top Dogs*, Dea Lohers *Sektor Drei*, Gesine Danckwarts *Täglich Brot* und die *Heidi-Hoh*-Serie von Rene Pollesch.

Der Titel des gigantischen Projekts, eine unbewohnte Insel zu einer vollkommen künstlichen Mischung aus beliebten Urlaubslandschaften umzugestalten („Auf der einen Seite: die Bretagne. Auf der anderen: Italien. Und in der Mitte: Schottland."), entspringt der für heutige Marketing-Verhältnisse typischen Unverfrorenheit, mit Vorhandenem und Vergangenem umzugehen. Weder handelt es sich um eine besondere Staatsform, noch möchte man ernstlich an das mythische Vineta erinnern, das der Sage nach an seinem Besitzstreben zugrunde ging. Das von fünf ehrgeizigen Männern – jeweils Vertreter entsprechender Berufsgruppen – verfolgte Projekt wird sogar noch um einen Themenpark ergänzt, der mit entsprechenden Artefakten wie einer Lenin-Figur an „untergegangene Träume erinnern"[5] soll. Der an Größenwahn grenzende Ehrgeiz und das ganz offensichtliche Banausentum dieser Herrschaften („[...] wenn ich heute in Paris bin, dann gehe ich nicht in den Louvre, sondern in das Museum, wo die Guillotinen stehen",[6] prahlt beispielsweise Leonhard, der Leiter der Planungsgruppe) erinnern überdeutlich an die allgegenwärtige Ideologie vom „Markt als letzter Utopie" und sind vom Autor komödiantisch überzeichnet.

Zwei entscheidende Wendungen geben dem Stück eine Tiefe, die schließlich zum Strudel wird. Zum einen sorgt der Auftritt des antimodern oder genauer: anti-postmodern gesinnten Architekten Färber für einen Ausbruch offener Machtkämpfe in dem eben noch gemeinsam sich besoffen visionierenden Planungsstab. Zum anderen, und hier bricht gewissermaßen die Wirklichkeitswelt zusammen, stellt sich alles als eine Simulation heraus, die Leonhard zum Zwecke des experimentellen „Aufpralls auf die Realität"[7] für diese Führungskräfte inszeniert hat. Doch die vielleicht beabsichtigte psychotherapeutische Katharsis will sich nicht einstellen. Im Gegenteil, die Komödie nimmt nun ihren schlimmstmöglichen Verlauf mit Selbstmord und Totschlag. Dieses Vineta ist untergegangen, bevor es überhaupt gebaut wurde – und der Coup des Autors ist es, dass von Anfang an nichts dran war. Insofern endet die Trilogie, mit Ausnahme der weiblichen Figuren, als Desaster für die „Verlorenen", die vor allem ihren Möglichkeitssinn verloren haben und denen deshalb auch die Wirklichkeit

---

[4] Vgl. dazu auch den Beitrag von Ulrike Vedder im vorliegenden Band.
[5] Moritz Rinke: Republik Vineta, in: ders.: Trilogie der Verlorenen (Anm. 2), S. 153-235, hier S. 178.
[6] Ebd., S. 190.
[7] Ebd., S. 216.

abhanden kommt. *Republik Vineta* ist das gegenwärtigste der drei Stücke, auf prekäre Weise aber auch das ohne jeden Ausblick auf eine fortwährende Ungleichzeitigkeit, die den ersten beiden Stücken noch ihren metaphysischen Schwung verliehen hat.

1999 nahm Moritz Rinke zusammen mit Theresia Walser und John von Düffel an dem Projekt „Leib-Schreiben" am Schauspiel Bonn teil. Dort entstand, geschrieben mit Blick auf drei Schauspieler des Bonner Ensembles, der Einakter *Das Stockholm-Syndrom*. Das Stück greift das in der Psychologie so bezeichnete Phänomen auf, dass in bestimmten Entführungssituationen enge Beziehungen zwischen Entführer und Entführtem entstehen, die bis zu Kooperation und Zuneigung reichen. Rinkes Szenen rufen am Anfang historische Entführungsfälle von Schleyer bis Reemtsma und bekannte Filmszenen entsprechenden Inhalts (*Clockwork Orange*) mittels einer Projektion auf. Das darauf folgende Spiel zielt zunächst auf eine Art szenisches Substrat, das sich allgemein dem Phänomen zuordnen lässt. Der Wächter spricht zu Beginn aus Gründen der Anonymität Englisch, das er aber nicht genügend beherrscht, woraus eine gewisse Komik entsteht, wenn er über Privates reden will. Er droht seinem Opfer, ihm einen kleinen Finger abzuschneiden, woraufhin sich der Finger wie eine Person mit Kinderstimme verselbständigt. Die Gespräche zwischen den beiden werden dennoch vertrauter, so dass die Sensationsreporterin Frau Funk, die mit den Entführern eine „harte Geschichte"[8] abgesprochen hat, die Dramatik nachstellen lassen will. Sie wird selbst zum Opfer, gefesselt hört sie sich die Ausführungen des Entführten über die „Poesie" seiner Erfahrung an, während der Wächter ihr eine Banane in den Mund stopft und sie anschließend vergewaltigt. Das letzte Wort hat der kleine Finger: „Es war eine schöne Zeit. Gute Nacht."[9] Der Dialog zwischen dem Wächter und dem Entführten ist um dessen innere Stimme bereichert – der überzeugendste Teil der kleinen Szenenfolge.

Bei Rinkes nächstem Stück handelt es sich zum ersten Mal um die Bearbeitung eines alten Stoffs. *Die Nibelungen*, geschrieben für die Festspiele in Worms, nimmt das mittelhochdeutsche Original und die Nacherzählung von Franz Fühmann zur Vorlage, um die „Geschichte mit nun mehr Gegenwärtigkeit neu und trotzdem treu zu erzählen" (Rinke).[10] Diese „Neufassung in 3 Akten" folgt, im Gegensatz zu mythologischen, historisierenden oder politisch aktualisierenden Ausdeutungen, vor allem der Idee, die Geschichte von Siegfrieds Diensten für Gunther bis zum Untergang der Burgunden bei den

---

[8] Moritz Rinke: Das Stockholm-Syndrom. Bühnenmanuskript. Reinbek bei Hamburg: Rowohlt Theaterverlag (o.J.), S. 14.
[9] Ebd., S. 18.
[10] Zit. in: Andrea Frohleiks: Rezeption des Nibelungenliedes in der Neuzeit – Moritz Rinkes *Die Nibelungen*. Universität Osnabrück 2004, S. 4.

Hunnen von den persönlichen Verstrickungen der Figuren und ihren Vorgeschichten her zu erzählen. Kriemhilds Beziehung zu ihrer Mutter Ute ist daher als ein treibendes Moment beispielsweise sehr viel stärker herausgestellt, als das in anderen Bearbeitungen sich finden lässt. Andererseits betont Rinke, wie wenig ‚nationaldeutsch' der ursprüngliche Stoff eigentlich ist. Der Held aus Xanten kämpft für die Dienstherren in Worms gegen die Sachsen, die, so augenzwinkernd der historische Übersprung, mal zu den Russen gehörten. Die Umstände von Siegfrieds Ermordung durch Hagen und Giselher sind als Familienstaatsintrige zwar selbst im Kriegstheaterspiel dieser Szene klar motiviert, dürften dennoch zu den eigentümlichsten Neuschöpfungen des Autors zu zählen sein. Denn an einigen Stellen dieser Bearbeitung fließen Slapstick, Psychologie und Furor zusammen, als hätte Oliver Stone am Rhein gedreht.

Sprachlich zieht Rinke alle Register: von der mittelhochdeutschen Nibelungenstrophe bis zum heutigen Umgangsdeutsch, das den zuweilen zeremoniellen Ton bricht. Immerhin hat der Autor bei seiner Bearbeitung die Bedingungen einer Festspielaufführung im Freien zu berücksichtigen gehabt, für Figuren, deren Darsteller einem großen Auditorium den Text nahe bringen. Die Uraufführung in der Regie von Dieter Wedel erfolgte am 18. August 2002 am Dom zu Worms.

Diese über weite Teile spektakelhafte Uraufführung mit ihren am Film geschulten Massenszenen und Effekten wurde als Publikumserfolg von der Kritik eher skeptisch aufgenommen. Davon war auch die Sicht auf die Interpretationsleistung des Autors betroffen, dessen heutig psychologische Durchdringung des Burgund-Verhängnisses in der Aufführung kaum zum Tragen kam und die doch den Kern von Rinkes Anliegen ausmacht, die Vorlage so zu nehmen, dass sie sich für die Gegenwart öffnet.

In den folgenden Jahren schrieb er eine erweiterte Neufassung in zwei Teilen, die beide ebenfalls in Worms 2006 und 2007 zur Uraufführung kamen.[11] Im ersten Teil, *Siegfrieds Frauen*, wurde nun die Reflexion der historischen Politik bzw. des geschichtlichen Hintergrunds stärker ausgearbeitet: der Untergang des Römischen Reichs als großer Vorgang verbindet sich mit dem Motiv der Stagnation in „Regeln und Gewerkschaften"[12] in Burgund. Anders gesagt: Die innere, schmalspurige Krise des Hofs verweist bereits viel stärker auf die kommende Katastrophe und erhält auch recht deutliche Anspielungen an die Gegenwart in ihrer, wenn man so will, globalen Krise der Auflösung von Ordnung.

Im zweiten Teil, *Die letzten Tage von Burgund*, hat Rinke dann – in seiner psychologischen Spur – eine der großen Bruchstellen des aus mehreren Teilen

---

[11] Vgl. dazu auch den Beitrag von Michaela Reinhardt im vorliegenden Band.
[12] Moritz Rinke: Die Nibelungen. Siegfrieds Frauen. Die letzten Tage von Burgund. Reinbek bei Hamburg 2007, S. 19.

zusammengefügten Epos gekittet: Das Verschwinden von Brunhild soll durch Scheidung gelöst werden, wird aber dann durch den freiwilligen Flammentod mit Siegfrieds Leiche bewerkstelligt – eine alte dramaturgische Frage nach ihrem Verschwinden wird so gelöst. Rinke bereichert die Neudeutung des Stoffs außerdem mit der Erfindung eines Sohns aus Siegfrieds Beziehung mit Kriemhild, der gleichsam elternlos in die Konflikte der Elterngeneration hereingezogen wird, die eine nur anscheinend zufrieden neuverheiratete Kriemhild im Hunnenland zum fatalen Ende auslöst. Insgesamt lässt sich einschätzen, dass Rinkes erweiterte Neufassung einige Fragen der hundertfünfzig Jahre alten Nibelungen-Philologie praktisch für das Gegenwartsverständnis des Stoffs so löst, dass Privates und Politisches (oder Historisches) zwar unlösbar miteinander verworren sind, die Nibelungen-Geschichte dabei aber als Drama Burgunds von ihrer quasi-mythischen Fluchbeladenheit befreit wird.

Die Kritik hat dann in Wedels mit Filmeinspielungen durchsetzter Aufführung der Neufassung drastische Referenzen auf die Burgunder im Neo-Kapitalismus wahrgenommen, die Rinke in seiner erweiterten Neufassung allenfalls zart andeutet. Gleichwohl geht es um den Untergang eines schwächelnden Staats in brüchiger Weltordnung, in der sich vor allem verschiedene Generationshaltungen dazu deutlich erkennen lassen: die eigentliche Leistung der Neudeutung, die in der erweiterten Fassung für zwei Abende das Heutige dieser ‚deutschen *Ilias*' noch markanter und gegenwartsspielerischer zeigt. Die Möglichkeitsmenschen sind hier freilich aufs Ganze gescheitert, in dieser in einem Generationenkonflikt interessierenden Frage geradezu pessimistisch dargestellt. Für Rinke, der den rezeptionshistorisch belasteten Stoff in eine neue Lesart ohne explizit eingearbeitete Ideologieschuld gewandelt hat, eine Leistung für unsere Gegenwart.

Mit *Die Optimisten* kehrte der Dramatiker 2003 gleichsam zum echten Zeitstück zurück. Die in den hohen Bergen Nepals in einem vom Personal verlassenen Hotel gestrandete deutsche Reisegruppe versammelt Figuren aus verschiedenen Generationen und intellektuellen Milieus zu der dramatischen Pointe, dass diese nun selbst Hilfsbedürftigen aus der Ersten Welt vor allem über eine globalisierungskritische Protestnote streiten, die am bereits ungewissen Ende dieser scheiternden Bildungsreise in Bombay dem indischen Premierminister übergeben werden soll. Die Verkennung der eigenen Lage im Zusammenhang mit den politisch-moralischen Ansprüchen hat etwas Lächerliches und zutiefst Komisches in sich: eine Komödie westlicher Helfer-Moral, der, wenn man so will, bei allen guten Absichten das Realitätsprinzip abhanden gekommen ist. Das erinnert an die Konstellation der Selbst-Täuschung in *Republik Vineta* in einer Zeit, da deutsche Hilfstruppen aller Art rund um den Globus unterwegs sind und der Kompass politischen und moralischen Handelns oft nicht mehr genau lesbar ist.

Als Zentrum des Figurenensembles ist der angehende Filmregisseur Nick Neuss auszumachen, der dem vom Alt-Achtundsechziger Kraus verfolgten Projekt Protestnote skeptisch gegenübersteht.

Ich weiß nur: In einer Welt, in der sich alles schneller, billiger, besser verkaufen muss, muss sich auch eine Moral anders verkaufen. Darüber denke ich nach. Muss man die Welt lässiger anklagen? Verführerischer, erotischer? Ich meine: Erst die Verführung, dann abbiegen in die Rebellion. Wir brauchen quasi eine Art neue Dialektik von Moral auf dem Weg in Richtung Zivilgesellschaft.[13]

Der nicht mehr ganz junge Nick (dessen Nachname auf ‚Neues' zielt und dessen Initialen für N.N. stehen) möchte außerdem Werbeagenturen zu „Werteagenturen" machen – während der nicht auftretende Wirtschaftsethiker Thomas Matt (!) in seinem Hotelzimmer unablässig an der Petition feilt.

Der Handlungsverlauf – und damit auch die Relevanz der Diskussion – dreht sich mit der realen Bedrohung durch wahrscheinlich maoistische Terroristen, die an die Waffen kommen möchten, die statt der vermuteten Hilfsgüter in den mitgeführten Transportkisten lagern. Mit dem Ernstfall zerfällt die Gruppe, Matt wird getötet, die Studentin Carla radikalisiert sich zu einer potentiellen Verbündeten der Terroristen, der Rest richtet sich aufs Überleben im Chaos ein. Die Komödie hat im Sinne Dürrenmatts ihre schlimmstmögliche Wendung erfahren – das Zeitgeist-Parlando ist von Rinke in den Abgrund geführt, in dem auch der melancholische Nick enden muss.

Ein weiteres, am besten als solches zu bezeichnendes Zeitstück hat Rinke dann 2005 mit *Café Umberto* vorgelegt. Es setzt sich mit dem Phänomen der ‚Ich-AG' auseinander, die in der rot-grünen Regierung unter Kanzler Gerhard Schröder als probates Mittel zur Bekämpfung der Arbeitslosigkeit ersonnen, propagiert und auch nach Kräften gefördert wurde: Arbeitslose verwandeln sich in Kleinunternehmer mit sich als Chef und Angestellten in Personalunion, um der zugleich lauernden Demütigung durch vom Arbeitsamt angewiesene 1-Euro-Jobs zu entgehen. Umberto eröffnet eine Espresso-Bar ausgerechnet dort, wo das Problem verwaltet wird: im Arbeitsamt – eine typische Rinke-Finte, die das dramaturgisch schmale Personal des Stücks zusammenführt. Jule scheitert mit einer Mode-Kollektion und landet in der Psychiatrie, Jaro setzt dagegen auf aktive Verweigerung der vermeintlich probaten Kapitalismusverbesserung; zwei weitere Paare müssen ihre Ungleichheit in der Marktteilnahme austragen. Das Stück ist freilich keine Untersuchung, unter welchen ökonomischen und sozialen Bedingungen eine ‚Ich-AG' gelingt oder scheitert, vielmehr geht es um

---

[13] Moritz Rinke: Die Optimisten. Bühnenmanuskript. Reinbek bei Hamburg: Rowohlt Theaterverlag 2005, S. 16f.

die psychologischen Bedingungen, die den Verlust von Erwerbsarbeit sinn- und würdevoll kompensieren lassen. „Wenn ich Politiker wäre", so Rinke im Gespräch mit der Zeitschrift *Theater heute*, „würde ich in die Betriebe gehen und die Umverteilung qualifizierterer Arbeit subventionieren und deren Beschäftigungszeiten in der ganzen Republik verkürzen. Ich bin aber Theaterautor und kann nur beschreiben, und da gibt es vieles, was Menschen die Würde raubt, bevor es überhaupt um Euros geht."[14]

Café Umberto blieb angesichts des enorm relevanten Themas im Theater der Erfolg des vielfachen Nachspiels nicht versagt. Trotzdem hat sich Moritz Rinke mit diesem Stück einstweilen vom Theater verabschiedet. Dafür gibt es wohl mehrere Gründe. Zum einen hat Rinke, der ab Mitte der neunziger Jahre wesentlich zum neuen deutschen Drama zusammen mit seinen ebenso viel beachteten Generationsgefährten Dea Loher, Theresia Walser, Marius von Mayenburg und Roland Schimmelpfennig beigetragen hat, sich wiederholt kritisch zur Aufführungspraxis von Gegenwartsautoren geäußert, vor allem in dem Sinne, dass dem Dramatiker als Autor und primärdramaturgischer Instanz im Theaterbetrieb nicht die ihm gemäße Bedeutung und Funktion zukäme. Zum anderen hat Rinke nicht nur an diesen immer wieder aufflammenden Debatten durch Vorträge und Statements teilgenommen, sondern auch eine Professur für Dramatisches Schreiben am Leipziger Literaturinstitut angenommen, mit deren Ausübung er diese Probleme einer jüngeren Generation von künftigen Theaterautoren vermittelt. Nicht zuletzt war es natürlich auch die mehrjährige Arbeit an seinem großen Roman *Der Mann, der durch das Jahrhundert fiel*, die ihn von neuen Stücken ferngehalten haben dürfte.

Dass seit nunmehr schon fünf Jahren kein neues Stück von Moritz Rinke auf die Bühne kam, hat seinen Rang als einen der wichtigsten deutschen Bühnenautoren der letzten zwanzig Jahre bislang nicht gemindert: als dramatischer Zeitdiagnostiker mit Witz und Weltklugheit, dessen lebensnahe Figuren sowohl von den Verdrossenheiten wie auch den Möglichkeiten der Gegenwart sprechen, fehlt er freilich schon.

---

[14] Franz Wille: Neue Arbeit. Ein Gespräch mit Moritz Rinke über *Café Umberto* und zwei Arten kein Geld zu haben, in: Theater heute 08/09 2005, S. 68-70.

Über Möglichkeitsmenschen und den Klang der Ideologisierung

MORITZ RINKE im Gespräch mit MICHAELA REINHARDT

Das vorliegende Gespräch wurde am 6.2.2009 in Berlin geführt.

MICHAELA REINHARDT: Worüber ich gern mit Ihnen sprechen möchte, ist der sprachliche Aspekt Ihrer Arbeit, ihr Umgang mit Sprache.

MORITZ RINKE: Gut.

REINHARDT: Mir geht es speziell um ästhetische Strukturen, um den bewussten Einsatz stilistischer Merkmale. Und dabei ist natürlich immer auch die Frage, wie die dann wahrgenommen und umgesetzt werden.

RINKE: Genau an dieser Stelle hört die Arbeit des Autors aber auf. Und die Regisseure wollen nicht gern festgelegt werden. Die einen haben dann sofort das richtige Gespür für bestimmte Dinge und die anderen eben nicht. Es ist nicht immer leicht, wenn man sieht, was Regisseure aus dem jeweiligen Stück machen. Dabei bin kein Textpurist, ich freue mich auf die Arbeit der Schauspieler, auf deren Lebendigkeit, deren Arbeit mit der Figur, aber oft stehen die Schauspieler und die Figuren unter irgendwelchen Schablonen und Spielanweisungen der Regisseure und alle haben keine Luft mehr: weder die Schauspieler noch die Figuren.

REINHARDT: Stört es Sie, dass auch neue Szenen dazu erfunden wurden?

RINKE: Offen gestanden mache ich das lieber selbst. Es geht ja auch um Sprache!

REINHARDT: Man kann nicht von der Sprache Rinkes sprechen, sondern Ihre einzelnen Stücke zeichnen sich jeweils durch ganz unterschiedlichen Umgang mit sprachlichen Mitteln aus.

RINKE: Stimmt. Und stimmt nicht. Es gibt sicherlich einen Grundton in allen Stücken, aber eben auch unterschiedliche Themen und Gesellschaftskreise.

REINHARDT: Hier ein paar Beobachtungen im Groben, zu denen ich gern Ihre Meinung hören würde: *Der graue Engel*, Ihr erstes Stück, ist nicht nur bühnentechnisch als künstlerische Installation bis ins Letzte durchgestaltet, sondern auch gezielt als sprachliches Kunstwerk angelegt. Sehr poetisch, parallel gestaltet, mit Variation zum Thema usw.

RINKE: Ja, das ist richtig.

REINHARDT: Und da haben die Regisseure keinerlei Freiheit mehr.

RINKE: Doch, doch, sie haben immer Freiheit.

REINHARDT: Dieses Stück wird inzwischen aber weniger gespielt, oder?

RINKE: Es wird viel von kleineren Bühnen für experimentelles Theater gespielt, sehr viel im Ausland.

REINHARDT: Und in *Der Mann, der noch keiner Frauen Blöße entdeckte* wird Sprache eigentlich nur anfangs thematisiert – der Unterschied zwischen „Helogermanisch" und „Melogermanisch" ...

RINKE: Ja, hier ist es eben der Gegensatz zwischen kalter Sprache und warmer Sprache, Wirklichkeits- und Möglichkeitssinn, so hat das Musil genannt. Ich benutze das immer gern für den Kampf in meinen Stücken zwischen den Möglichkeitsmenschen und den Wirklichkeitsmenschen, also Helmbrecht gegen die Felixwelt, oder Färber und Hans Montag gegen die Rationalisierer und Optimierer in *Republik Vineta*, oder eben auch Jaro in *Café Umberto*. Mir fällt auch die anfängliche Kriemhild in den *Nibelungen* ein, ein Stück, das ich ja zweimal geschrieben habe.

REINHARDT: Und nachher setzt sich in *Der Mann, der noch keiner Frauen Blöße entdeckte* eher ein gewisser Sprachrealismus durch, der auch *Republik Vineta* und *Die Optimisten* kennzeichnet. In diesen beiden Stücken scheint die Alltagssprache wie ein Spiegel verwandt worden zu sein. Wir hören eigentlich uns selbst sprechen und merken dabei auch, wie lächerlich wir sind.

RINKE: Ja, da sprechen Sie die Sache mit den Wirklichkeitsmenschen an. Das sind wir. Sie auch? Nein, in Ihnen ist bestimmt viel Möglichkeitssinn, oder? Sonst würden Sie sich nicht mit meinen Stücken beschäftigen.

REINHARDT: Ja, aber alle benutzen die gleiche Sprache, oder? Ganz anders verhält es sich dagegen bei *Die Nibelungen*. Schon in der ersten Fassung spielen Sie mit der mittelhochdeutschen Sprache, mit diesem komischen Klang, der einem heute so fremd ist.

RINKE: Hier ist der Unterschied eben der zwischen dem Spiel mit alter Sprache und neuer Sprache.

REINHARDT: In der neuen Fassung von *Die Nibelungen*, oder besser: in den beiden neuen Stücken von 2007, wird diese Art Umgang mit Sprache ja konsequent weiter durchgehalten. Nicht selten passiert es, dass ein und dieselbe Figur im gleichen Dialog mal unsere Alltagssprache, mal ganz veraltetes Deutsch benutzt. Diesen ständigen raffinierten Wechsel von einem Sprachregister zum anderen finde ich so faszinierend, weil er immer wieder auf die verschiedenen Bewusstseinsebenen verweist, auf denen wir uns als Rezipienten befinden.

RINKE: Schön. Ich verstehe Sie.

REINHARDT: Es gibt aber noch mehr sprachliche Kunstgriffe im Stück. Dabei denke ich an die Wortspielerei mit „Würmern" und „Worms", die Sie ja als Leitmotiv bis in die witzigsten und tragischsten Kombinationen hinein auskosten.

RINKE: Würmer-Worms? Hieß es so, mir fallen die Wurmmenschen ein, aber das sind ja noch keine Kunstgriffe.

REINHARDT: Manchmal scheinen Sie mir ein bisschen zu bescheiden mit Ihrem Stück zu sein. Warum ist das kein Kunstgriff? Die „Wurm"-Metapher durchzieht doch das ganze Stück, und zwar sprachlich-klanglich variiert und oft mit „Worms" kombiniert. Schon Isolde schreit dem am Nagel hängenden König ins Gesicht: „Ihr Würmer! [...] Sei froh, dass deine Gefangenen sich vornehm verhalten und dich so hängen, wie du hängst, du Würmerkönig! Kleines Wormsgeschlecht!"[1] Und dieses einfache Sprachspiel in seinen vielen Variationen erzeugt doch auch ein ständiges Hin- und Herkippen der Rezeptionsperspektive: „wir Wormser" werden alle immer wieder zu den Wurmmenschen der Burgundergesellschaft gezählt. So kommt es mir jedenfalls vor. Vielleicht habe ich das jetzt überinterpretiert.

RINKE: Ah, vielleicht liegt es daran, dass „Kunstgriff" so ein hohes Wort für mich ist. Ich halte die Würmergeschichte eher für eine kleine, von einem Kunstgriff könnte ich eher sprechen, wenn ich an die Dramaturgie denke. Wie erzählt man eigentlich ein Epos an einem Theaterabend? Das erste Stück von 2002 könnte ich vielleicht als Kunstgriff bezeichnen, weil es die gesamten *Nibelungen* in circa drei Stunden Spieldauer erzählt, bei Hebbel circa sieben Stunden. Da ist also der große Bogen der Kunstgriff, vielleicht. Bei den Stücken von 2007, wo ich die *Nibelungen* noch einmal größer erzählen konnte, da liegt sehr viel in der genauen Figurenarbeit: die neue Fallhöhe der Figuren und vor allem das Weitererzählen der Figuren Kriemhild, Brünhild, Hagen, die Männerwelt. Ich kann Ihnen nur sagen, dass ich mich sieben Jahre mit dem Stoff beschäftigt habe und darin soviel steckt, was vielleicht die Kritiker nie begriffen haben, die nur die Aufführung sahen und vielleicht nur Hebbel und Wagner vorher kannten.

REINHARDT: Das glaube ich! Nun gibt es noch die zwölfte Szene in *Siegfrieds Frauen*, die sich sprachlich vollkommen vom Rest des Stückes absetzt. Ist es Zufall, dass gerade diese zentrale Szene, in der die Ermordung Siegfrieds beschlossen wird, fast in ihrer Rhythmik, ihrem Klang und der sprachlichen Reduktion die Form eines modernen Gedichts annimmt?

RINKE: Ja, wie ein Wiegenlied, in dem sich Kriemhild und Hagen in den gemeinsamen Verrat schaukeln ...

REINHARDT: Ja, die Schaukelszene ist auch poetisch, auf andere Weise, aber die meinte ich gar nicht. Ich meine die Szene, in der Worte wie „Töten" – „Warum?", „Töten! Abstechen! – Warum?" „Töten. Durchbohren! Aufspießen! –

---

[1] Moritz Rinke: Die Nibelungen. Siegfrieds Frauen. Die letzten Tage von Burgund. Reinbek bei Hamburg 2007, S. 60f.

Warum." skandiert werden.² Unterbrochen wird das Ganze nur durch die verzweifelten Schreie Giselhers. Diese Szene hatten Sie ja schon im ersten Nibelungenstück. Sie hat eine unheimliche Sprengkraft, finde ich.

RINKE: Diese Szene, ja! Also, da habe ich an eine Art Maschinerie gedacht, die durch Sprache entsteht, wie eine systematische Ideologisierung, die sprechen sich also das „Töten" gemeinsam in ihre Hirne hinein. Das stimmt, das ist ein sehr formaler Zugriff, aber es geht ja darum, etwas fremdes, eigentlich Unverständliches in die Köpfe zu kriegen, nämlich den Freund, den Verwandten, den Retter Burgunds zu töten.

REINHARDT: Haben denn die Schauspieler diese sprachlichen Raffinessen der *Nibelungen* wahrgenommen und zu schätzen gewusst?

RINKE: Viele, die es konnten, ja. Bei anderen reicht ein gesprochenes Wort und alles bricht in sich zusammen. Ich kann mich aber erinnern, dass die Szene, über die wir gerade gesprochen haben, bei den Schauspielern und den Hagen-Darstellern, die diese Szene führen, sehr gut aufgehoben waren. Es waren ja auch glänzende Schauspieler: Manfred Zapatka, Mario Adorf, Dieter Mann. Uwe Bohm habe ich leider nicht gesehen in der Rolle.

REINHARDT: Und gerade im *Nibelungen*-Stück ist das Sprachliche doch meistens gar nicht vom Inhaltlichen zu trennen. So sind zum Beispiel alle Vorausdeutungen, die wie im mittelalterlichen *Nibelungenlied* eine Art bogenförmiges Gerüst im Text bilden, in einem ganz bestimmten einheitlichen Sprachstil verfasst. Egal, ob sie von unterschiedlichen Figuren ausgesprochen werden. Beispielsweise der Satz von Hagen: „Gernot, ich ahn es schon: eine Frau zu viel und ein Mann zu wenig. [...] Ich könnt auch sagen, eine Welt zu viel und unser Land zu klein."³ Oder Brünhilds Vorhersage: „Du wirst noch tiefer sinken. Ihr werdet alle untergehen."⁴

RINKE: Ja, sehen Sie. Und wenn der Schauspieler oder Regisseur da irgendwelche Sätze dazwischensetzt, sind die Klarheit und der Klang und die Setzung dahin.

REINHARDT: In der Philologiebibliothek der FU Berlin stehen eigentlich alle Ihre Bücher, nur von den beiden neuen *Nibelungen*-Stücken keine Spur. Schon öfter hatte ich den Eindruck, dass die gar nicht als neues Werk wahrgenommen werden, sondern nur als eine Neuauflage des Stückes von 2002 gelten. Obwohl sie sich ja völlig davon unterscheiden.

RINKE: Das müsste man denen wohl mal sagen.

---

² Ebd., S. 94.
³ Ebd., S. 41.
⁴ Ebd., S. 119.

REINHARDT: *Café Umberto* nun scheint mir sprachlich insgesamt wiederum ganz anders als Ihre vorherigen Stücke gestaltet. Am Anfang, in der Szene, als Lukas seine Sachen aufbaut und diesen kleinen Diavortrag hält, hat es mich sogar kurz mal an Loriot erinnert ...

RINKE: Wie bitte?!?

REINHARDT: Das soll jetzt keine Beleidigung sein!

RINKE: Loriot ist doch toll, das ist eigentlich der größte Dramatiker über den deutschen Kleingeist, ich bewundere Loriot. Aber stimmt der Vergleich wirklich?

REINHARDT: Vielleicht ist es einfach nur diese tragische Komik, die von der abgehobenen Sprache begleitet wird. Mir fiel im weiteren Verlauf auch die Ähnlichkeit mit Dürrenmatt auf. Bei dem ist auch die Sprache so abgehoben, stilisiert. Fast ohne Verwendung von Modalpartikeln, die sonst mündliche Sprache kennzeichnen. Und gleichzeitig völlig durchkonstruiert, ohne dass man dies sofort merkt.

RINKE: Ja. Also wenn man, wie ich, so sprachbewusst schreibt, wünscht man sich natürlich, dass das auch entsprechend verstanden und umgesetzt wird. Und deshalb lege ich Wert darauf, dass meine Stücke als Bücher erscheinen. Dagegen gibt es viele Autoren, die ihren Text gar nicht mehr als Text festschreiben, sondern erst bei den Proben entstehen lassen.

REINHARDT: Letzte Frage: Haben Sie einen Roman geschrieben, weil Sie im Grunde vom Theater frustriert sind?

RINKE: Nein, so ist es nicht. Ich liebe das Drama, man muss nur streng sein mit dem Theater, sonst läuft es aus dem Ruder und vergisst, wodurch es existiert. Das Romanschreiben ist ein wundervolles Neuland für mich, ich merke aber schon, wie heimisch ich dort geworden bin.

REINHARDT: Und was ist mit den Mühlheimer Theatertagen?

RINKE: Schwierig. Da sollen ja eigentlich die Texte bewertet werden, aber ich habe erlebt, dass Juroren die Texte nicht einmal kannten, nur die Aufführung ... Dabei kann ein guter Text völlig schlecht inszeniert werden und umgekehrt: Ein schlechter Text kann eine gute Aufführung bekommen. Am Ende wird in Mülheim auf jeden Fall über die Aufführung gesprochen, auch wenn die Leute glauben oder vorgeben, sie würden über den Text sprechen.

REINHARDT: Ich danke Ihnen sehr für dieses Gespräch.

Arrogante Naivität

Zur politischen Dimension von Rinkes Handlungspoetik

KAI BREMER

Seit etwa 15 Jahren wird in der literatur- und theaterwissenschaftlichen Forschung das Ende des Dramas proklamiert. Gleichzeitig aber werden seit Mitte der 90er Jahre auf dem Theater die Autoren erfolgreich gespielt, die auf vergleichsweise etablierte dramatische Ausdrucksformen setzen. Im Rahmen des vorliegenden Buches muss es nicht darum gehen, die Gründe für diese Diskrepanz bzw. diesen blinden Fleck in der Literatur- und Theaterwissenschaft zu untersuchen. Vielmehr ist hier der Ort, um Gründe zu benennen, die sich in Moritz Rinkes Biographie und Werk für seine Hinwendung zu dramatischen bzw. dialogischen Formen finden lassen, und um die Frage zu stellen, wie diese Tendenz angesichts der Entwicklungsgeschichte des neueren Dramas zu beurteilen ist.

Um dies zu erreichen, gehe ich in vier Schritten vor: Zunächst werden knapp einige literatur- und theaterwissenschaftliche Thesen zur sogenannten Postdramatik vorgestellt. Dann wird, zweitens, exemplarisch anhand von *Republik Vineta* die Handlungsorientiertheit der Gegenwartsdramatik analysiert und perspektiviert. Drittens soll gezeigt werden, warum eben diese Handlungsorientiertheit nicht etwa Ausdruck von fehlendem innovativen Formbewusstsein oder gar Konservativismus ist – wie häufig unterstellt wird. Stattdessen möchte ich zeigen, dass diese Dramatik eine gezielte Weiterentwicklung von tragikomischen Elementen der Dramatik Dürrenmatts als Reaktion auf die den Theaterdiskurs dominierenden Textexperimente seit den 70er Jahren namentlich von Heiner Müller und Elfriede Jelinek vornimmt. Dass dieses Verhalten als eminent politisch begriffen werden muss, möchte ich im vierten und letzten Teil anhand einiger Überlegungen zu *Café Umberto* darlegen.

I. Von der „Postdramatik" zur „Neodramatik"?

Nachdem das Theater sich Ende des 19., Anfang des 20. Jahrhunderts von der Vorstellung befreit hatte, eine sekundäre Kunstform zu sein, die auf niemals perfekte Weise die primäre Kunstform Drama präsentiert,[1] setzte vor gut 30 Jahren, Mitte der 70er Jahre, ein zweiter, sukzessive vonstatten gehender Bruch im Verhältnis von Drama und Aufführung ein. Hans-Thies Lehmann hat diese Entwicklung Postdramatisches Theaters genannt und damit ein Schlag-

---

[1] Vgl. Erika Fischer-Lichte: Ästhetik des Performativen. Frankfurt/Main 2004, S. 318-350.

wort geprägt.² Lehmanns These lautet, dass sich das Theater vom Dramentext immer weitergehend autonomisiert. Diese Entwicklung sei gekennzeichnet von der „Entfremdung von Theater und Drama".³ Im Postdramatischen Theater sei der Text lediglich ein „gleichberechtigter Bestandteil" innerhalb „eines gestischen, musikalischen, visuellen […] Gesamtzusammenhangs".⁴ Das Drama verliere für das Theater und für die Theaterwissenschaft an Bedeutung, es wird zur Nebensache. Lehmann hat zudem erklärt, auch Theatertexte könnten als ‚postdramatisch' bezeichnet werden. Lehmann hat diese, wie ich meine, problematische Formulierung indirekt revidiert, indem er vorgeschlagen hat, in Zukunft vom „theatralen Text" statt vom Drama zu sprechen.⁵

Die Literaturwissenschaft hat diese Entwicklung verfolgt und tendiert dazu, Lehmanns Begrifflichkeit zu übernehmen. Gerda Poschmann hat die „Rückkehr gebundener und rhythmisierter Verssprache; die Verdrängung des Wortes durch das Bild" sowie die Umkehr von Haupt- und Nebentext betont und dann den „nicht mehr dramatischen Theatertext" proklamiert.⁶ Die von Poschmann genannten Techniken sind allerdings auch in der Dramatik Brechts oder in vormoderner Dramatik zu finden. Unklar bleibt deswegen, was tatsächlich das Neue dieser Entwicklung ausmacht. Zwar überzeugt die These vom „gewandelten Status des Textes im Theater."⁷ Aber es ist nicht klar, warum von einem gänzlich neuen literarischen Texttyp ausgegangen werden sollte. Denn Lehmanns und Poschmanns Position lässt eine wesentliche dramenanalytische Einsicht unberücksichtigt, nämlich die, dass das Drama nicht unabhängig von seiner Zeit zu begreifen ist. Das ist bekanntlich die Kernthese von Peter Szondi.⁸ Wenn Lehmann und Poschmann letztgültige Kriterien voraussetzen, dann können sie nicht auf Szondi Bezug nehmen (was sie aber tun), sondern sie müssten etwa auf die phänomenologischen Überlegungen von Szondis Doktorvater Emil Staiger zurückgehen.

Ähnlich sieht das auch Hans-Peter Bayerdörfer, der an Lehmanns Befund Zweifel angemeldet hat: Das Drama stehe, „wo es immer gestanden hat, an der

---

² Vgl. Hans-Thies Lehmann: Postdramatisches Theater. 2. Aufl., Frankfurt/Main 2001; eine Begriffsdiskussion bei Franziska Schößler: Augen-Blicke. Erinnerung, Zeit und Geschichte in Dramen der neunziger Jahre. Tübingen 2004, S. 14-16.
³ Lehmann (Anm. 2), S. 43f.
⁴ Ebd., S. 73.
⁵ Hans-Thies Lehmann: „Just a word on a page and there is the drama." Anmerkungen zum Text im postdramatischen Theater, in: Heinz Ludwig Arnold (Hg.): Theater fürs 21. Jahrhundert. München 2004, S. 26-33.
⁶ Gerda Poschmann: Der nicht mehr dramatische Theatertext. Aktuelle Bühnenstücke und ihre dramaturgische Analyse. Tübingen 1997, S. 35.
⁷ Ebd., S. 34.
⁸ Peter Szondi: Theorie des modernen Dramas (1880-1950), in: ders., Schriften I. Hg. von Jean Bollack, Frankfurt/Main 1978, S. 9-148.

kulturellen Nahtstelle und verbindet – wenn man es positiv wendet – Lese- und Aufführungstradition, Schriftkultur und performative Kultur, Sprache und Bühne."[9] Bayerdörfer hat deswegen vorgeschlagen, das Drama nicht einfach zu verabschieden, sondern vielmehr seine historische Weiterentwicklung anzunehmen.

Wie einleitend angedeutet, setzte Anfang der 90er Jahre eine Erfolgswelle von Stücken ein, bei denen niemand, auch nicht die Verfechter der Postdramatik, bestreiten werden, dass es sich dabei um Dramen handelt. Thematisch waren sie sehr unterschiedlich. Yasmina Reza ließ in ihrem Konversationsstück *Kunst* drei Freunde über ein monochromes Gemälde streiten. Mark Ravenhill und Sarah Kane malträtierten ihre Figuren mit Gewaltorgien. Igor Bauersima ließ zwei Teenager in *Norway today* über Selbstmord nachdenken. Falk Richter thematisierte die Medialität des Nato-Einmarsches in Serbien in *Peace*. Um die in diesen Stücken zum Ausdruck kommende Tendenz zur konventionellen dramatischen Form zu beschreiben, taucht immer öfter das Attribut „neodramatisch"[10] auf. Wir haben nach dem postdramatischen Drama jetzt also das neodramatische Drama!?[11]

II. Rinkes „Neodramatik"

Katharina Keim hat in einem Aufsatz über *Der Bus* von Lukas Bärfuss die Frage nach den Unterschieden zwischen Post- und Neodramatik u.a. thematisch zu beantworten versucht. Postdramatiker wie Jelinek hätten sich in erster Linie an der „deutschen Misere" abgearbeitet. Jüngere Autoren wie Bärfuss verfolgten dagegen „eher soziale Fragestellungen, die unter dem Vorzeichen der Globalisierung stehen". Einmal davon abgesehen, dass diese Unterscheidung wenig überzeugt, weil Fragen der Globalisierung auch in den 70er Jahren etwa in Heiner Müllers *Der Auftrag* und *Landschaft mit Argonauten* behandelt wurden, so ist dieses Vorgehen auch deswegen fragwürdig, weil ‚dramatisch' in erster Linie auf Formfragen zielt und nicht auf Themen.

---

[9] Hans-Peter Bayerdörfer: Vom Drama zum Theatertext? Unmaßgebliches zur Einführung, in: ders. (Hg.): Vom Drama zum Theatertext? Zur Situation der Dramatik in Ländern Mitteleuropas. Tübingen 2007, S. 1-14, hier S. 2.

[10] Katharina Keim: Seltsame Heilige, gottverlassene Gläubige – Zur Aktualität von Glaubensfragen im zeitgenössischen Religionsdrama am Beispiel von Lukas Bärfuss' *Der Bus (Das Zeug einer Heiligen)*, in: ebd., S. 86-94, hier S. 89.

[11] Falk Richter hat das irrwitzige *labeling* aufs Korn genommen und auf seiner Homepage berichtet, ihn habe man jüngst darüber aufgeklärt, *Electronic City* sei ein „Standardwerk für postdramatisches Schreiben"; inzwischen aber schreibe er, so habe man ihm dargelegt, „neodramatisch": http://www.falkrichter.com/logic/article.php?cat=52&id=2080.

Formal nun bietet das Stück von Rinke (wie das von Bärfus) tatsächlich all das, was Müllers oder Jelineks Dramen meist nicht bieten (Ausnahmen bestätigen innerhalb des Diskurses über die Postdramatik offenbar die Regel): eine Einteilung in Akte, eine klare Unterscheidung von Sprech- und Nebentext, einen schon klassisch zu nennenden Handlungsverlauf mit Anfang, Peripetie und Schluss. Die Figuren werden eingeführt und motiviert, auch finden sich Konflikte. Weiterhin wird die Absolutheit des Dramas ebenso gewahrt wie die Abwesenheit des Dramatikers im Drama. Die vierte Wand steht, als wäre sie nie eingerissen gewesen.

Die Exposition von Rinkes vier Akte umfassendem Drama *Republik Vineta* ist relativ ausführlich. Im Nebentext wird zunächst der Raum geschildert, eine verfallen wirkende Villa, von der gesagt wird, sie befinde sich in der Nähe von Gotha. Zu Beginn sprechen Nina Seiler und Hans Montag miteinander. Er nähert sich ihr romantisch entrückt:

Montag: [...] Es ist ein Zauber! Wenn ich Sie da jetzt zum Beispiel so langlaufen sehe, dann habe ich das Gefühl, ich wäre mein eigener Vater auf einem Schwarzweißfoto und Sie ...
Nina: Herr Montag, bitte! Ich trage einfach nur einen Stuhl die Treppe hinunter. Ich weiß nicht, was das mit Ihrer Mutter zu tun haben soll. Das ist vielleicht ein Job hier! Sagen sie mir lieber, was eine „FA" ist? Hagemann wirft mit Begriffen um sich, die versteht doch kein Mensch! Hier, die Milch! (RV 155f.)[12]

Dann tritt Färber auf. Er ist Architekt und soll ein Team ergänzen, das von Dr. Leonhardt geleitet wird. Nina ist seine Assistentin, dem Team gehören neben Färber und Leonhardt fünf weitere Männer an. Zusammen sollen sie das Projekt ‚Republik Vineta' planen – eine Insel im Meer, auf der ideale Lebensbedingungen in technischer wie in gesellschaftlicher Hinsicht existieren sollen, eine Art Utopia. Der Konflikt rührt nun zum einen daher, dass Born und Färber beide Architekten sind und ganz und gar unterschiedliche Ansätze verfolgen. Born ist ein Pragmatiker und Technokrat, Färber stellt das Wohlbefinden der Menschen in den Mittelpunkt. Zum anderen wird Nina von mehreren Männern begehrt, was zu einer zweiten Konfliktebene führt.

In *Republik Vineta* entwickelt sich zwischenzeitlich eine große Diskrepanz zwischen dem Wissen der Rezipienten und dem der Mehrzahl der Figuren. Rasch ahnt der Rezipient, dass Dr. Leonhardt kein Projektleiter ist, sondern ein Psychologe, der das Vintea-Projekt erfunden hat, um gescheiterte Worcaholics zu erden. Das Problem dabei ist, dass diese ihr Scheitern nicht wahrhaben wol-

---

[12] Zitiert wird unter Verwendung der Sigle RV nach: Moritz Rinke: Republik Vineta, in: ders.: Trilogie der Verlorenen. Stücke. Reinbek bei Hamburg 2002, S. 153-235.

len bzw. man es ihnen aus Angst um ihre Psyche nicht mitgeteilt hat. Leonhardt konstruiert deswegen ein komplexes Spiel, das auf das sukzessive, psychologisch kontrollierte Scheitern zielt. Wir haben es hier also mit einem Spiel im Spiel zu tun.
Schließlich erfahren die Figuren durch die Ankunft der Frau von Kapitän Feldmann-See die Wahrheit. Auf die Anagnorisis folgt gut aristotelisch die Katastrophe. Leonhardt und Nina verschwinden, Frau Feldmann-See nimmt ihren Mann mit. Die anderen bleiben in der Villa zurück. Hagemann begreift als einziger die völlige Aussichtslosigkeit der Situation und erhängt sich. Born erschießt Montag und geht. Behrens, der gescheiterte Lokalpolitiker, übt weiterhin seine Reden zur Eröffnung von Vineta ein: „Meine Damen und Herren, liebe Beatles ...". (RV 234) Obwohl die Villa einstürzt, bleibt Färber zurück um weiterzuzeichnen.

III. Formkonservativismus oder Weiterentwicklung durch Rückgriff?

Das Stück Rinkes weist zahlreiche Analogien zu Dürrenmatts *Die Physiker* auf. Im Unterschied dazu gibt es in *Republik Vineta* aber keine bewusste Entscheidung für den Wahnsinn. Den Figuren gelingt es nicht, ihre Selbstwahrnehmung mit der Realität in Deckung zu bringen. Schließlich sind ihre Arbeiten außerhalb der Villa völlig unbrauchbar, weil es kein reales Projekt Vineta gibt. In diesem Sinne ist Rinke also fatalistischer als Dürrenmatt. Die Worcaholics sind auf den Schrottplatz der Arbeitswelt aussortiert. Die inhaltliche Radikalität Rinkes führt aber nicht zu einem formalen Bruch mit Dürrenmatts Dramenästhetik. So erfüllt Rinke Dürrenmatts Forderung nach der „schlimmstmöglichen Wendung", die dieser in den *21 Punkten zu den Physikern* aufgestellt hat: „Eine Geschichte ist dann zu Ende gedacht, wenn sie ihre schlimmstmögliche Wendung genommen hat."[13] Die zentrale Wendung erfährt das Stück durch die vermeintliche Hilfe von Frau Feldmann-See – konkret durch den Zufall, dass sie ein Schiff im Hafen liegen sieht, von dem ihr Mann am Telefon erzählt hat, es befinde sich auf dem Weg nach Vineta. Dieser Zufall durchkreuzt den Plan von Leonhardt und führt zum abrupten Ende des Projekts Vineta.

Rinke ist auf die Parallelen zu den *Physikern* nicht weiter eingegangen.[14] Was Rinke allerdings getan hat, ist, sich entschieden gegen andere ‚neuere' Tendenzen der Dramatik auszusprechen. Zum einen hat er sich wiederholt gegen „Fi-

---

[13] Friedrich Dürrenmatt: 21 Punkte zu den Physikern, in: ders.: Die Physiker. Eine Komödie in zwei Akten. Zürich 1980 (Werkausgabe 7), S. 91-93, hier S. 91.
[14] Vgl. dazu auch den folgenden Beitrag von Stephan Kraft.

gurenlose Textflächen"¹⁵ gewandt – also gegen radikal episierte Texte etwa von Müller und Jelinek. Gleichzeitig lehnt er Dramatik ab, die vor allem zu provozieren versucht wie etwa die britische Dramatik der 90er Jahre. Sein schlicht pragmatisches Argument dagegen ist die fehlende Möglichkeit der Erweiterung, Ergänzung oder Fortsetzung. Nachdem er in seinem *Plädoyer für eine arrogante Naivität* aufgelistet hat, welche Genitalien der Figuren in der Blut- und Sperma-Dramatik malträtiert werden, hält er trocken fest: „Ich denke, danach wird es irgendwie schwierig."¹⁶ Deswegen erwidert er auf den Vorwurf, seine Dramatik sei nichts als angepasste Naivität und ein unzeitgemäßter Verzicht auf das Rohe und Obsessive:

> [W]as ist das eigentlich: Naivität? Wäre Naivität, die hier verbunden wird mit Nicht-Bösem und Nicht-Rohem, also die Sehnsucht, an etwas zu glauben, vielleicht sogar an Menschen [...]? Oder wäre Naivität [...] etwas, das irgendetwas befürwortet, vielleicht sogar etwas Gutes [...]? Ich glaube, wenn jetzt jemand käme und es schaffen würde, dass man sich in Menschen und Figuren verliebt, dann wäre das viel obsessiver und subversiver und übrigens auch arroganter als [...] alles andere. (Plädoyer für eine arrogante Naivität! Und jetzt gehen bestimmt wieder alle romantischen Schubladen auf.)¹⁷

Rinkes Plädoyer für arrogante Naivität, die er explizit als Sehnsucht, an etwas Gutes zu glauben, markiert, zeigt, dass trotz der formalen Nähe zu Dürrenmatt inhaltlich eine deutliche Differenz zwischen beiden besteht. Rinke begegnet seinen Figuren nicht mit Zynismus, sondern mit Empathie.

Nicht umsonst wurde Rinke von der Theaterkritik der ‚kleine Prinz' des zeitgenössischen Theaters genannt. Gleichzeitig aber, und das ist das eigentlich bemerkenswerte an dieser Dramatik, begreift Rinke seine Stücke ausdrücklich als politisch, wobei politisch bei ihm zunächst schlicht zu meinen scheint, dass in ihnen Themen verhandelt werden, die gegenwärtig gesellschaftliches Konfliktpotential in sich bergen.

Schon diese Hinweis dürften klar machen, wie wenig Rinkes Neodramatik ‚neo' ist, sondern in bewusster Auseinandersetzung mit unterschiedlichen dramatischen Ansätzen steht. Rinkes Dramatik ist also schlicht Dramatik – und zwar eine solche, die sich zur Dürrenmattschen Tragikomik verhält, ohne diese eins zu eins fortzuschreiben. Sie macht damit das, was Literatur immer schon gemacht hat. Sie stellt sich in einen traditionalen Zusammenhang, nimmt einige Formelemente auf und verwirft andere.

---

[15] Vgl. Moritz Rinke: Nichts ist älter als die Uraufführung von gestern Abend, in: http://nachtkritik.de/index.php?option=com_content&task=view&id=3348&Itemid.

[16] Moritz Rinke: Plädoyer für eine arrogante Naivität / Über modische Haltungen zur Welt, in: ders.: Trilogie der Verlorenen (Anm. 12), S. 292-294, hier S. 293.

[17] Ebd., S. 293f.

In der Gegenwartsdramatik ist der Rückgriff auf die Formsprache des 20. Jahrhunderts und der Frühen Neuzeit weit verbreitet. Kathrin Röggla arbeitet mit Elementen des dokumentarischen Dramas. Albert Ostermaier hat in *toller topographie* Elemente des expressionistischen Monodramas verarbeitet und um allegorische Momente ergänzt. Mark Ravenhill konzentriert sich in *The product* ganz auf das Spiel im Spiel. Caryl Churchill kombiniert in *Far away* Elemente des britischen Kammerspiels mit absurden Dialogfolgen und auf Yasmina Rezas Wiederbelebung des Konversationsdramas wurde schon hingewiesen. Wir erleben auf den Bühnen derzeit also einen Formpluralismus, der konsequent an den Formpluralismus anknüpft, den Szondi 1956 skizziert hat. Rinke nimmt innerhalb dieses vielfältigen Spektrums der dramatischen Formen eine Position ein, die auf Episierungstechniken kaum zurückgreift und stattdessen auf Illusionierung setzt. Seit Brecht wird ein derartiges Verhalten geradezu reflexhaft und kurzschlüssig als ‚wenig kritisch' und latent ‚apolitisch' begriffen. Wie wenig eine solche Position zu überzeugen vermag, lässt sich an *Café Umberto* zeigen.

IV. Abgründiger Optimismus

Im September 2005 – kurz vor der Bundestagswahl – konnte man in der *Zeit* über Rinkes neues Stück *Café Umberto* viel lesen. So hieß es etwa: „Rinkes Protagonisten ringen mit der Frage, wie ein Leben ohne Geld, Sicherheit, Prestige und Sinnstiftung durch klassische Erwerbsarbeit gelingen kann. ‚Die politischen Parteien fallen bei dieser Debatte praktisch aus', klagt Rinke. ‚Sie propagieren Arbeit als Quelle für Selbstachtung und Lebensqualität, obwohl es auf absehbare Zeit nicht genug Jobs für alle geben wird und sich damit zwangsläufig immer mehr Menschen ausgeschlossen fühlen.'"[18] Solche Sätze im Feuilleton von Deutschlands wichtigster Wochenzeitung – das hätte keinen überrascht. Die hier zitierten Sätze standen aber im Wirtschaftsteil der *Zeit*. Und zwar auf dessen Titelseite. Auch wenn Rinke ein erfolgreicher Dramatiker ist, so erklärt das noch lange nicht, weswegen ein Stück über Arbeitslosigkeit, genauer über Akademikerarbeitslosigkeit, für dermaßen viel Furore sorgen konnte.

Als man sich noch geistige Orientierung von den Dichtern der eigenen Nation versprach, da wäre ein solcher Artikel vielleicht nicht überraschend gewesen. Aber heute? Was kann heute der Grund dafür sein? Vielleicht ist es zunächst schlicht die Tatsache, dass Rinkes Stück eine Wahrheit offen ausspricht, die sich – zumal zu Wahlkampfzeiten – kaum jemand auszusprechen traut: Es gibt nicht genug bezahlte Arbeit für alle. Und es wird in nächster Zeit auch nicht genug für alle geben. Hinzu kommt, dass sich *Café Umberto* einer beliebten Selbstverne-

---

[18] Vgl. Elisabeth Niejahr, Kolja Rudzio: Leben mit der Arbeitslosigkeit, in: Die Zeit, 15.9.2005.

belung vergleichsweise intelligenter Menschen verweigert: Arbeitslosigkeit trifft nicht nur die vermeintlich gering Gebildeten, sie kann alle treffen – unabhängig vom Bildungsgrad und von der individuellen Kreativität. Diese Wahrheiten spricht Rinkes Stück recht unumwunden aus. Das mag zu Wahlkampfzeiten zunächst eine Wohltat gewesen sein. Dass das Stück aber auch über den Herbst 2005 hinaus erfolgreich ist, dürfte weitere Gründe haben.

Café Umberto setzt sich im Vergleich zu *Republik Vineta* realitätsbewusster mit dem Thema Arbeitslosigkeit auseinander: Hier wissen die Figuren in der Wartehalle, in der Umberto den besten Milchkaffee der Stadt serviert, sehr genau, dass sie arbeitslos sind. Sie machen sich keine Illusionen darüber, dass sich daran etwas ändern wird. Trotzdem wirkt das Stück nicht resigniert. Vielmehr lässt es uns staunen. Wir haben noch nicht lange in Rinkes Wartehalle geschaut und schon wissen wir, hier ist etwas anders.

Rinke hat zur Vorbereitung auf das Stück verschiedene Arbeitsagenturen in Berlin besucht, wie er *Theater heute* im Interview erzählte: „Nach 14 Tagen fühlte ich mich umringt von interessanten Gesprächspartnern – Soziologen, Quanten-Physiker, Gärtner, Germanisten, Therapeuten [...]. Da wird einem natürlich schnell klar, dass ein Schreiben über Arbeitslosigkeit in der gut gemeinten sozialkritischen Weise nicht mehr funktioniert, also so eine Art Hauptmannscher *Weber*-Blick für heute und von oben nach unten".[19] Rinke propagiert eine für das Theater neue Perspektive auf das Thema Arbeitslosigkeit – eine, die nicht hierarchisch ist. Er stellt sich der Einsicht, dass die Arbeitslosigkeit jeden treffen kann – unabhängig vom Qualifikationsgrad und vom wirtschaftlichen Erfolg des Unternehmens, in dem man arbeitet.

Doch das ist noch keine Erklärung für die Frage, warum das Stück nicht resigniert wirkt und stattdessen staunen macht. Manche Theaterkritiker sahen den Grund dafür darin, dass Rinke ironisch konkrete politische Maßnahmen wie die Einführung von Ich-AGs karikiert. Wirklich zu überzeugen vermag diese Antwort nicht. Ironie hilft vielleicht, den bitteren Eindruck der Situation ein wenig ertragen zu helfen. Doch gegen die Resignation kann sie sich über den Augenblick hinaus nicht durchsetzen. Ich denke, dass es vielmehr eine ganz besondere Form von Optimismus ist, die *Café Umberto* so wenig resigniert wirken lässt. Der ist Folge davon, dass das Stück dem Utopischen in der Gegenwart einen Raum gibt. Besonders deutlich wird das beim Lebenskünstler Jaro, der diesen Optimismus wie keine andere Figur des Stücks verkörpert. Angesichts der Kreativität, die in der Wartehalle der Arbeitsagentur vor sich hinvegetiert, und an-

---

[19] Franz Wille: Neue Arbeit. Ein Gespräch mit Moritz Rinke über *Café Umberto* und zwei Arten kein Geld zu haben, in: Theater heute 08/09 2005, S. 68-70.

gesichts der zunehmenden menschlichen Katastrophen, die sich dort ereignen, beschließt Jaro: „Ich gründe eine Akademie für Selbstachtung." (CU 91)[20] Jaro scheitert. Aber eben deswegen überzeugt das Stück. Es nimmt die Realität zur Kenntnis und macht nicht einfach einen utopischen Raum auf. Stattdessen insistiert es darauf, dass immer wieder aufs Neue darüber nachgedacht werden muss, in welcher Welt wir leben wollen. Deswegen verschreibt sich Rinke auch nicht einem bestimmten politischen Programm oder Lösungsversprechen. Er ist kein Politiker, der suggeriert, es gäbe einfache Wege zur Problemlösung.

Der Optimismus von *Café Umberto* ist typisch für Rinkes dramatisches Werk. Er geht einher mit seiner Figurendarstellung, die derzeit in der deutschen Dramatik selten, wenn nicht gar einzigartig ist. Rinkes Dramatik ist einer ‚tragischen Komik' verpflichtet, wie sie etwa von Dürrenmatt etabliert wurde, wie wir gesehen haben. Das hat zur Folge, dass seine Texte nicht von Thesen wie bei Brecht, sondern von einer Fabel im aristotelischen Sinne bestimmt sind. Anders als die konventionelle Dramatik verbindet Rinke sein Beharren auf die Fabel aber nicht mit einer geschlossenen Dramaturgie, wie *Café Umberto* belegt. Er schreibt Szenenfolgen, in denen Figuren und Figurenkonstellationen maßgeblich sind. Deswegen ist *Café Umberto* auch nicht in Akte, sondern in Szenen eingeteilt. Dieser für Rinkes Arbeitsweise entscheidende Dreischritt von der Fabel über die Szene zu den Figuren scheint einen Nerv zu treffen.

Verglichen mit den Theatertexten typischer ‚Postdramatiker' wie Jelinek oder Müller werden Theaterregisseure durch Rinkes Dramatik vergleichsweise stark in ihren Inszenierungsmöglichkeiten dramaturgisch festgelegt. Das Ineinander von Fabel, Szene und Figur fordert eine textnahe Inszenierung, die dem Regisseur wenig Spielraum lässt, weil sonst die Teile des Dramas nicht miteinander harmonieren und weil diese Harmonie entscheidend ist, damit der Optimismus unbeschadet bleibt. Das bedeutet im Umkehrschluss, dass sich Rinkes Dramen strukturell nicht unbedingt Kürzungen, wohl aber der Ergänzung von weiteren Texten, Bildern oder Regieeinfällen widersetzen. Wenn seine Stücke also meist sehr textnah inszeniert werden, dann ist das keinem konservativen Regieideal geschuldet, das zur werktreuen Inszenierung zurückkehren möchte, sondern der Anlage seiner Dramen.

Diese auf Figuren und Figurationen konzentrierte Dramatik nimmt eine Sonderstellung im Gegenwartstheater ein. In Verbindung mit seiner ironisch-zärtlichen Darstellungsweise ist Rinke ganz und gar untypisch, wenn nicht gar unzeitgemäß. Denn so sehr seine Dramaturgie auch der des jungen Botho Strauß nahezustehen scheint, so ist ihr doch deren Zynismus und Distanziert-

---

[20] Zit. wird unter der Sigle CU nach: Moritz Rinke: Café Umberto. Szenen. Reinbek bei Hamburg 2005.

heit fremd. Und bereits deutlich geworden sein sollte, dass Rinke erst recht keine postdramatischen ‚Textflächen' wie Jelinek oder Müller verfasst. Mit seiner Schreibweise gegen die Thesen und für die eine paradoxe Fabel im Sinne Dürrenmatts setzt Rinke eine Tradition fort, die die deutschsprachige Dramatik über Jahrzehnte geprägt hat, die heute aber in Vergessenheit zu geraten droht und die durch ihn nicht nur weitergeführt, sondern dem deutschen Theater als Antwort auf die Postdramatik zur Verfügung gestellt wird. Daher erscheinen Stücke wie *Republik Vineta* und *Café Umberto* einerseits konventionell und andererseits niemals konservativ. Das macht Rinkes Dramatik für überregional bekannte Theaterhäuser wie für Stadttheater interessant – und auch für Bildungsinstitutionen. Inzwischen liegt von *Republik Vineta* sogar eine Schulbuchausgabe vor.[21]

Der Hinweis auf die literaturgeschichtliche Bedeutung darf aber nicht den Eindruck entstehen lassen, Rinke wäre ein Schriftsteller, der primär für die Kunst schreibt. Rinke hat nicht nur die politische Realität, sondern auch sein Publikum stets fest im Blick: Seine Stücke sind gewissermaßen Drahtseilakte, die nur Millimeter über den messerscharfen Gipfeln der Realität stattfinden. Alles würde scheitern, sobald das Seil die Spitze berührt, entweder weil es reißen oder aber der Akrobat durch den plötzlichen Ruck das Gleichgewicht verlieren würde. Dass Rinke dieser Drahtseilakt, Kunst zu schaffen und trotzdem nicht entrückt zu wirken, gelingt, liegt nicht zuletzt daran, dass er sein Publikum sucht. Durch seine journalistischen Arbeiten, seine Lesereisen und durch seine Zusammenarbeiten mit dem Goethe-Institut und dem Deutschen Literaturinstitut in Leipzig kommt Rinke viel herum. Die dabei gemachten Erlebnisse nimmt er auf und verarbeitet sie in seinen Texten. Von einem dieser Erlebnisse erzählte er anlässlich des Erscheinens von *Café Umberto* in *Theater heute*:

Werner Braeuner aus Verden, arbeitsloser Ingenieur, hochgebildet. Der wurde in irgendwelche Maßnahmen gesteckt, brach ab, weil er lieber Übersetzungen aus *Liberation* für das Internetforum der *Glücklichen Arbeitslosen* machen wollte, dann wurde ihm die Hilfe gestrichen, seine Freundin bekam grad ein Baby, er schrieb dem Direktor Briefe, dass die Fortbildung nichts nützen würde, er sich geparkt fühle und von anderen wesentlichen Arbeiten abgehalten. Dann schrieb er noch eine Weihnachtskarte an den Direktor, dass er die Geldbezüge aber jetzt bräuchte. Keine Antwort. Dann fuhr er mit dem Fahrrad zum Direktor nach Hause, um ihn vor der Tür abzufangen. Als dieser wieder nicht antwortete, erschlug er ihn mit einem Dreikantschaber.

---

[21] Moritz Rinke: Republik Vineta. Ein Stück in vier Akten. Erarb. von Peter Bekes, Heinz Reichling. Braunschweig 2005; vgl. auch: Rudolf Denk, Klaus Hoggenmüller: Insel-Irrsinn. Dramaturgisch-didaktische Bausteine zu Moritz Rinkes *Republik Vineta*, in: Deutschunterricht, 4/2003, S. 30-33.

Ich wollte ihn in der Vollzugsanstalt Meppen besuchen, aber das gestaltete sich etwas schwierig.[22]

Einmal davon abgesehen, dass Amtsleiter Herzberg in *Café Umberto* die Umrisse des von Rinke im Interview namentlich nicht erwähnten Direktors der Arbeitsagentur trägt – seine Schilderung der Ereignisse deutet zumindest Sympathie wenn auch nicht mit der Tat, so doch mit der Person Braeuner an. Trotzdem wird im Vergleich zwischen Braeuner und den Figuren des Stücks rasch deutlich, weswegen eine schlichte Dramatisierung der geschilderten Ereignisse keine Lösung für Rinke war. Gerade dadurch, dass er seine Figuren anders handeln lässt als Werner Braeuner, gewinnen sie ihre Stärke. Denn sie reagieren auf die Verletzungen und Unwürdigkeiten nicht mit radikalen oder gar terroristischen Gegenmaßnahmen. Ihre Stärke liegt in ihrer Friedfertigkeit, in ihrer Sensibilität. Dass sich so die wirtschaftliche Situation der Besucher von Umbertos Café nicht ändert, gesteht Rinkes Stück offen ein. Aber es plädiert dafür, sich gegenseitig nicht allein zu lassen – unabhängig davon, ob man eine bezahlte Arbeit hat oder nicht. Der utopische Kern seiner Stücke resultiert dabei aus der Banalität, dass er sich den vermeintlichen Sachzwängen verweigert. Brechts materialistische Entscheidung – „Erst kommt das Fressen, dann die Moral." – akzeptiert Rinke nicht. Bei ihm gehen Fressen und Moral Hand in Hand.

---

[22] Vgl. Wille (Anm. 19), S. 70.

Komödie in der Psychiatrie – Psychiatrie als Komödie:
Zur *Republik Vineta* mit einigen Anmerkungen zur Verfilmung durch Franziska Stünkel

STEPHAN KRAFT[*]

Ein Therapeut – nennen wir ihn Robert Leonhard – tritt auf dem Psychomarkt mit einer neuen Idee auf. Eine Gesellschaft, in der alles als machbar gilt und in der das Tempo dieses Machens immer weiter angezogen wird, produziert ein neues Krankheitsbild, das es, wie er erkannt hat, umgehend zu behandeln gilt. Es betrifft vorwiegend Männer (von Frauen hört man eher selten), die sich in ein veritables Organisationsfieber hineingearbeitet haben und die sich am Gestalten und Erledigen von Dingen berauschen, ohne bei alldem zu merken, dass sie längst selbst die Getriebenen sind. Kurz gesagt, sie leiden unter Arbeitssucht. Solange diese Menschen reibungslos funktionieren, sind sie für ihre Umgebung vielleicht etwas anstrengend, aber letztlich unproblematisch und scheinen nicht selten sogar ziemlich nützlich. Genau dies kehrt sich jedoch in sein Gegenteil um, wenn sie beginnen, vor Überarbeitung immer mehr Fehler zu machen, wenn sie ihre Umwelt nicht mehr nur als Hindernis, sondern als Gegner wahrnehmen, den es niederzumachen gilt, und wenn sie den Kontakt zur Realität so weit verloren haben, dass die Projekte, die sie verfolgen, immer phantastischer und letztlich undurchführbarer werden.

Der von seiner Arbeit Besessene ist – wenn man ihn nur mit einem ausreichend großen emotionalen Sicherheitsabstand betrachtet – ein ziemlich dankbares Ziel für eine Komödie. Cicero hat diese Gattung einst als „Nachahmung des Lebens, ein Spiegel des Herkömmlichen und ein Abbild der Wahrheit" bezeichnet. Die Komödie wendet sich also der jeweiligen Jetztzeit zu, diagnostiziert und analysiert deren spezifische Probleme. Nun ist es gewiss nicht abwegig zu behaupten, dass, wenn auch die Probleme als solche in ihren konkreten Ausprägungen zeitbedingt sein sollten, sie doch – soweit es um menschliches Fehlverhalten geht – strukturell zumeist so ähnlich sind, dass man das Gros von ihnen mit immer den gleichen Mitteln und Wegen wenn nicht gleich kurieren, so doch wenigstens darstellen kann. Kurz: Was unterscheidet einen Arbeitssüchtigen ab einer gewissen Abstraktionsebene letztlich schon von einem Geizigen, einem Bigotten, einem dünkelhaften Gelehrten, einem ehrversessenen, aber hasenfüßigen Soldaten usw. usf. Der Verfasser einer Komödie kann all diese und ähnliche Charaktermasken in alle möglichen und unmöglichen Situatio-

---

[*] Der vorliegende Text entstand im Rahmen eines von der Alexander von Humboldt-Stiftung verliehenen Feodor-Lynen-Stipendiums an der Indiana University in Bloomington, USA.

nen versetzen, in denen sich dann sukzessive die verschiedensten Facetten ihrer spezifischen Seltsamkeit oder Obsession zeigen sollen.

Wenn er es nicht so gut mit ihnen meint, jagt er sie am Ende von der Bühne, ist er hingegen gnädiger gestimmt, kann er sie im Laufe des Stücks zur Besinnung kommen lassen. So war es zumindest Jahrhunderte lang Usus in der gesellschaftlichen Institution namens Komödie. Hatte sich der Verfasser einmal für die Variante mit der Korrektur entschieden, so standen wiederum mehrere Möglichkeiten zur Wahl. Entweder konnte am Ende ein schlichter Irrtum aufgehoben werden, dem der Verlachte anhing, oder aber dieser musste wirklich seinen Charakter ändern. Und der Königsweg zu diesem letzten, nun tatsächlich äußerst problematischen Unterfangen, nämlich einen Menschen substantiell bessern zu wollen, ist gleichzeitig eine der Grundstrukturen der traditionellen Komödie selbst – die des Spiels im Spiel.[1]

Die in der Spielwirklichkeit problematische Situation oder Charaktereigenschaft wird dabei in Form eines Spiels stückintern reproduziert. Das in der Komödie verhandelte Problem wird dadurch für Teile der Figuren selbst fiktionalisiert und aus seinen pragmatischen Zusammenhängen herausgenommen. Dem Protagonisten soll damit die Möglichkeit einer distanzierten Selbstbeobachtung gegeben werden, die zur Selbsterkenntnis führt und damit in letzter Konsequenz idealerweise auch zur Selbstkorrektur. Noch Lessings Minna von Barnhelm versucht auf diese Weise, wenn auch schließlich vergeblich, ihren Tellheim von seinem in ihren Augen problematischen Hang zum Stolz zu kurieren. Sie spielt ihm zu diesem Zweck vor, sie selbst sei von ihrer Familie verstoßen worden. Wegen ihrer dadurch befleckten Ehre sei eine Hochzeit vor allem nach seiner erfolgten Rehabilitation nun von ihrer Seite aus nicht mehr möglich. Ihre Hoffnung besteht darin, dass der Major mittels einer dadurch ermöglichten Außenansicht seines eigenen Verhaltens in der Vergangenheit dieses nachträglich als falsch erkennen wird. Gerade in Minnas Spiel zeigt sich also exemplarisch eine Form von Komödie, die eine deutliche Affinität zu gewissen, durchaus auch heute noch verwendeten Formen der Psychotherapie aufweist.

Zum Beispiel eben derjenigen Robert Leonhards in Moritz Rinkes Komödie *Republik Vineta*, die im Jahr 2001 von den Kritikern von *Theater heute* zum besten Bühnenstück des Jahres gewählt wurde. Leonhard bietet an, Arbeitssüchtige in seiner Institution aufzunehmen, die Vorgesetzte, Kompagnons oder Verwandte an ihn vermittelt haben. Die Kranken wissen selbst allerdings nichts davon, dass sie sich in einer Therapieeinrichtung befinden, sondern denken, in dem abgele-

---

[1] Zur zentralen Bedeutung dieser Kategorie für die Poetik der Komödie vgl. Ralf Simon: Theorie der Komödie, in: ders. (Hg.): Theorie der Komödie – Poetik der Komödie. Bielefeld 2002, S. 47-66.

genen, alten Gutshaus bei Gotha tage in Wirklichkeit ein Arbeitsstab, der die Besiedlung einer bisher unbekannten Ostseeinsel namens Vineta plane – mit allem, was dazugehört: Wohn- und Geschäftshäusern, Freizeiteinrichtungen, Hafen usw. usf.: eine Idealstadt und ein utopisches Inselparadies. Bei alldem soll es sich um nicht weniger als das größte Einzelbauprojekt der Geschichte der Menschheit handeln.

Leonhard selbst beschreibt seinen hinter dieser großangelegten Täuschung stehenden therapeutischen Plan wie folgt:

> Ja. Meine neue Methode, Frau Feldmann-See, beruht also auf der Simulation der realen Arbeitswelt, ohne die ja auch im Übrigen kein Einziger seine Firma, wie soll ich sagen, freiwillig verlassen hätte. [...] Innerhalb dieser so genannten Realzeit also studiere ich das genaue Verhalten der jeweiligen Fälle und versuche vorerst sehr vorsichtig einzugreifen. [...] Nun. in der zweiten Phase, Frau Feldmann-See, da wird die simulierte Realzeit plötzlich gestoppt, das Projekt für gescheitert erklärt und somit der Aufprall auf die Realität eingeleitet. [...] Aber genau diesen Schock brauche ich für die dritte Phase: Für die Landung! (RV 215f.)[2]

Moritz Rinke geht bei der Umsetzung seiner konkreten Idee, die Handlung einer Komödie in eine psychiatrische Anstalt zu verlegen, durchaus über das hinaus, was verschiedene Kritiker mit der Namensnennung „Dürrenmatt"[3] recht schnell meinten *ad acta* legen zu können. Wie Dürrenmatt in den *Physikern* lotet Rinke mithilfe seines spezifischen Settings die prekäre Grenze zwischen normal und verrückt aus.[4] Doch während bei Dürrenmatt am Ende herauskommt, dass die Patienten zumindest im landläufigen Sinne im Gegensatz zur Leiterin der Anstalt keinesfalls wahnsinnig sind, ist es bei Rinke genau umgekehrt. Die Obsessionen der hier versammelten Arbeitssüchtigen sind erst einmal gar nicht sichtbar oder zumindest nicht als im engeren Sinne pathologisch denunziert. Bis zum Ende des dritten der vier Akte erfährt der Zuschauer nicht einmal ausdrücklich, dass sich das Ganze überhaupt in einem Sanatorium abspielt und dass es weder Vineta noch eine die Besiedlung dieser Insel planende Delta-Bau

---

[2] Zit. wird unter der Sigle RV nach: Moritz Rinke: Republik Vineta, in: ders.: Trilogie der Verlorenen. Stücke. Reinbek bei Hamburg 2002, S. 153-235.

[3] So Andreas Rossmann: Reif für die Stadttheaterinsel, in: FAZ 8.6.2001. Vgl. zum Dürrenmatt-Bezug auch Rudolf Denk, Klaus Hoggenmüller: Insel-Irrsinn. Dramaturgisch-didaktische Bausteine zu Moritz Rinkes *Republik Vineta*, in: Deutschunterricht 4/2003, S. 30-33, hier S. 32.

[4] Der erste war Dürrenmatt dabei natürlich keinesfalls. Man denke etwa an Carl Laufs' und Wilhelm Jacobys 1890 uraufgeführten und mehrfach verfilmten Boulevardklassiker *Pension Schöller*. Ebenfalls den Bezug von Komödie und Psychotherapie betont Botho Strauß in *Kalldewey, Farce*.

gibt. Rinke dreht das Spiel Dürrenmatts zumindest partiell um: Nicht die Normalität von vermeintlichen Verrückten wird enthüllt, sondern vielmehr der Wahnsinn von Männern, die erst einmal den Eindruck von ganz ‚normalen' Karrieristen machen.

Zusammen mit dem Neuankömmling Sebastian Färber, einem Architekten, der sich zu einer stilistischen Richtung bekennt, die er selbst als „Revolution der neuen Rückbesinnung" bezeichnet, betritt man zu Beginn des Stücks das halb verfallene ostdeutsche Herrenhaus, beobachtet die Interaktion der dort schon anwesenden Personen und die bereits bestehenden Konflikte innerhalb der Gruppe. Dann wird man mit ihm den vermeintlichen zukünftigen Kollegen vorgestellt und bekommt schließlich ganz am Ende des ersten Akts das Vinetaprojekt nochmals summiert als Ganzes vorgestellt: eine nachgerade klassische Exposition – so soll es zumindest scheinen.

Färber wird dabei schon gleich mit seiner Ankunft Teil der von Leonhard geschürten künstlichen Konflikte, die auch der Zuschauer erst einmal für reale halten muss. Die bislang tonangebenden Stimmen innerhalb der Planungsgruppe, der Bauleiter Born, der Schiffslogistiker Feldmann-See, der Projektkoordinator Hagemann und in gewissen Grenzen auch der sozialdemokratische Lokalpolitiker Behrens sind an Vineta vor allem in Fragen der organisatorischen Machbarkeit interessiert. Ginge es nach Ihnen, so würde die zukünftige Inselsiedlung durch eine vor allem funktionale und mit viel Stahl und Beton arbeitende Architekturmoderne dominiert. Lediglich der verträumt-traurige Arbeitsvermittler Montag will nicht so recht ins Team passen, kann sich aber auch nie wirklich Gehör verschaffen.

Färbers neu entstehendes Gegenprojekt hingegen, das von Leonhard eine entschiedene Protektion zu erfahren scheint, ist viel eher dazu geeignet, auch die Sympathien des Publikums zu gewinnen: menschliche Maße, natürliche Baustoffe, harmonische Wechsel von Straßen und Plätzen sowie Treppen, die sich vor allem durch ihren eleganten Schwung auszeichnen und bei denen die Frage, was sie nun konkret miteinander verbinden sollen, in den Hintergrund rückt. Wie Färber selbst sagt: „Die Gegenmoderne ist der Kampf gegen das rein zweckmäßige Denken. Sie ist ihrem Wesen nach eine Revolution der neuen Rückbesinnung." (RV 158)

Eingestimmt wird man durch diese Scheinexposition auf eine agonale Situation mit einer klaren Sympathieverteilung: Die Action kann damit also beginnen. Und das tut sie auch. Gleich zu Anfang des zweiten Akts werden wir Zeugen einer nächtlichen Verschwörung der Gruppe um Born, die Leonhard ausschalten will. Aufgefundene Tagebücher des Therapeuten werden keinesfalls als die Notizen zum Behandlungsfortschritt verstanden, die sie sind, sondern als Dokumente einer Intrige gegen die eigene Gruppe. Als der Außenseiter Montag, der sich hier ebenfalls den Verschwörern zugesellt hat, nicht gleich in ihrem Sinne funktioniert, wird er niedergeschlagen. Born droht Leonhards Sekretärin Nina zu vergewaltigen, die zuvor seine Geliebte war, die nun aber zu Färber übergelaufen ist. Eine geladene Pistole, die angeblich noch von Napoleon stammt, taucht auf und dient in der Folge dazu, die verschiedensten Gegenüber zu bedrohen ...

Zwei Reaktionen bieten sich hier auf Seiten der Zuschauer an: Zum einen könnte man nun anfangen, vor Spannung den Atem anzuhalten, zum anderen könnte man aber auch langsam beginnen zu mutmaßen, dass man von Rinke hier eine absichtlicherweise völlig überdrehte Räuberpistole präsentiert bekommt.[5] Zusammen mit den immer wieder in die Handlung eingestreuten und von den Patienten natürlich nicht als solche erkannten Miniaturtherapiesitzungen, bei denen die ahnungslosen Anstaltsbewohner gemeinsam musizieren oder Heu riechen sollen, kann das Ganze schon hier einen mehr als nur leicht irritierenden Eindruck machen. Auch der Running Gag mit dem obstinaten Kaffeeautomaten, den die Planungsprofis ebenso wenig in den Griff bekommen wie das undichte Dach des Hauses, lässt durchaus weitere Zweifel an der Ernsthaftigkeit des Dargebotenen aufkommen.

Viel hängt hier sicher von der Inszenierung ab. Mit wenig Mühe wird man das Spiel so weit überdrehen können, dass der Zuschauer gleich von Anfang an geradezu ahnen muss, dass hier etwas nicht stimmt. Eine Balance zu finden, bei der der Clou des Stücks – nämlich die Offenlegung der wahren Verhältnisse – zwar von Beginn an vorbereitet, jedoch noch nicht vorweggenommen wird, dürfte hingegen die eigentliche Herausforderung darstellen. „Ein schöner Witz, der gut erzählt werden muß", wie Matthias Ehlert in seiner Rezension zur Inszenierung in Berlin zu Recht bemerkt.[6]

Moritz Rinkes Komödie kann also, wie letztlich fast jeder Witz, vor allem in diesen frühen und mittleren Partien einen äußerst konstruierten Eindruck hinterlassen. Die Frage ist nun, ob dieser Umstand gegen das Stück zu wenden ist – oder eben nicht. Immerhin ist Machbarkeit ein zentrales Thema der *Republik Vineta* selbst. Die Patienten sind allesamt krankhafte Macher, und hierbei ist auch der seinen Alternativplan im Rekordtempo vorantreibende Färber keinesfalls ausgeschlossen.

Und selbst das Vorhaben Leonhards – und an dieser Stelle trifft sich Rinkes Stück wieder mit dem Dürrenmatts – erweist sich als eine ebensolche Mach-

---

[5] Vgl. zur Konventionalität des Ausgangsplots bereits Franz Wille: Ein Schiff muss kommen, in: Theater heute 11/2000, S. 14-20, hier S. 16.
[6] Michael Ehlert: Sechse flogen über Kuckucksnest, in: FAZ (Berlin) 3.6.2002. Vgl. zu ähnlichen Problemen der Inszenierung die *FAZ*-Rezension zur Uraufführung am Hamburger Thalia Theater von Gerhard Stadelmaier: Spuk der Luftschloßgeister, in: FAZ 25.9.2000.

barkeitsphantasie wie diejenigen seiner Schützlinge. Wie diese die Logistik jeder Schiffspassage so lange wie möglich vorauszuplanen suchen, so baut jener seinen Heilungsversuch auf einen unbedingt durchzuführenden Dreistufenplan auf, an dessen Ende die zu rettenden Gemüter mit Sicherheit wieder eingerenkt sein werden. In seiner Hartnäckigkeit, diesen Plan gegen jedes dazwischentretende Ereignis zu verteidigen, kann es dieser ‚Seeleningenieur' durchaus mit seinen Patienten aufnehmen. Abgesehen davon, dass hier natürlich gleich das nächste Klischee bedient wird – dasjenige vom verrückten Psychiater – und wieder einmal der Wahnsinnige die Verrückten heilen soll, stellt es doch eine interessante und folgenreiche Variante dieses Topos dar, dass beide hier letztlich unter genau derselben Krankheit leiden.

Es kommt in Rinkes Stück natürlich alles das, was nach einem derartigen Vorlauf geradezu kommen muss: Die Arbeitssüchtigen sind zuvor in der Realität gescheitert und sollen dies in der Simulation Leonhards fiktiv wiederholen. Aber weil sie wie schon zuvor im richtigen Leben das Eingeständnis dieses Scheiterns konsequent verweigern, wird auch der Therapeut mit seiner Idee eines gelenkten Scheiternlassens in einer Realitätssimulation schließlich keinen Erfolg haben. Diese Dyade des Scheiterns, die hier den Kern bildet, ist vor allem deshalb interessant, weil sie fast automatisch die Frage aufwirft, inwieweit sich ihre Logik noch ein drittes Mal, nämlich auf das Stück als Ganzes anwenden lässt: In seiner Eigenschaft als einer in der Grundanlage klassischen Komödie tritt es schließlich an, den präsentierten Fehler möglichst umfassend zur Sichtbarkeit zu bringen, wenn nicht gar Vorschläge zu seiner Überwindung zu machen.

Rinke manövriert sich damit in eine argumentativ zumindest problematische Situation. Es ist letztlich nicht sehr schwierig, scheiternde Manager auf die Bühne zu stellen und sie dabei typische Managersätze sagen zu lassen (was Rinke übrigens ganz wunderbar tut). Auch ihre Therapie mitsamt ihrem ebenfalls wahnsinnigen Therapeuten an ihrer eigenen Hartnäckigkeit scheitern zu lassen, stellt noch kein wirkliches Problem dar. Die eigentliche Crux liegt dagegen in Folgendem: Je besser man all dies tut, je genauer man analysiert und je pointierter man mit all dem ins Gericht geht, desto eher liefert man selbst gegen besseres Wissen dann doch wiederum ein Manifest der Machbarkeit ab. Da hilft es nicht einmal, den zu Beginn so sorgfältig angelegten Plot am Ende immer weiter ausfransen zu lassen, das Genre der Komödie sowie die Bühneneinrichtung im Finale in Schutt und Asche zu legen, ein oder zwei der zentralen Charaktere umzubringen und den Rest am Ende hilflos umeinander torkeln zu lassen. Rinke tut dies alles, doch wäre es wirklich dabei geblieben, hätte er selbst damit dem angedeuteten Dilemma nicht entkommen können, dass auch das allerschönste Demontieren von Machbarkeitsphantasien immer wieder zu einer Demonstration des Willens zu eben dieser Machbarkeit wird.[7] An dem Paradox einer vollendeten Darstellung des notwendigen Scheiterns des Menschen haben sich schon andere die Zähne ausgebissen.

Nachdem nun in Sachen Destruktion im vierten und letzten Akt all das getan ist, was auf einer deutschen Bühne nun einmal getan werden muss, schiebt Rinke jedoch ganz zum Schluss des Stücks noch eine kleine Reihe unscheinbarer Regieanweisungen nach:

> *Man sieht im Hintergrund eine eingestürzte Mauer, dahinter Wälder, in denen Behrens eine lautlose Ansprache hält und mit seinem Koffer tanzt.*
> *Färber sitzt in seinem Sessel und zeichnet.*
> *Es schneit und schneit.*

ENDE (RV 234f.)

Der glücklose Lokalpolitiker Behrens hört nicht auf, davon zu träumen, dass sich zur Eröffnung des von ihm imaginierten Tunnelprojekts endlich die verbliebenen Beatles wiedervereinigen, und Sebastian Färber zeichnet und zeichnet weiter seine Traumvisionen einer menschenfreundlichen Stadt. Der lautlos fallende Schnee aus der letzten Zeile hat bei alldem eine Doppelfunktion. Zum einen bedeckt er gnädig das soeben hier entstandene Chaos, zum anderen bringt er aber auch eine Traumvorstellung Färbers aus dem zweiten Aufzug in Erinnerung: „Wir bauen an einer sehr großen Sache! Der Bau einer ganzen Stadt, aber so leise und zart, als falle Schnee auf eine Allee." (RV 197) Rinke kann von seinen unverbesserlichen Träumern offensichtlich doch nicht lassen, zumindest dann nicht, wenn ihre Visionen über das hinausgehen, was die Logistikabteilung des Stücks in ihrem Erledigungswahn umtreibt.

In seinem Katastrophenende ist Rinke also erst einmal erkennbar weniger radikal als sein Vorläufer Dürrenmatt, bei dem es zumindest in den späteren Stücken immer gleich um den kompletten moralischen Bankrott der Menschheit oder gar um den Weltuntergang zu gehen hatte. Von ihm wissen wir: „Die schlimmstmögliche Wendung, die eine Geschichte nehmen kann, ist die Wendung in die Komödie."[8] Der leise Spott der *FAZ*, die in ihrer Rezension der Uraufführung der *Republik Vineta* in Hamburg nur ein „Abgründchen"[9] zu erkennen vorgab, ist von dieser Warte aus also durchaus nachvollziehbar. Doch sollte bei alldem nicht übersehen werden, dass sich Dürrenmatts mittlerweile über ein halbes Jahrhundert altes Diktum in seiner strikten negativen Teleologie als

---

[7] In der Rezension in *Theater heute* wird Rinke konsequenterweise selbst als „schusseliger Weltenplaner" bezeichnet; vgl. Wille (Anm. 5), S. 16.
[8] Friedrich Dürrenmatt: Dramaturgische Überlegungen zu den *Wiedertäufern*, in: ders.: Die Wiedertäufer. Zürich 1980 (Werkausgabe 10), S. 127-137, hier S. 128.
[9] Vgl. Stadelmeier (Anm. 6).

keinesfalls sehr beweglich erwiesen hat. Es ist eher dazu geeignet, ein Feld endgültig abzuschließen und eine Gattung unwiederbringlich an ihr Ende zu bringen als neue Denk- und Darstellungshorizonte zu eröffnen. Folgt man ihm, kann man immer nur und immer wieder kaputte Komödien auf die Bühne bringen. Interessanter dürfte da schon ein reflektiertes Aufbrechen dieses Zwangs sein, wie es hier bei Rinke zu beobachten ist.

Und an reflexiven Hakenschlägen mangelt es der *Republik Vineta* beileibe nicht. Dem Finale, das beinahe zu einer Rehabilitation der hier versammelten Spinner zu werden scheint, gehen genügend (Kehrt-)Wendungen voraus. Während etwa Färber zu Beginn durchaus als ein positiver Gegenpol zur Betonfraktion um Born eingeführt wird, zeigt auch er sich im Laufe der Zeit schlicht als ein Kranker. In Berlin ist er so weit gegangen, Bauarbeiter, die nicht so konnten, wie er wollte, mit vorgehaltener Pistole zu bedrohen. Leonhard kann seine widerwillige Bewunderung darüber kaum verhehlen: „Wie die Jungfrau von Orléans ist der über die größten Baustellen geschritten und hat seine Feinde in den Rückzug getrieben." (RV 218)

Überhaupt fällt Leonhards besondere Affinität zum Thema der notwendig scheiternden Idealwelten auf. Auf der perfekten Insel Vineta, von der er selbst natürlich weiß, dass sie nur ein Hirngespinst darstellt, gibt er vor, einen Park der untergegangenen Utopien errichten zu wollen: Echte Guillotinen aus dem revolutionären Paris, Leninstatuen aus Sankt Petersburg und einstmals auf das Weiße Haus in Washington gerichtete Raketen aus Kuba sollen hier als Ruinen zur melancholischen Betrachtung versammelt werden. Dem ganzen Projekt ist somit schon in der Anlage ein Zeichen seines unvermeidlichen Scheiterns beigefügt.

Dass diese von Leonhard der Musealisierung überantworteten historischen Utopievorstellungen trotzdem mehr als einfach nur intellektuelles Spielmaterial darstellen, wird spätestens dann deutlich, wenn mit den Schwestern Seligmann unerwartet die früheren jüdischen Besitzer in der enteigneten ostdeutschen Villa auftauchen. In einem etwas gewagten Spagat Rinkes stellen die beiden in die USA emigrierten alten Damen die Opfer von gleich zwei hier etwas seltsam nebeneinander postierten großen gescheiterten Utopien dar, die Deutschland im vergangenen Jahrhundert heimgesucht haben. Die komplexe Verhandlung des Utopiethemas in diesem Stück und an diesem Ort kann die Schwestern in ihren Demontagebemühungen hingegen kaum beeindrucken. Auch die, wie Färber gleich zu Beginn bewundernd feststellt, nach menschlichem Idealmaß gebaute große Freitreppe in der Eingangshalle ist hiervon betroffen und wird umgehend in das Mutterland des Pragmatismus verschifft.

Von der ersten Szene des Stücks an findet sich also bei Rinke dieses Hin und Her, das am Ende in ein zögerlich-versponnenes Bekenntnis zur bleibenden und all das hier konkret entstandene Chaos überdeckenden und vielleicht sogar überdauernden Faszination an der Utopie ausläuft. Mittels der Idee der melancholischen Utopie und damit eines Überwechselns auf eine neue Spielebene versucht Rinke dem zuvor skizzierten Dilemma gleichsam in letzter Minute doch noch zu entkommen. Und es gelingt ihm.

Wenn alle Träume sich in Schaum aufgelöst haben, bleibt immer noch das Träumen als genuine Fähigkeit des Menschen. Auch diese Take-Home-Message hört man hier nicht zum ersten Mal, doch ist sie so konsequent und so reflektiert aus den verhandelten Problemen der Arbeitssucht und des Machbarkeitswahns heraus entwickelt, dass man diesen Umstand nicht übel nehmen sollte.

All die hier zuletzt diskutierten Probleme sind diejenigen von Franziska Stünkel nicht. In ihrem mit Unterstützung des NDR produzierten Film *Vineta*, der 2008 in die Kinos gekommen ist und 2009 seine Erstausstrahlung im Fernsehen erlebte, wird das grübelnde Hin- und Herwenden der Machbarkeits- und Utopiefrage aus der Vorlage zu einer klassischen Erlösungsgeschichte umgedeutet. Während Rinkes Stück Theaterkonventionen präsentiert, um mit ihnen zu spielen, ist die unter anderem mit Peter Lohmeyer als Färber und mit Ulrich Matthes als Leonhard prominent besetzte Filmfassung Stünkels viel weniger spielerisch und – man muss es wohl sagen – trotz Wackelkamera, schnellen Schnitten und diversen Farbspielen gleichzeitig von ihrem Plot her wesentlich konventioneller gestaltet:[10] Offensichtlich handelt es sich um einen Kinofilm, der sich an das große Publikum wendet und um keinen Preis in der Independent-Nische verschwinden will.

An die Stelle des Ensemblestücks tritt die Konzentration auf die Einzelfigur Färber, der man damit gleichzeitig so nahe kommt, dass die Formatierung des Themas als Komödie fast zwangsläufig wegfällt. Rinke setzte ganz auf die Mechanik des Plots, wohingegen seine Charaktere flach blieben und wohl auch bleiben mussten, damit der für die Wirkung der Komödie notwendige emotionale ‚Sicherheitsabstand' auch gewahrt werden konnte. Eine Tendenz zur Psychologisierung im Rahmen der Bühneninszenierung, wie sie etwa Franz Wille der Hamburger Uraufführung vorgeworfen hat,[11] konnte dem Stück in seiner Eigenschaft als Komödie von Beginn an eigentlich nur schaden. In Stünkels Film nun ist diese Bewegung vollendet. Hier tritt die komische Plotmechanik gegen-

---

[10] Die Rezensenten von *FAZ*, *SZ* und *Spiegel Online* waren sich darin einig, dass der massive Einsatz, von Mitteln, die *Vineta* ‚filmischer' erscheinen lassen sollten, dem Projekt insgesamt nicht gut getan haben; vgl. Andreas Kilb: Toteninsel der Utopie, in: FAZ 4.4.2008; Katharine Riehl: Unternehmen Flamingo, in: SZ 10.8.2009; Birgit Borsutzky: Gesellschaftsfilm *Vineta*. Faule Früchte der Arbeit, in: Spiegel Online 4.4.2008: http://www.spiegel.de/kultur/kino/0,1518,545481,00.html.

[11] Vgl. Wille (Anm. 5), S. 16.

über dem Versuch einer Psychologisierung des Zentralcharakters völlig in den Hintergrund.

Das Wichtigste, was hinzugefügt wird, um den Charakter Färbers voller wirken zu lassen, ist allerdings nicht etwa ein komplexeres Innenleben, sondern vielmehr ein größerer persönlicher Kontext. Bevor es mit der Planung Vinetas losgehen kann, wird er dem Zuschauer ausführlichst als rastloser Architekt und schlechter Vater seiner ihn gleichwohl liebenden erwachsenen Tochter präsentiert. Diese arbeitet als Tierpflegerin im Flamingogehege des örtlichen Zoos und hat zuletzt beobachten müssen, dass diese Herdentiere ihre Krankheiten aus Angst vor Ausgrenzung so lange verbergen, bis sie schließlich für alle unerwartet einfach tot im Käfig liegen bleiben. Dass dies als eine Allegorie auf die Situation ihres vom permanenten Stress herzkranken Vaters verstanden werden soll, liegt natürlich nahe, und so kann man sich auch kaum darüber wundern, dass an den entscheidenden Stellen des Films in der Folge immer mal wieder so leichtfüßige wie penetrant bedeutungsschwere Flamingos auf der Leinwand erscheinen.

Die liebende Tochter ist es also, die den von Beginn an als körperlich und seelisch schwerkrank gezeichneten Färber in Leonhards Institut unterbringt – natürlich ohne dass er davon weiß, dass es sich um ein solches handelt. Aufgenommen wird er dort von der Assistentin Nina. Diese stellt aber nun nicht mehr die relativ beliebige Trophäe der konkurrierenden Gockel aus der Theatervorlage dar, sondern sie meint es ernst mit Färber und weist ihm schließlich den Weg heraus aus seinen Problemen. Dieser führt dann noch, um aller guten Dinge auch hier drei sein zu lassen, über eine Freundin Ninas – eine stumme Gärtnerin. Tabea, wie sie heißt, wählt zur Verständigung mit ihrer Umwelt zur jeweiligen Situation passende Musikkassetten aus. Ihr „Beitrag, die Welt wieder langsamer zu machen", wie Nina es beschreibt.

Die Grenze zum Kitsch ist allerspätestens hier natürlich längst überschritten. Am Ende kehrt Färber schließlich heim zu seiner auf ihn wartenden Nina, die gerade das Holzboot neu anmalt, von dem sie schon als Kind geträumt hat und mit dem sie nun die See befahren will. Wir sollen vermuten, dass dies zusammen mit Färber geschieht. An die Stelle des Nachdenkens über den Status der Utopie tritt ein nachgerade hemmungsloses Privatisieren: Mann und Frau gemeinsam auf dem selbstrenovierten Boot den Stürmen des Lebens trotzend.

Doch strukturell ist diese an der narrativen Oberfläche so problematische Wendung durchaus von einem gewissen Interesse. Was die Drehbuchautorin und Regisseurin Franziska Stünkel hier als ein weiteres Spiel hinter dem Spiel anzettelt, ist eine Verschwörung genau derjenigen Figuren, die bei Rinke lediglich rein funktionelle Nebenrollen erhalten haben: nämlich der Frauen. Rinke hat das Problem noch als männliches gleichsam universal verhandelt.[12] Stünkel hat auf dieses Manko reagiert und dem Plot eine Genderperspektive beigefügt. Rinkes Kerle sind, wenn es ernst geworden ist, unter sich geblieben und wären doch, wie es Franziska Stünkel annimmt, mit einem Blick nach außen so leicht von ihrem Männer-Menschentum heilbar gewesen.

Aber auch wenn Stünkels Version deutlich macht, dass Rinke auf dem Genderauge blind war, kommt sie in ihrem Nachholen des Versäumten doch nicht darüber hinaus, die ältesten Geschlechterklischees aufzuwärmen. Der müde und einstweilen geschlagene Held kehrt zurück aus dem „feindlichen Leben". Die nötige Ruhe findet er bei einer Nina, die vielleicht nicht mehr in erster Linie „züchtig" ist, aber im Endeffekt doch ganz genau das bietet, was auch die Hausfrau aus der *Glocke* zu offerieren hat: den sicheren Hafen. Den kongenialen Soundtrack dazu liefert das von Bela B neu aufgenommene Wir sind Helden-Stück mit dem bezeichnend-lockenden Titel *Bist du nicht müde?*

Allerdings – an einer Stelle erhält auch Stünkels so viel zielstrebigere und zumeist geradezu eindimensionale Version der Geschichte gewollt oder ungewollt einen Hauch von Doppelbödigkeit. Als Färber seinen Therapeuten Leonhard nach der Aufdeckung der Umstände zur Rede stellt, behauptet dieser nicht zu unrecht, dass die Liebesaffäre mit Nina, die letztlich den entscheidenden Schritt und den Schlüssel zu Färbers Umkehr darstellte, von ihm selbst inszeniert worden sei. „Wann haben Sie das letzte Mal geliebt?", fragt ihn der Psychiater: „Herr Färber, hier haben Sie gelernt zu lieben!" Dass sich diese Heilung vollenden konnte, verdankt sich zwar nicht zuletzt dem Umstand, dass sich Ninas Beziehung zu Färber schließlich verselbständigte. Aber auch wenn es zumindest halb hinter dem Rücken Leonhards geschehen ist, so konnte hier doch immerhin einmal ein Plan eines Mannes aufgehen. Vielleicht klappt es beim durch Nina gestärkten Färber ja eines Tages auch wieder: Schiller würde es freuen.

---

[12] Das ist, wie ein Seitenblick auf Urs Widmers Parallelstück *Top Dogs*, das sich schon im Jahr 1996 ebenfalls mit dem Outplacement von Führungskräften auseinandergesetzt hat, keinesfalls notwendig.

Ökonomie und Theater

Arbeitswelt und Simulation bei Moritz Rinke

ULRIKE VEDDER

I.

Stripped. Ein Leben in Kontoauszügen: So lautet der Titel des Hörspiels, für das Stefan Weigl im Jahr 2005 mit dem renommierten Hörspielpreis der Kriegsblinden ausgezeichnet wurde. Der Vortrag der eigenen Kontoauszüge, also die Dokumentation nackter Zahlen und Zahlungszwecke auf einem maschinell erstellten Papierstreifen (*strip*), führt den Autor konsequent als *homo oeconomicus* vor: Als Inhaber eines Girokontos werden seine Aktivitäten – ja, der ganze Mensch mit seinen Wünschen und Gewohnheiten – allein im Rahmen ökonomischer Bedingungen vor- und bloßgestellt,[1] zumal die Bank, je größer das Minus wird, seine Ausgaben mehr und mehr kontrolliert. Dabei nimmt die ökonomische Dimension in der kargen Sprache von ‚Zahlen oder Nichtzahlen' (so Niklas Luhmanns Bestimmung der Basisoperation aller geldvermittelten Wirtschaftsvorgänge), von ‚Haben oder Nichthaben' überhand: eine Übersteigerung ökonomischer Rationalität, dargestellt durch eine Minimierung literarischer Gestaltung auf Stimme, Töne, Stille.[2]

Stripped. Ein Leben in Kontoauszügen: So könnten auch Überlegungen zum gegenwärtigen Verhältnis zwischen (literarischen) Subjekten und (überwältigender) Ökonomie überschrieben sein, das seit einigen Jahren – seit der Wiederentdeckung von Arbeitswelt, Ökonomie und Business als literarisch und dramatisch ergiebige Sujets für Gegenwartsliteratur und -theater – virulent geworden ist. Seit den 1980er Jahren, spätestens seit dem Zusammenbruch des real existierenden Sozialismus schien mit der Rhetorik des Klassenkampfes auch das Interesse der Schriftsteller an der Arbeitswelt nachgelassen zu haben. Gleichzeitig hat sich ein gesamtgesellschaftlicher Wandel durch neue elektronische Technologien vollzogen, die zur bestimmenden Wirtschaftskraft geworden sind und die Arbeitswelt transformiert haben, so dass der klassische Topos der Industriearbeit durch die Möglichkeiten und Konsequenzen abgelöst ist, die sich aus den neuen Technologien – insbesondere für die Symbolverarbeitung – ergeben. Anders als in der Angestelltenliteratur der Weimarer Republik mit ihren Sekretärinnen und Buchhaltern im Interieur der Bürowelt, ihren Verkäufern

---

[1] *stripping* i.S.v. ‚entblößen', ‚sich (vor Publikum) ausziehen'.
[2] Vgl. auch: Stefan Weigl: Armut – es kommt drauf an, was man draus macht!, in: Elke Brüns (Hg.): Ökonomien der Armut. Soziale Verhältnisse in der Literatur. München 2008, S. 221-228.

in Kaufhausabteilungen und Filialen sowie ihren mobilen Vertretern vor Ort – deren Existenz durch die Weltwirtschaftskrise vom Absturz in die Armut bedroht war –, anders aber auch als in der ‚Literatur der Arbeitswelt' der 60er und 70er Jahre („Bitterfelder Weg" und „Werkkreis") gilt das literarische Interesse heute zumeist einer technisch hochgerüsteten Dienstleistungsbranche, die ohne computergestützte Datenverarbeitung nicht zu denken ist, also mit hochqualifizierten, aber stets vom Überflüssigwerden[3] bedrohten Mitarbeiter/innen und deren Selbstbeobachtungen.

Für die gegenwärtige Verhältnisbestimmung zwischen Subjekt und Ökonomie lassen sich zunächst zwei Perspektiven unterscheiden: Auf der einen Seite finden sich eher politisch-essayistische Einlassungen für eine Transformierung oder Distanzierung von der Arbeitswelt, verstanden als Widerstand gegen eine Vereinnahmung durch den Arbeitskomplex. Dass nämlich die Volkswirtschaften angesichts von Globalisierung, Massenarbeitslosigkeit, Effizienzdruck, Schuldenfalle und Börsenwirtschaft in die Krise geraten sind, wird oft genug nicht als Einwand gegen das Weiterlaufen der übersteigerten Rationalität ökonomischer Logik angesehen. Diese wird allerdings – auf individueller Ebene – von immer weniger Beschäftigten als eine persönliche Herausforderung verstanden, die es mit Hilfe von Verzicht, Anstrengung und Selbstvermarktung (bis hin zur Ich-AG) optimal zu bestehen gelte.[4] Dafür spricht beispielsweise der große publizistische Erfolg von Corinne Maiers polemischem Essay *Bonjour paresse* (frz. 2004, dt. 2005), in dem sie gegen die Erwartung anschreibt, dass Angestellte sich in Zeiten von McKinsey engagiert und kreativ mit ‚ihrem' Unternehmen identifizieren, ‚sich voll einbringen'. In eine ähnliche Richtung der Entkopplung von Arbeitsleben und Lebensidentität weist etwa Wolfgang Englers Buch *Bürger, ohne Arbeit* (2005), in dem – wie beispielsweise auch in Tom Hodgkinsons Schriften zum Müßiggang[5] – für ein arbeitsunabhängiges Grundgehalt und gegen eine als anachronistisch gewertete Erwerbsarbeit plädiert wird.

Auf der anderen Seite und durchaus im Gegensatz dazu interessieren sich etliche Autor/innen gerade für die kulturelle und symbolische Welt der Ökonomie. Damit ist zunächst jenes ‚symbolverarbeitende Gewerbe' gemeint, das in der gegenwärtigen Arbeits- und Ökonomiewelt vorherrschend ist und das von

---

[3] Für die menschlich unangenehmen und mit tragischen Konsequenzen belasteten Rationalisierungsmaßnahmen werden gern betriebsexterne Spezialisten eingesetzt, die die Kündigung dem betroffenen Personal vermitteln. In dem Film *Up in the Air* (2009) ist ein solcher smarter, mit allen Wassern des *business talk* gewaschener Entlassungsexperte selbst vom Rationalisierungsgebot betroffen und muss sein eigenes berufliches Tun durch eine gegenüber der Online-Abwicklung überlegene Erfolgsbilanz zu rechtfertigen versuchen.

[4] Vgl. Ulrich Bröckling: Das unternehmerische Selbst. Soziologie einer Subjektivierungsform. Frankfurt/Main 2007.

[5] Vgl. Tom Hodgkinson: Anleitung zum Müßiggang. Berlin 2005.

Berufsfeldern rund um Wort und Schrift bis hin zu ökonomischen Prozessen reicht, die nurmehr auf der Basis von Zeichen und Symbolen ablaufen.[6] Darüber hinaus jedoch entzündet sich das literarische Interesse an der übermächtig anmutenden, grundsätzlichen Verstrickung von Sprache, Denken und Mentalität in die Allgegenwart wirtschaftlicher Systeme. Besonders auffällig ist dabei die mehrfache Verknüpfung zwischen Ökonomie und Sexualität bzw. zwischen Ökonomie und Familie: zwischen Bereichen also, die üblicherweise voneinander getrennt diskutiert werden. Die Aufmerksamkeit für Geschlechtercodierungen und sexuelle Positionierungen in Arbeitsverhältnissen reicht beispielsweise von einer Untersuchung der doppelten Produktivität von Arbeitskraft – nämlich sowohl Waren und Dienstleistungen als auch Subjektivitäten und heterosexuelle Normen zu (re)produzieren –, wie sie der Band *Reproduktionskonten fälschen! Heterosexualität, Arbeit & Zuhause* (1999) unternimmt,[7] bis hin zu Elfriede Jelineks literarischen Texten mit ihrem Fokus auf der durchgreifenden Sexualisierung von Arbeits- und Geldwelten. Das Zusammenspiel von Wirtschafts- und Familienordnungen kommt in den letzten Jahren vor allem in solchen Romanen und Firmengeschichten (von John von Düffel, Ernst-Wilhelm Händler, Sten Nadolny, Hans-Josef Ortheil oder Burkhard Spinnen) zum Tragen, die durchaus nicht auf eine anachronistische Versöhnung beider Sphären zielen, sondern die ein Feld der Analyse von Familien- als Wirtschaftsstrukturen und umgekehrt eröffnen.

Grundsätzlich zeichnet sich die neuere Literatur und Dramatik durch eine Vielfalt der Berührungspunkte wirtschaftlicher und sprachlich-literarischer Prozesse aus, die auch das Entwerfen und Erproben individueller Strategien einschließen: Strategien des Umgangs mit Arbeit und Eigentum, mit Aneignung und Veräußerung, Überfluss und Knappheit, Produktion und Konsumtion, Ansprüchen und Übertragungen, Handel und Zirkulation, Reichtum und Armut – also mit jenen ökonomischen Kriterien, deren Konfiguration den *homo oeconomicus* ausmacht. Und wenn sich für die letzten Jahre – nicht erst seit der weltweiten Finanzkrise 2008/2009 – eine „Rückkehr der Arbeitswelt in die Gegenwartsliteratur" konstatieren lässt,[8] so geschieht dies mit einer Aufmerk-

---

[6] So hat schon seit den 1980er Jahren der ehemalige US-Arbeitsminister Robert Reich die Verschiebung hin zu einer symbolischen Intelligenz mit wirtschaftswissenschaftlichen Mitteln zu erfassen und die Vorherrschaft aller symbolverarbeitenden Branchen auch über ihren Anteil am Bruttosozialprodukt nachzuweisen versucht (vgl. Robert Reich: Die neue Weltwirtschaft. Das Ende der nationalen Ökonomie. Frankfurt/Main 1997; ders.: The Future of Success. Wie wir morgen arbeiten werden. München 2002).

[7] Pauline Boudry, Brigitta Kuster, Renate Lorenz (Hg.): Reproduktionskonten fälschen! Heterosexualität, Arbeit & Zuhause. Berlin 1999.

[8] Unter dem Titel „Literarische Kritik der ökonomischen Kultur. Zur Rückkehr der Arbeitswelt in die Gegenwartsliteratur" hat das Zentrum für Literatur- und Kulturforschung Ber-

samkeit nicht nur für ökonomische Kräfte und deren politische, unternehmerische oder wissenschaftliche Deutung als schicksalhaft oder steuerbar, sondern auch für die abgründigen Kehrseiten wirtschaftlicher Euphorie bis hin zum Börsencrash.

II.

Eine zentrale Funktion für die Thematisierung und Reflexion dieser Zusammenhänge übernimmt gegenwärtig das Theater. Seine Dramaturgie der Ökonomie lässt sich in mehrfacher Hinsicht beobachten. So ist das Theater jener Schauplatz, wo aktuelle Sujets aus Arbeits- und Finanzwelten bevorzugt zur Darstellung kommen. Dies geschieht in neuen Inszenierungen bzw. Dramatisierungen der letzten Jahre etwa von Gerhart Hauptmanns *Die Weber*, Thomas Manns *Buddenbrooks* (Dramatisierung durch John von Düffel 2005) oder Arthur Millers *Tod eines Handlungsreisenden*, mithin von Stücken, in denen Niedergang, Abstieg, Arbeitslosigkeit, Verarmung verhandelt werden. Dies geschieht aber auch in neuen Stücken von Moritz Rinke, Gesine Danckwart, Elfriede Jelinek, Dea Loher, Christoph Marthaler, Kathrin Röggla, Falk Richter und vielen anderen, die sich – unabhängig vom Grad ihrer Fiktionalität zwischen Dokumentarismus und Phantastik – auf ebenso offensive wie innovative Weise in die Tradition eines politischen Theaters stellen, das sich nun der *new economy* der Jahrtausendwende, dem Mythos Arbeit oder ökonomischen Krisenphänomenen widmet.

Dabei geht es um die Arbeits- und Finanzwelten nicht nur als ein Thema, das es in einem Gegenwartstheater eben abzuhandeln gilt. Vielmehr werden sie als Reibflächen oder Katalysatoren behandelt, die, beispielsweise in der Theaterarbeit von René Pollesch oder Rimini Protokoll, die spezifischen Entstehungsprozesse neuer Stücke bedingen, welche als umgehende Reaktion auf aktuelle Ereignisse fungieren und sich z.B. im Tempo oder in der Vorläufigkeit der Produktion und der Performance äußern. Eine andere Strategie ist die Einbeziehung von Betroffenen, von Arbeitslosen oder Hartz IV-Empfängern, wie sie etwa Volker Lösch in seinen Inszenierungen der *Weber* in Dresden (2005) oder von *Marat/Sade* in Hamburg (2008) in Form von Laien-Chören praktiziert – und wie sie von Christoph Schlingensief explizit außerhalb der Institution des Stadttheaters in systematischer Weise als Ausdruck politisch-ästhetischer Avantgarde betrieben wird. Dies lässt sich als Tendenz zur Entwicklung einer gesamtästhetischen Strategie verstehen, die – besonders in Schlingensiefs Projekten – auf die ‚Einbeziehung der Ausgeschlossenen' zielt: Arbeitslose, Asylbewerber,

lin im Januar 2006 Literaturtage (mit Ernst-Wilhelm Händler, Georg Klein, Dirk Kurbjuweit, Reiner Merkel, Moritz Rinke, Kathrin Röggla, Anne Weber) durchgeführt (Konzept: Ulrike Vedder).

Obdachlose, Psychiatrisierte, Rechtsradikale, Strafgefangene. Überhaupt ist der Projektcharakter hervorzuheben, der, wie beispielsweise in der Reihe „Kapitalismus und Depression" an der Berliner Volksbühne 2000/2001, Inszenierungen, Workshops und andere Aktionen miteinander verbindet.

Solche ‚Projektemacherei' muss sich aber fragen lassen, ob nicht die Verführung durch das Projektive – ohne wirkliche Deckung des tatsächlich vorhandenen Potentials – zu einer beständigen Virtualisierung dessen führt, was durch die Arbeit eigentlich geleistet werden soll, und ob damit nicht jene Ökonomie der Aufmerksamkeit protegiert wird, deren privilegierte marktgesetzliche Funktion im Feld des Business zugleich kritisiert werden soll. Denn ob das, womit für Aufmerksamkeit geworben wird, sich als tatsächlich interessant, gewinnbringend, anknüpfungswürdig erweist, kann sich immer erst nachträglich zeigen. Es tritt also das Spekulative, das die Ökonomie und die künstlerische Produktion miteinander teilen, als ein notwendiges Element beider Sphären hervor: Das, was in der Ökonomie als Versprechen auf Gewinn, Macht und Reichtum fungiert, würde in traditioneller ästhetischer Terminologie das Versprechen der Schönheit sein, was in der Kunst als interesseloses Wohlgefallen, als Genuss, als Einsicht und Aufklärung, als Verstörung und Verfremdung, als Katharsis, An- und Aufregung, gar Entschluss und Aktion zu realisieren wäre. Dennoch: Solche Projekte setzen auf das Theater als soziales Kunstwerk, wie intellektuell-distanziert oder politisch-direkt auch immer.

Desweiteren lassen sich gegenwärtig verschiedene Perspektiven beobachten, unter denen die Ökonomie-Thematik auf den Theaterbetrieb selbst bezogen wird: sei es, indem der ökonomische Druck, unter dem die Theater, ihre Akteure und ihre Besucher stehen – bis hin zum derzeitigen Theatersterben in der Finanzkrise der Kommunen –, selbst zum Teil von Stücken oder Inszenierungen wird; sei es, indem das sog. akademisch-kreative Prekariat mit seinen ungesicherten Arbeitsverhältnissen, mit seiner ‚Selbstausbeutung' und den verschwimmenden Grenzen zwischen Leben und Arbeit sich selbst inszeniert.[9] Darüber hinaus gehört es zu den interessantesten Konstellationen, wenn jene Geld-, Blick-, Körper- und Zeichen-Ökonomien, die die Repräsentationsweisen des Theaters sowie das Theater als Arbeitsplatz grundlegend bestimmen, in einem Stück zur Debatte gestellt werden, wie beispielhaft in René Pollesch' Stück *Tod eines Praktikanten* (2006) geschehen.[10]

---

[9] Vgl. Katharina Pewny: Theatrum Europaeum Precarium. Rimini Protokolls Dramaturgie der Ökonomie, in: Franziska Schößler, Christine Bähr (Hg.): Ökonomie im Theater der Gegenwart. Ästhetik, Produktion, Institution. Bielefeld 2009, S. 39-55.

[10] Vgl. Evelyn Annuß: Tatort Theater. Über Prekariat und Bühne, in: Schößler, Bähr (Anm. 9), S. 23-38, v.a. S. 28-35.

Was Norbert Bolz als „literarisches Kultmarketing" bezeichnet hat, gilt sicherlich auch für alle Theaterarbeit: Erfolgreiche Inszenierungen promoten zunächst immer auch sich selbst, sorgen also für weitere Aufführungen und damit für die Existenz des Theaters, in dem sie gespielt und nachgefragt werden können. Im Feedback mit der Kritik steuert der Theaterbetrieb selbst also auch die überregionale Aufmerksamkeitsökonomie des Publikums. Aber er trägt durch Selektionsmechanismen (von der Programmauswahl bis zum Theatertreffen) auch zur Reduktion von Komplexität in einem von ‚Überproduktion' und daraus resultierender ‚Unübersichtlichkeit' geprägten Aufführungsangebot bei: „Kurzum: Bestseller entlasten die Urteilskraft."[11] Damit ist das Theater als Ware gefasst, das „man mit Begriffen des Marketing besser erfassen kann als mit denen der Poetik",[12] und dazu zählen auch jene kommunikativen Mechanismen, die letztlich über Erfolg und Misserfolg von Theater entscheiden. Sie lassen sich zugleich als ökonomische Prinzipien auffassen, die eben nicht nur in thematischer Hinsicht das neuere Theater in seinen Stücken geprägt haben, sondern dank derer sich die Institution des Theaters und die in ihr stattfindende Theaterarbeit als von wirtschaftlichen Gesichtspunkten durchzogen erweisen.

Und schließlich sind Verlauf und Medialisierung von ökonomischen Krisen immer wieder mit Hilfe ihrer Überblendung durch die Welt des Theaters analysiert und kritisiert worden, beispielsweise in Kathrin Rögglas Essay *Gespensterarbeit, Krisenmanagement und Weltmarktfiktion* (2009). Röggla unternimmt eine Einordnung des gegenwärtigen krisenbehafteten Wirtschaftsgeschehens, indem sie „das Fiktive" des Wirtschaftens – unter Bezugnahme auf Guy Debords *Gesellschaft des Spektakels* – am Muster diverser Film- und Dramengenres zu klassifizieren versucht, um danach zu fragen, „ob das Weltmarktfiktive in ihnen Platz hat".[13] In seinem Artikel *Zumwinkeln, bis der Vorhang fällt* (2009)[14] hingegen betrachtet Moritz Rinke die aktuelle wirtschaftliche Situation direkt als Bühnengeschehen, d.h. er setzt künstlerische Kategorien zur Gegenwartsdiagnose und -analyse der immer schon medial vermittelten Wirtschaftsvorgänge ein und macht damit deutlich, dass bei aller systemischen Eigendynamik ökonomischer Prozesse diese auch auf eine Vermittlung mit allen anderen sozialen Systemen wie Politik, Recht, Massenmedien usw. angewiesen ist. Schon aufgrund der hochkomplexen Verflechtungen in modernen Gesellschaften, d.h. aufgrund der Relevanz unternehmerischen Handelns für andere Bereiche be-

---

[11] Norbert Bolz: Literarisches Kultmarketing, in: Andrea Köhler/Rainer Moritz (Hg.): Maulhelden und Königskinder. Zur Debatte über die deutschsprachige Gegenwartsliteratur. Leipzig 1998, S. 245-254, hier S. 248.
[12] Ebd.
[13] Kathrin Röggla: Gespensterarbeit, Krisenmanagement und Weltmarktfiktion. Wien 2009, S. 18.
[14] Moritz Rinke: Zumwinkeln, bis der Vorhang fällt, in: Die Zeit, 17.3.2009.

darf es einer spezifischen Kommunikations- und Inszenierungspraxis desselben: Präsentation neuer Produkte, dramatische Abgänge von Managern, Demonstration von Empathie mit entlassenem Personal.

III.

Eine solche Theatralität des Unternehmerischen bzw. Fiktionalität der Wirtschaftswelt spielt auch in Moritz Rinkes Stück *Republik Vineta* (2000) eine zentrale Rolle und wird in unterschiedlichen Figurationen vorgeführt. An erster Stelle ist das ‚Spiel im Spiel' zu nennen, das das Stückgeschehen prägt.[15] Das Geheimprojekt „Vineta" – die Planung einer Stadt auf einer Insel –, an dem eine ganze Reihe von erfahrenen Führungskräften äußerst engagiert arbeitet, entpuppt sich nach und nach als „Simulation einer realen Arbeitswelt". (RV 215)[16] Denn die Führungskräfte sind, ohne dass sie es wissen, längst arbeitslos und werden mit Hilfe von „Vineta" für den „Aufprall auf die Realität" (RV 216) vorbereitet, wie der vermeintliche Projektleiter Dr. Leonhard erläutert. Im Unterschied etwa zum Rollenspiel oder zur Simulation einer Ausnahmesituation bis hin zum *survival weekend*, die zum durchaus vertrauten Instrumentarium der Personalentwicklung zählen, sollen hier weder Teamfähigkeit noch Arbeitsethos optimiert, sondern der Schock der Entlassung abgefedert werden. Die „Simulation einer realen Arbeitswelt" ist also Teil einer ganz anderen Arbeitswelt: der des Therapeuten Dr. Leonhard: „Investitionen, natürlich, die hatte ich, aber auch volle Pflegesätze seit 16 Wochen". (RV 217)

Doch die Simulation ist mehr als eine therapeutische Täuschung, denn sie tritt in ein vielschichtiges Verhältnis zu verschiedenen Realitäten. Nicht nur, dass die Projektgruppe wie ein *think tank* mit dem Auftrag einer Überschreitung der eigenen Gegenwart auftritt; nicht nur, dass die Planung des gigantischen Großprojekts ihrerseits der Simulation in Form von Plänen und Modellen bedarf, oder dass Vineta einen Themenpark namens „Die untergegangenen Träume" (RV 178) enthalten soll. Darüber hinaus fungiert die „Vineta"-Simulation als ein Spiegelkabinett, das die Realität der Arbeitswelt als Hyperrealität sichtbar macht. Denn indem die Führungskräfte hier genau das tun, was sie immer getan haben, wird ihre vorherige Arbeit als ähnlich irrwitzig oder gigantomanisch kenntlich. Besonders der Jargon dieser Planer mit seinen Tatkraft und Tempo simulierenden Abkürzungen, mit seinen schmierigen Ansprachen und seinem technokratischen Vokabular evoziert auf zugleich unwirklich und

---

[15] Vgl. die Struktur des ‚Spiels im Spiel' als zentrales Movens auch in Urs Widmers Stück *Top Dogs* (1997).

[16] Zit. wird unter der Sigle RV nach: Moritz Rinke: Republik Vineta, in: ders.: Trilogie der Verlorenen. Stücke. Reinbek bei Hamburg 2002, S. 153-235.

hyperreal erscheinende Weise Schein-Klarheiten. Die Unterscheidung zwischen der „Vineta"-Simulation – mit ihrer ‚Bühne' eines Arbeitssaals mit Konferenztisch, Pinnwand, Plänen, wenn auch ohne Telefon, Fax oder andere Verbindungen zur Außenwelt – und einer ‚echten' Arbeitsumgebung ist demnach keine der Anschauung, der Sprache oder des Handelns, sondern eine des Wissens: Nur Dr. Leonhard und seine Assistentin Nina kennen die eigentlichen Regeln und spielen ein Spiel, alle anderen Akteure des Projekts handeln in Wirklichkeit – oder was sie dafür halten. Doch auch der ‚Spielleiter' muss seine Realität schließlich als fiktiv erkennen, denn es stellt sich heraus, dass das Gebäude und damit die Basis dieses Spiels gar nicht ihm gehört, sondern an exilierte jüdische Vorbesitzerinnen restituiert werden muss.

Dass die ‚freigesetzten' Führungskräfte das Ende des Spiels nicht nur nicht anerkennen, sondern selbsttätig ein neues Spiel beginnen, kennzeichnet „diese hochmotivierten, permanent Energie verbrennenden Männer"[17] ja nicht nur als Arbeitssüchtige, sondern mehr noch – als echte Projektemacher:[18] „Wir bauen noch eine Stadt! [...] eine Art Akademie als ganzes Stadtviertel! [...] mit Laboratorien, Auditorien, Ateliers, Bibliotheken". (RV 225) Auch in Moritz Rinkes Stück *Café Umberto* (2005) tummeln sich die Projektemacher, deren Scheitern hier allerdings für sie selbst unverkennbar ist, ist doch der Schauplatz des Stücks eine Agentur für Arbeit, genauer gesagt: die „Wartezone für den akademischen Bereich". (CU 39)[19] Doch auch hier entwickeln einige der Akademiker und Kreativen ihre Projekte, die zwar ziellos, dafür aber offensiv jenseits möglicher Vermarktung daherkommen. So steht etwa für den Musiker Jaro fest, dass er seine eigenen Kompositionen keinem Erwerbszweck unterstellen wird: „ich würde mich nie mit meiner Musik da hinstellen! [...] nie darf man mit seinen Fähigkeiten, die einem heilig sind, um dieses System betteln". (CU 85) Und so entwirft er, auf einer wackligen Leiter stehend, das Programm einer „Neuen Arbeit", die die Begabungen aller auch außerhalb von sog. Erwerbsbiographien zur Geltung bringen soll. Dazu gehört ein anderer Umgang mit Zeit: „Wir müssen das Zeitverlieren überhaupt erst wieder lernen und zwar so lange, bis es kein Verlieren mehr ist, sonst brauchen wir auch gar nicht mit der Neuen Arbeit anzufangen!" (CU 109) Doch jeder Umgang mit Zeit ist Jaro über dem Warten in der Agentur für Arbeit längst verloren gegangen – gerade weil diese in zugleich automatisiertem wie sinnlosem Service-Denken nunmehr quasi rund um die Uhr geöffnet ist, ohne dass dort irgendetwas geschehen würde. Es ist in diesem Sinne

---

[17] Vgl.: Von süchtigen Männern. Ein Interview mit Moritz Rinke, in: Deutschunterricht 4/2003, S. 50f.
[18] Vgl. Markus Krajewski (Hg.): Projektemacher. Zur Produktion von Wissen in der Vorform des Scheiterns. Berlin 2004.
[19] Zit. wird unter der Sigle CU nach: Moritz Rinke: Café Umberto. Szenen. Reinbek bei Hamburg 2005.

symptomatisch, dass Jaros ‚Spiel im Spiel', nämlich eine mit präparierter Kundschaft inszenierte Modenschau für die arbeitslose Modemacherin Jule, dem „System" gerade nicht entgeht: „Die bessere Welt, die Jaro für Jule erfindet, ist nichts anderes als ein fiktiver Markt, auf dem sich ihre Kunst verkauft, die in Wirklichkeit daran krankt, dass sie sich nicht zu Geld machen lässt."[20]

Keinem der drei Paare, die sich in der Arbeitsagentur einfinden, gelingt es, den ökonomischen Verhältnissen ein Verhältnis der Liebe entgegenzusetzen oder auch nur an die Seite zu stellen, im Gegenteil, die Liebe erweist sich in allen drei Fällen als machtlos: Jaro kann Jule weder vor dem Verbrennen ihrer Kollektion noch vor der Flucht in die Psychiatrie retten; Anton und Paula treiben sich auf der Suche nach erträglichen Hilfsjobs wechselseitig in selbstmörderische Situationen; Lukas und Sonia stranden vor dem Auskunftsautomaten in der Wartezone, dem Sonia, eine erfolgreiche Moderatorin, ihre Stimme ‚geliehen' hat, was für den arbeitslosen Lukas – dessen Existenz Sonia als Spesen absetzt – einem Liebesverrat gleichkommt. Die wechselseitige Kontamination von Ökonomie und Liebe zerstört die engsten intimen Verhältnisse der Figuren, und konsequenterweise soll die Agentur für Arbeit zur annoncierten Agentur für Sexarbeit werden – auch wenn dies wiederum als ein gescheitertes Projekt gewertet werden muss, weil der Falsche auf die falsch platzierte Annonce reagiert.[21]

Die beiden einzigen Projekte, die in *Café Umberto* Erfolg haben, sind zum einen die Rationalisierung, die der Arbeitsamtsleiter Herzberg durchführt, das heißt der ‚Abbau' sämtlicher Angestellter der Arbeitsagentur zugunsten der Inbetriebnahme eines Automaten mit smarter Stimme, und zum anderen jenes Café, das der nicht sprechende – und erst ganz zum Schluss leise singende – Umberto in Form einer Ich-AG in der Wartezone betreibt. Optimierte Abwicklungstechnologie und verständnislose Beredtheit auf der einen Seite, der beste Latte macchiato der Stadt und verständnisvolle Stummheit auf der anderen: Die Gegenstrebigkeit dieser beiden Projekte markiert nicht nur die Spannung, die die arbeitslosen Figuren des Stücks immer wieder zur Positionierung und zum – wenn auch ratlosen – Handeln auffordert, sondern bestimmt zudem Moritz Rinkes Theaterarbeit, die sich auch als Modellversuchsbildung von veränderten Arbeitsgesellschaften verstehen lässt. Rinke siedelt diese Versuche in heruntergekommenen Gebäuden an, die ihre große Zeit hinter sich haben und merkwürdig exterritorial erscheinen, sei es die bröckelnde „Vineta"-Villa eine halbe Taxistunde von Gotha entfernt, sei es die Arbeitsagentur, die zwar allzeit geöffnet, aber dennoch fast menschenleer ist. Aber gerade in solchen zur De-

---

[20] John von Düffel: Die Liebe in den Zeiten der „Ich-AG". Zu *Café Umberto* von Moritz Rinke, in: CU, S. 7-19, hier S. 14.
[21] Vgl. CU, S. 129.

montage freigegebenen Gebäuden gelingt das, was Theater ausmacht: die „Exponierung des Anwesenden" (Walter Benjamin) und das heißt hier: die hartnäckige Präsenz der zu Demontierenden.

IV.

Wenn Jaro gegen Ende des Stücks vor der Tür eines Wohnheims abgewiesen wird, entwickelt er eine Vision:

> An diese Tür ... da wird das ganze System anklopfen! [...] die werden hier komplett vorfahren ... die Globalen, die Nationalen, die Reformierten, die Illustrierten, die Finanzmärkte mit dem Taxi, der Mittelstand mit Easy Jet, das schöne Lohnsystem, die Orchesterlandschaft und so weiter, und dann wird das ganze System da mal reinmüssen ins Wohnheim, und irgendwann wird es hoffentlich mit dem Grundgedanken für ein neues System wieder rauskommen! (CU 140f.)

Dass der Begriff „Wohnheim" hier auch als „Theater" gelesen werden kann, ist offensichtlich. Damit wird zugleich ein Anspruch formulierbar: dass es nämlich jenseits der Experten, das heißt jenseits des akademischen und professionellen Diskurses über die Ökonomie ein literarisch-dramatisches Wissen vom Produzieren, Distribuieren und Konsumieren gibt – einen anderen Blick auf Wirtschafts-, Arbeits- und Geldverhältnisse, der die kulturelle Erfahrungsperspektive ins Zentrum stellt. Das spezifische Wissen der Ökonomie als Wissenschaft, als Analyse- und als Steuerungsinstrumentarium zielt ja auf eine Ordnung der Dinge, deren unterstellte Berechenbarkeit und Steuerbarkeit als ‚System der Wirtschaft' erscheint. In dem Moment aber, in dem auf dem Grunde der Systemförmigkeit allen Wirtschaftens Unbeherrschbarkeiten entdeckt werden – Inflationen, Deflationen, Börsencrashs, Ereignisse aus Natur oder Politik –, erodiert die Ökonomie des Wissens selbst. Solche Erosionen und Unberechenbarkeiten gehören zu den literarischen Interessen an der neuen Ökonomie. Wenn nun der Zugang zu Wohnheimen und Theatern, also zu Unterkünften für die ansonsten Obdachlosen und zu Orten beruflichen Ein- und Unterkommens, versperrt ist, dann stellt sich unmittelbar die Frage nach dem Grund der Existenz solcher Institutionen: Sie erfüllen ihre Funktion gegenüber dem Klientel nicht, und sie ernähren nicht ihr Personal. Solange es jedoch den fortlaufenden Betrieb gibt, tut jede dieser Institutionen gut daran, sich zu fragen, wie es angesichts von Funktionsverlust und drohender Abwicklung weitergehen kann.

Literatur und Theater, Text und Inszenierung, Fiktion und Aufführung können dabei eine andere Perspektive gegenüber dem Diskurs der Experten, Manager, Wirtschaftsweisen, Gesellschaftsanalytiker und Personaltrainer anbieten. Denn die Frage: „Was sind die Regeln, nach denen sich Tauschprozesse und Kommunikationen organisieren, und welcher Kode strukturiert dabei den Umlauf der Zeichen?"[22] ist keine, die allein den methodologisch hochgerüsteten akademischen Disziplinen vorbehalten wäre. Vielmehr sind das Produktions-, Zirkulations- und Konsumtionswissen und dessen entsprechende Praktiken ebenso in den Künsten, den Medien und in den Lebenswelten des Alltags vorhanden und wirksam. Als Experten für die Zirkulation der Zeichen richtet sich der Blick der Schreibenden und der Theaterleute auf die Ökonomie als eine Form der Kommunikation und damit auf die Frage nach ihren konstitutiven Faktoren: Mit welchen Begriffen wird das Wirtschaftsgeschehen beobachtet? Welche (Selbst-)Darstellungsweisen sind dabei am Werke? Dies betrifft keineswegs nur jene Zeichenregimes und Zeichenökonomien, die das Wissen über Arbeit, Produktion, Handel als das einer spezifischen Disziplin prägen, mit der die Gesellschaft sich über ihr Wirtschaften und Haushalten verständigt. Denn Arbeit und Genuss, Erwerb und Besitz, Verausgabung und Haushaltung weisen zugleich epistemische, ästhetische und ethische Dimensionen auf, die durch literarisch-rhetorische und künstlerische Strategien der Darstellung thematisiert werden können. Der Wirkungsgrad dieser zirkulierenden Zahlen und Buchstaben, Beobachtungen und Theoreme reicht schon deshalb weit über den Bannkreis der Wissenschaft hinaus, weil das wirtschaftswissenschaftliche Wissen als Argument in politischen und in ästhetischen Diskursen eingesetzt wird – wie es auch umgekehrt immer schon ein Alltagswissen vom Wirtschaften gibt, das in den Intuitionen der Individuen auf unakademische Weise zum Ausdruck und zur Wirkung kommt. Hier kann insbesondere die Literatur ihr Sensorium für Sprache und Sprechen, für Beschreibung und Inszenierung in einer Weise ins Spiel bringen, die die selbstverständlichen Routinen und unbemerkten Konsequenzen wieder ins Bewusstsein bringt.

Trotz der Auflösung der klassischen Dramenauffassung – in Orientierung an aristotelischen Kategorien der Einheit von Ort, Zeit, Person und Handlung – durch das sog. „postdramatische Theater" (Hans-Thies Lehmann)[23] stellt sich die Frage der Aktualität vergangener geschichtlicher Entwicklungen der Theaterästhetik, wenn man unter Rückgriff auf Überlegungen Walter Benjamins zum epischen Theater Brechts aus den 1920er Jahren die gegenwärtige Problematik des dramatischen Umgangs mit ökonomischen Verhältnissen diskutiert. Wenn auch die grundsätzliche Verschiedenartigkeit des jeweiligen kulturellen und geschichtlichen Kontextes anzuerkennen ist und die Aufgabenstellung des Theaters nicht mehr darin bestehen kann, der „Schärfung und

---

[22] Joseph Vogl: Kalkül und Leidenschaft. Poetik des ökonomischen Menschen. Berlin 2002.
[23] Hans-Thies Lehmann: Postdramatisches Theater. Frankfurt/Main 1999; vgl. dazu auch den Beitrag von Kai Bremer im vorliegenden Buch.

Erhellung des Klassenbewußtseins dienstbar"[24] zu sein, so bleibt doch mit Benjamin die Frage, wie das Theater der Darstellung des Ökonomischen gewachsen sein könne: Vermag die „Technik der Inszenierung" dem naiven, unkritischen, mimetischen Abbilden zu begegnen, das heißt „einem Realismus, der nachahmt, ohne sich mit dem Nachgeahmten auseinanderzusetzen"?[25] Was das Theater unter Bedingungen eines veränderten mediengeschichtlichen Aprioris noch zu leisten vermag, gerade als Institut einer altehrwürdigen Tradition – das sich damals, wie Benjamin meinte, in aussichtsloser Konkurrenz mit den neuen Medien Radio und Kino sah –, ist eine mit jeder medientechnischen Innovation neu zu stellende Frage. Benjamin empfahl mit Blick auf das Theater Brechts statt Konkurrenz die „Auseinandersetzung"[26] mit den spezifischen technisch-ästhetischen Verfahren der neuen Medien – und das heutige Theater der Ökonomie nimmt diese Empfehlung insofern ernst, als es Arbeitsverhältnisse und deren Dramaturgie thematisiert, die durch das Internet und die neuen elektronischen Medien formatiert werden. Und so wie die kritische Funktion des Brechtschen Theaters, so Benjamin, dort zur Geltung komme, wo die technischen Voraussetzungen, die den jeweiligen Produktionsverfahren (des Theaterapparats, des Films, des Rundfunks) innewohnen, selbst ins Spiel gebracht werden, so lässt sich eine kritische Funktion des Gegenwartstheaters gerade dort festmachen, wo die neuen elektronischen Medien in ihren Voraussetzungen und Konsequenzen – für ökonomische, subjektive, politische, kulturelle, sprachliche Verhältnisse – thematisch werden. Damit wird auch eine weitere Benjaminsche Folgerung auf das gegenwärtige Theater übertragbar: dass das epische Theater als ein „dramatisches Laboratorium" die „alte Chance des Theaters", nämlich die „Exponierung des Anwesenden", in der Weise einsetzen könne, dass sie den „Menschen in unserer Krise" zeigt, den „vom Radio, vom Kino eliminierten Menschen [...] als fünftes Rad am Wagen seiner Technik."[27]

Zu Recht nennt Benjamin ein solches Theater experimentell, denn der „reduzierte, kaltgestellte Mensch wird gewissen Prüfungen unterworfen, begutachtet." Entscheidend seien hier nicht die traditionellen ästhetischen Prinzipien des Dramas, die Wende des Geschehens „auf seinen Höhepunkten", die „Tugend" und der „Entschluß" der Protagonisten. Vielmehr werde das Bühnengeschehen als veränderlich vorgeführt „allein in seinem streng gewohnheitsmäßi-

---

[24] Walter Benjamin: Piscator und Rußland, in: ders.: Gesammelte Schriften. Hg. v. Rolf Tiedemann, Hermann Schweppenhäuser, Bd. IV.1, Frankfurt/Main 1991, S. 543-545, hier S. 543.
[25] Ebd., S. 544.
[26] Walter Benjamin: Theater und Rundfunk. Zur gegenseitigen Kontrolle ihrer Erziehungsarbeit (1931/32), in: ders.: Gesammelte Schriften. Hg. v. Rolf Tiedemann, Hermann Schweppenhäuser, Bd. II.2, Frankfurt/Main 1991, S. 773-776, hier S. 775.
[27] Ebd.

gen Verlaufe, durch Vernunft und Übung" – eben als eine erlernbare Praxis.[28] Damit ist die Brücke geschlagen zu heutigen Theaterpraktiken, die sich von den institutionellen Vorgaben und den traditionellen Konzeptionen der Dramatik als einer tendenziell normativen Matrix zu lösen versuchen, indem sie den Text selbst auf der Bühne ausstellen (z.B. durch Video-Projektion) und somit den textuellen Charakter des Theaterspiels verdeutlichen; indem architektonisch fest umrissene Bühnenräume bis hinaus in heterotopische städtische oder ländliche Räume überschritten werden; indem eine Einbeziehung von Publikum bzw. Nicht-Schauspielern (Schlingensief) die Grenzen des Ensembles sprengt und so neue Möglichkeiten durch Entprofessionalisierung und einen gänzlich anderen Zugang aller von außerhalb des Theaters eröffnet; indem durch das Prinzip der Montage oder – wie in Rinkes *Café Umberto* – einer losen Szenenreihung eine Unterbrechung der illusionistischen Ganzheit der dramatischen Aufführung erwirkt wird, sowohl für die ästhetische Erfahrung in der Rezeption des Zuschauers als auch in der Darstellung auf der Bühne selbst.[29] Mit einer solchen durch Montage erzielten Verfremdung des Gezeigten verband Benjamin nicht einen zusätzlichen „Reizcharakter", sondern eine „pädagogische Funktion"[30] bei den interessierten Zuschauern, nämlich „in einem durchgebildeten Ensemble ihre eigensten Interessen, die politischen eingeschlossen, in einer Reihe von Handlungen [...] vergegenwärtigt zu sehen."[31] Ob diese Hoffnung auf Stellungnahme der Betroffenen durch die direkte Beteiligung am theatralen Geschehen sich erfüllt, oder ob das Theater doch nur ein weiteres gesellschaftliches Spektakel hervorbringt, muss sich im Einzelfall erweisen.

---

[28] Ebd.
[29] Ebd.
[30] Ebd.
[31] Ebd., S. 776.

„Ich finde Moral gar nicht schlecht!"

Ein Gespräch über Ethik und Literatur zwischen
VERENA AUFFERMANN und MORITZ RINKE

Das Gespräch wurde auf dem Erlanger Poetenfest 2005 geführt.

VERENA AUFFERMANN: Wie kam ein junger Dramatiker, den die Gegenwart, wie aus seinen Theaterstücken, Reportagen und Erzählungen bekannt ist, die Total- und Beinahe-Katastrophen unserer Gesellschaft interessieren und diese mit Lust unter seine sehr spezielle Lupe nimmt, dazu, seine Energie und seine Zeit den uralten Nibelungen hinzugeben?

MORITZ RINKE: Das war so: Ich habe in der Schule das erste Mal von den Nibelungen gehört. Ich war Waldorfschüler, und in der Waldorfschule gibt es den Epochenunterricht. In der 4. Klasse haben wir Deutsche Heldensagen durchgenommen, und in der 10. Klasse wurden die *Nibelungen* gelesen. Epochenunterricht bestand aus morgendlicher zweistündiger Textlektüre dieses *Nibelungenliedes*, das heute kaum noch ein Mensch liest. Ich habe viele Notizen in mein Epochenheft geschrieben. Es war einigermaßen bizarr, als ich nach Jahren wieder las, was ich da so als Zehntklässler gedacht habe, was mich an dem Stoff, der damals mein Urkrimi, meine Urschlacht als literarische Erfahrung war, interessierte und was mich an den Schwarz-Weiß Malungen Hagens, den ich nie so böse sah, störte. Ich mochte die Legendenbildung durch Richard Wagner und Fritz Lang als der Siegfried-Mörder nicht. Ich sah Hagen nie als den Bösen.

Als ich den Auftrag bekam, *Die Nibelungen* neu zu schreiben, was ja erst mal für einen jungen Autor ziemlich gewalttätig ist –, eine solche Anfrage ist ungefähr so, als ob man den Himalaya überschreiten müsse – habe ich natürlich angefangen, sehr viel Sekundärliteratur über *Die Nibelungen* zu lesen, bis ich irgendwann nach dem achtzigsten Werk merkte, dass die ganze Rezeption, dass das alles eigentlich gar nicht interessant ist.

Wirklich interessant erschienen mir meine Aufzeichnungen aus der 10. Klasse, nicht der ganze Überbau über den *Nibelungen*, die Vereinnahmungen, die Rezeptionsgeschichte mit all den ganzen Entschuldigungshaltungen von Autoren und Regisseuren, die die Hebbelsche Fassung inszenierten und immer glaubten, sich dafür entschuldigen zu müssen, dass sie überhaupt mit so einem ideologisierten und letztlich völlig idiotisch durch die Nationalsozialisten vereinnahmten Stoff arbeiteten. *Die Nibelungen* waren immer gefangen in der Rezeption und in der Vereinnahmung. Nur in der 10. Klasse waren sie ganz frei von all dem, und ich dachte, da müsste ich wieder zurück, ich könnte *Die Nibelungen* wieder in die Freiheit entlassen und ihnen ihre Geschichte zurückgeben.

Ich habe es versucht, ohne dass bereits im zweiten Akt Goebbels auftritt, damit jeder merkt: „Ah, Rinke weiß sehr wohl, dass der Stoff vereinnahmt wurde". Ich habe es versucht, mit ganz kleinen Hinweisen durch die Hintertür zu erzählen. Zum Beispiel Burgunder Wein der Jahrgänge '33 bis '45 servieren und trinken lassen. Das waren so Klammern, die ich benutzt habe. Andererseits wollte ich aber wirklich die Geschichte erzählen. Wie ich das gewichte, das war dann meine Sache: Was ich mit Hagen mache, was mit Kriemhild, wie ich ihre Geschichte als eine Geschichte der Jugend in einem erstarrten Staat der Burgunder erzähle. Und das Wunderbare war, es spielt ja am Rhein, gewissermaßen in der Nähe des ‚Rheinischen Kapitalismus' meiner 16jährigen Sozialisation unter Helmut Kohl.

AUFFERMANN: Hebbel hätten die Haare zu Berge gestanden, er wollte auf gar keinen Fall ein „modernes Lebensproblem" illustrieren.

RINKE: Aber ich wollte von dieser Erstarrung erzählen. Von den Burgundern, die immer nur starr in der Gegend herumstehen, und von diesen jungen Menschen, Kriemhild und Gieselher, die versuchen gegen die Unbeweglichkeit ihrer Welt anzuleben. Das war ein Thema der *Nibelungen* für mich: Kampf gegen die Erstarrung.

AUFFERMANN: Zwei Dinge können wir hier lernen. Das erste ist, haltet Eure Schulhefte fest von Euren Kindern und Enkeln, alles aufheben! Aus der 10. Klasse hätte ich nie irgendetwas aufgehoben. Das ist das frühe Bewusstsein des Moritz Rinke für seine Begabung! Und Lehrer, lasst Eure Schüler endlich wieder alte Texte lesen!

RINKE: Na ja, das wusste ich nicht. Das war mir sehr peinlich, aus Worms wurde mein Vater gefragt: „Sagen Sie, dieses Epochenheft Ihres Sohnes aus der 10. Klasse, gibt's das noch?" Mein Vater hat es nach Worms geschickt. Und dann erscheint das im Programmheft, und da lese ich Sätze wie: „Kriemhild ist eine schöne Frau. Brünhild auch".

AUFFERMANN: Diese schöne Eindeutigkeit gefällt mir. In zwanzig Jahren gibt es wahrscheinlich die faksimilierte Ausgabe Ihres Epochenhefts! Ich möchte Sie etwas anderes fragen, etwas, das Sie mir ganz bestimmt beantworten können. Wie kommt es, dass Sie sich in Kriemhild und ein mythisches Drama verlieben und gleichzeitig der Autor von Reportagen und Erzählungen sind, der uns zum Lachen bringt. Witz und Ironie, das ist ja ziemlich kompliziert, und es ist bekanntlich nicht die Quintessenz Deutscher Heldensagen, mit dem Humor auf gutem Fuß zu sein. Wie haben Sie das geschafft? Sie sind in Worpswede aufgewachsen. Worpswede steht für mich eher für trübe Erde und viel Regen und Feuchtigkeit, aber eigentlich nicht für große Heiterkeit. Wie gelingt Ihnen das, denn es ist ja schwere Arbeit lustig zu sein?

Rinke: Also, erst mal werde ich jetzt nur noch ernsthaft sprechen. Außerdem glaube ich, dass ich Ihre Frage nicht beantworten kann. Sie haben gesagt, Worpswede stehe für eine trübe Erde. Wenn Sie das Teufelsmoor meinen, dann stimmt das. Aber, Worpswede steht auch für eine komische Mischung der Gegensätze und der Groteske, Künstler und Kühe, Dorf und Welt, es ist ein wirkliches Weltdorf, das ist ja in jedem Lexikon zu finden. So um 1977 wurde es dann ein staatlich anerkannter Erholungsort. Und immer mehr Touristen kamen, für die extra ein Parkplatz mit Toiletten gebaut wurde und auch Kaffee- und Kuchen-Stuben. Die Touristen liefen dann zu meinem Vater, mein Vater ist Goldschmied, oder sie liefen zum Maler Pit Morell, zu Steffen Bockstaller und Otto Meier, beides berühmte Töpfer, oder zu Fritz Meckseper, die liefen wirklich in die Ateliers rein, nahmen die Werkzeuge in die Hand, fragten, wie macht man das? Dürfen wir auch mal?

Auffermann: Jetzt übertreiben Sie aber schamlos!

Rinke: Nein! Worpswede wurde als Kunst- und Tourismusort verkauft. Die Künstler hielten Krisensitzungen ab, und wir Kinder spürten, dass die Eltern immer weniger Kunst verkauften, weil nur noch Kuchen gegessen wurde und Postkarten mit alten Moorbildern gekauft wurden. Irgendwann fingen auch die jüngeren Maler wieder an, das Moor zu malen. Das war schlimm. Wir Kinder hielten Touristen für so etwas wie Terroristen, im Ort hingen ja auch die Fahndungsfotos von der RAF, und wir dachten Touristen und Terroristen, das ist dasselbe. Manchmal haben wir uns am Touristenparkplatz aufgestellt und kuchenabgefüllte Touristenkinder verprügelt. Es gab Touristen, die fragten vollkommen ernsthaft: „Wo sind denn nun die Künstler, ja wo sind sie denn?" Wir haben dann geantwortet: „Die werden alle um 1 Uhr auf dem großen Parkplatz gefüttert." Und das haben die geglaubt. Wir haben auch besonders dicke Touristenkinder vom Parkplatz entführt und im Wald an Birken festgebunden. Was das alles mit Humor zu tun hat, weiß ich auch nicht.

Auffermann: Wann haben sie erkannt, dass das Theater Sie nicht mehr interessiert, und begonnen, Geschichten zu erzählen?

Rinke: Das kam noch vor dem Theater. Ich habe eine Ausbildung als Volontär bei einer Tageszeitung in Berlin gemacht, und bei dieser Zeitung bin ich durch alle Ressorts gewandert. Als ich dann Redakteur wurde und nur ein Thema zu beackern hatte, nämlich die Kultur, habe ich mich relativ schnell verabschiedet. Das war aber nicht der Hauptgrund. Wenn meine Reportagen erschienen, kamen immer Proteste.

Auffermann: Wogegen haben die Leser protestiert?

Rinke: Als zum Beispiel mein Bericht von der „Grünen Woche" in Berlin erschien, die „Grüne Woche", das ist die größte Ernährungsmesse Deutschlands, dagegen ist die Frankfurter Buchmesse ein Segen. Also, beim Abschluss meines Messebesuchs war ich bei der Tierzucht angekommen. Fünf Ferkel waren mit einer großen Ferkelsau auf einem Quadratmeter eingezwängt, es war niederschmetternd. Ich habe immer die Sau angeguckt und die Ferkel, und die guckten mir direkt in die Augen, und ich dachte, die Sau steht schon auf meiner Augenhöhe, und da entstand für mich der Eindruck, die fällt jetzt gleich um, die ist völlig wahnsinnig und fällt auf die Ferkel drauf und zerquetscht die Ferkel, die schreien, und das Blut spitzt und versprüht sich in der Box der Tierzuchthaltung Brandenburg. Das habe ich beschrieben. Am nächsten Tag, als der Text erschienen war, kamen massive Proteste des Tierzuchtvereins Brandenburg, und der *Tagesspiegel* wurde verklagt.

Ähnliches passierte, als ich eine Geschichte über Graffiti-Sprayer geschrieben habe und mich nachts mit ihnen auf die Lauer gelegt und geguckt habe, wo man sprühen kann. Und dann haben die sich entschieden, Karstadt anzusprühen, und haben tolle Graffitis gemacht. Ich lag da, guckte die Wand an, die immer schöner und immer schöner wurde, und dann hab ich beschrieben, wie Karstadt verschönert worden ist. Der Text erschien, dann kündigte Karstadt in der Höhe von einer halben Million Mark die Anzeigen. Der *Tagesspiegel* fand das nicht so lustig, und der Redakteur, der den Text abgedruckt hatte, ein Alt-Linker, bekam richtig Ärger. Mir wurde gesagt, ich hätte nicht schreiben dürfen, sondern die Polizei hätte ich rufen müssen.

AUFFERMANN: Aber das sind doch phantastische Geschichten und keine Reportagen?

RINKE: Im Fall der Karstadt-Geschichte habe ich nicht gelogen, aber bei den Ferkeln habe ich natürlich gelogen. Eigentlich habe ich auch nicht gelogen, ich hab nur versucht, die tiefere Dramatik der Begebenheit zu verdichten, und zu beschreiben, und das habe ich in vielen Geschichten gemacht. Es gibt Geschichten, in denen ich Dinge verdichte. Und bei der Verdichtung stellen sich die Dinge anders dar.

AUFFERMANN: Halt, ich bin nicht sicher, ob Sie mir meine Humor-Frage beantwortet haben!

RINKE: Schon wieder. Was weiß denn ich, warum die Menschen lachen?

AUFFERMANN: Lachen Sie selbst über Ihre Geschichten?

RINKE: Nein. Ich bin, das klingt jetzt wirklich komisch, aber ich bin eigentlich ein ernster Mensch. Freunde von mir sagen, dass man mit mir nie so richtig lachen kann. Ich glaube das immer gar nicht und sage: Aber damals haben alle gelacht. Und alle Frauen, die ich näher kenne, sagen, dass ich so ein ernsthafter Mensch sei, dass es gar nicht auszuhalten ist.

Daher kann ich auf die Frage nicht wirklich antworten. Ich kann Ihnen nur sagen, welche Unterschiede ich beim Thema Humor in Deutschland feststelle: Die Deutschen verwechseln Humor noch zu sehr mit schenkelklopfendem Prusten und Ablachen. Das hat auch die deutsche Kritik so verunsichert, dass sie bei einer Aufführung, wo die Menschen lachen, sofort Untiefe diagnostiziert. Dabei kann etwas witzig und tief zugleich sein, aber erzählen Sie das mal deutschen Kritikern! Zum anderen gibt es Humor, deren Komik sich in der Co-Phantasie des Zuschauers ereignet, also die Pointe baut sich die Phantasie des Zuschauers selbst, das ist eine feinere Art der Komik als die platte Pointe. Wenn wir über Ironie sprechen, möchte ich sagen, dass ich auch da vermutlich gänzlich undeutsch bin. Vielleicht hat es damit zu tun, dass mein Humor kein vernichtender Humor ist. Deshalb war ich für den Kulturjournalismus ja auch nicht zu gebrauchen, ich kann Menschen nicht vernichten. Ich kann kulturelle Arbeiten von Menschen nicht über Nacht niedermachen, an denen sie drei Monate gearbeitet haben oder gar Jahre. Ich bewundere in dieser Hinsicht Theater- oder Literaturkritiker, so etwas könnte ich nicht.

AUFFERMANN: *räuspert sich.*

RINKE: Ja, wirklich. Es gibt ja welche, die sind ganz brillant im Verreißen und ganz schlecht in der Hymne. Und das sagt viel. Ich glaube, ich bin gut im Schießen von Pfeilen, deren Spitzen mit Honig eingeschmiert sind. Also Pfeile mit Honig. Nicht ganz spitze Pfeile und vernichtende Pfeile, es bleibt immer noch so ein Rest Menschen-, äh, -liebe, sage ich jetzt ganz pathetisch. Sie gucken so?

AUFFERMANN: Ich vermute, dass Sie ein sehr moralischer Mensch sind. Und das ist in jüngster Zeit ein Vorwurf.

RINKE: Ich finde Moral gar nicht schlecht. Ist Moral Engagement, dann bin ich engagiert, ich hatte ja auch zeitweise das Problem, dass man mich für einen Parteigänger der SPD hielt, was ich immer sehr komisch fand. Kein Mensch, außer natürlich Sie, hat verstanden, dass ich diese ganze politische Welt auch benutzt habe, um sie aus der Nähe beschreiben zu können.

AUFFERMANN: Da muss man vielleicht einfügen, dass in der Arena des Kanzleramts ein Theaterstück von Ihnen im Beisein von Kanzler Schröder aufgeführt wurde, und da haben sich die lieben Kollegen lustig gemacht.

RINKE: Quatsch! Die sind alle gekommen, weil es sie zur Macht drängt, wie vermutlich jeden Deutschen. Als der Bundeskanzler den Kulturkritikern sein Schlafzimmer im Kanzleramt gezeigt hat, wussten die Kulturkritiker gar nicht mehr, wohin mit ihren Kugelschreibern vor Erregung. Nur nachher strafen sie ihre eigenen Wallungen und Machtergebenheiten ab, indem sie die Künstler maßregeln und fertig machen, indem sie ihnen Distanzlosigkeit und so etwas wie Gleichschaltung unterstellen. Ein ähnlicher Reflex übrigens wie beim Humor.

Erst selbst lachen, dann strafen, sich über alle erheben. Und am Ende, überspitzt gesagt, werden die Künstler auch noch automatisch für alles verantwortlich gemacht, was Rot-Grün verabschiedet hat.

AUFFERMANN: Jetzt kommt aber ein schöner Größenwahn ins Spiel.

RINKE: Nein, eine Verdichtung. Eine Lesung im Kanzleramt reicht, und Sie sind in den Augen des Feuilletons natürlich auch für das Dosenpfand und alle Hartz-4-Gesetze. Es tut so, als ob Sie auf dem Schoß von Kanzler Schröder gesessen und ihm Ringelnatz-Gedichte vorgetragen hätten. Dabei wurde mein Stück *Republik Vineta* gelesen, ein total politik- und männerkritisches Stück. Männer wie Scharping, Lafontaine und Schröder als Beispiel für den Kampf zwischen Machtmännern auf Kosten der Utopie oder des Aufbruchs. Aber ich finde, dass mein Buch *Das große Stolpern*, darum sitze ich ja heute hier, viel präziser ist. Wenn der Erzählungsband *Blauwal im Kirschgarten* eine Komödie über die Republik ist, dann ist das *Große Stolpern* zwar auch eine Komödie, aber sie ist bitterer geworden und genauer. Wenn ich beispielsweise bei dem Mannesmann-Prozess bin und Ackermann von der Deutschen Bank und diese anderen Rendite-Menschen beobachte, oder wenn ich in Bali, in Denpasar im Jahr 2000 westliche Journalisten erlebe beim Prozess gegen einen Bali-Attentäter; wenn ich ein Tagebuch über den Irak-Krieg im Fernsehen führe. Ich bin sicher politischer geworden, auch genauer. Aber nach wie vor gibt es diese Beobachtungsreisen, wo ich meine Lust an Absurditäten ausleben kann.

AUFFERMANN: Besser kann niemand seine eigene Arbeit anpreisen!

RINKE: Ich bin auch ganz verwundert!

„Doch eure Welt, sie dient der Lüge!"

Zu *Die Nibelungen*

MICHAELA REINHARDT

I. Die Grabplatten über den Figuren

Gunther: Ja, wir werden uns von nichts und niemandem mehr für irgendwas von links noch rechts vereinnahmen oder umstimmen lassen. Wir sind und bleiben Burgunder! Basta! Zum Wohl! (NI 31)[1]

Dass eine Neubearbeitung des *Nibelungenliedes* kein leichtes Unterfangen sein würde, war Moritz Rinke von Anfang an klar, als man ihn für die Nibelungen-Festspiele in Worms damit beauftragte. Die Herausforderung einer Dramatisierung besteht nicht nur im Umfang des Epos, seinen 39 Aventurien und 2379 Strophen, die plötzlich in einen einzigen Theaterabend gezwängt werden sollen – auch nicht in den unterschiedlichen Handschriften und der vielen Sekundärliteratur. Sie besteht vor allem in der problematischen Rezeptionsgeschichte des *Nibelungenliedes*, die zum Teil bis heute ihre Auswirkungen zeigt. Darüber hinaus stellt sich immer wieder die Frage, ob es überhaupt noch möglich ist, eine solche Geschichte von Drachentötern, *küenen recken* und grausamer Blutrache umzusetzen, ohne eine Fantasy-Story daraus zu machen. Rinke hat sich daher zum Vorsatz gemacht, so erklärte er, die Nibelungen erst einmal ganz für sich selbst zu entdecken und sie von den „Wagner-, Nazi- und germanistischen Phrasen" zu befreien, die „wie Grabplatten über den Figuren" lägen.[2] Außerdem sei sein Ziel – im Gegensatz zu Fritz Langs Monumentalfilm – die Figuren „auf den Asphalt [zu] stellen",[3] sie also auf Augenhöhe zu betrachten. Nach dem Festspielauftakt von *Die Nibelungen* 2002 in Worms (Regie: Dieter Wedel) bekam Rinke dann die Möglichkeit, das Epos nochmals in zwei abendfüllenden Stücken umzusetzen. So entstand sein zweites Nibelungen-Drama mit den Teilen *Siegfrieds Frauen* und *Die letzten Tage von Burgund* (uraufgeführt 2006 und 2007, Regie: D. Wedel).

---

[1] Moritz Rinke: Die Nibelungen. Siegfrieds Frauen. Die letzten Tage von Burgund. Reinbeck bei Hamburg 2007; Zit. hieraus im Folgenden unter der Sigle „NI".
[2] Moritz Rinke: „Wo sind denn bitte die Helden?", in: Literaturen 05/2002, S. 37-41, hier S. 38.
[3] Vgl. ebd. S. 41; Rinke wendet sich damit programmatisch gegen das berühmte Zitat von Thea von Harbou, man könne Denkmäler wie die *Nibelungen* nicht „auf den flachen Asphalt stellen".

In den Rezensionen zu den Festspielen von 2002 wird ein lebhaftes Interesse an der Neubearbeitung des *Nibelungenliedes* deutlich, wobei die Meinungen zu Rinkes Stück weit auseinander gehen. Frappierend ist vor allem zu sehen, welche Erwartungshaltungen der Nibelungenstoff zum Teil noch erzeugt und wie sehr manche Urteile etablierten Interpretationsschemata verhaftet sind.[4] 2006 und 2007 drehen sich dann die Kommentare und Kritiken zu den Festspielen viel weniger um das neue Stück und seine Aufführung als um das Wetter und den Stellenwert von Worms, um Prominenten-Gala und Regisseur-Befindlichkeit. Im Folgenden sollen dem entgegen einige Beobachtungen zu Rinkes Umgang mit dem Nibelungenstoff in der Neufassung stehen, die 2007 bei Rowohlt publiziert wurde. Dabei wird das *Nibelungenlied* zum Vergleich herangezogen, der Fokus richtet sich vornehmlich auf den Handlungsverlauf, die Figuren Kriemhild und Siegfried sowie auf die Beweggründe für den Untergang.

Ein kurzer Blick auf die Rezeptionsgeschichte des *Nibelungenliedes* genügt,[5] um festzustellen, dass das mittelalterliche Epos bereits wenige Jahre nach seiner Wiederentdeckung mit der Ausgabe von Friedrich Heinrich von der Hagen (1807) eine nationalistische Auslegung erfuhr, von der es bis in die siebziger Jahre des 20. Jahrhunderts nicht mehr frei wurde. Ein Jahr nach der Auflösung des Alten Reiches erschienen, enthält von der Hagens *Nibelungenlied*-Übertragung eine programmatische Einleitung mit einem Katalog deutscher Tugenden als „wahrhafte Erbauung". In einer Neubearbeitung Friedrich de la Motte Fouqués (1810) kämpft Siegfried gegen den Drachen, der die deutsche Einheit bedroht, und bei August Zeune (1814) tötet er den „Schlangenkaiser" Napoleon, um den „heiligen deutschen Boden" von „fremdem Gewürme" zu befreien. Den Höhepunkt erreichte die nationalistische Verzerrung während des Nationalsozialismus. Eklatantes Beispiel hierfür ist eine Rede Görings 1943, in der die Gleichsetzung des Stalingrader Kessels und dem Burgunderuntergang erfolgt. Nach dem Zweiten Weltkrieg wurde es zunächst still um das Epos, und bis heute finden sich – trotz eines neuen Interesses an alten Mythen im Zuge des Fantasybooms – kaum kritische Neubearbeitungen. Eine Ausnahme stellt

---

[4] Vgl. Jens Jessen: Hier spricht Hagen im Schulfunk zum Volk. Die Nibelungen in Worms, in: Die Zeit 35/2002; Henning Rischbieter: Im Schatten der Linde. Moritz Rinkes *Die Nibelungen* zu Worms-Zurüstungen für ein Sommertheater, in: Theater heute 10/2002; Joseph Seitz: Epos ohne Helden, in: Focus 12.08.2002; Ulrike Kahle-Steinweh: Grobes Schlachten, in: Der Tagesspiegel 23.7.2007; Gisela Kirschstein: Nibelungentreue neu gesehen – Wedel entwirft beklemmendes Szenario, in: www.theaterkanal.de/theater/deutschland/rheinlandpfalz/worms/2236/12710891; Judith von Sternburg: Der Schreckliche im Hawaihemd, in: Frankfurter Rundschau 5.8.08.

[5] Eine ausführliche Darstellung der Rezeptionsgeschichte bei Ursula Schulze: Das Nibelungenlied. Stuttgart 1997, S. 265-298.

das Radio-Musical *Lass das Hagen* von 1967 dar,[6] das in gewisser Weise die Neuauslegung Rinkes antizipiert. Kritische Studien zum *Nibelungenlied* werden erst in den siebziger Jahren von Helmut Brackert angestoßen.[7]

II. „Lasst uns etwas Neues, Großes finden!"
Zu Inhalt und Handlungsaufbau

In den Theatertexten von 2006 und 2007 hat Rinke die zweiteilige Makrostruktur des *Nibelungenliedes* übernommen, in welcher die beiden großen Sagenkreise um Siegfrieds Tod und Kriemhilds Rache ihren Niederschlag finden. Allerdings weisen schon die Titel deutlich auf eine neue Gewichtung hin. Das Drama erwächst zwar teilweise aus dem Stück von 2002, zeichnet sich aber durch eine ausführlichere Beschäftigung mit dem Nibelungenstoff aus, durch den Einbezug weiterer Quellen, im Besonderen der *Lieder-Edda* und der *Völsungensaga*. Vor allem aber zeugt es von einer noch intensiveren Arbeit an den einzelnen Figuren und deren Mythen. Die Stücke sind durch ein dichtes Geflecht von Motivsträngen, parallel und spiegelbildlich geordneten Szenen und Figuren miteinander verknüpft. Wenn auch die Handlung im ersten Teil der mittelalterlichen Vorlage folgt, beginnt dieser nicht mit der Vorstellung Kriemhilds und den wichtigen, ihr zugeordneten Personen des Burgunderhofes, sondern auf Island. Dort erhält Brünhild mit ihren Gefolgsfrauen kurzen Besuch von Siegfried, bevor er an den Rhein, „zu den Deutschen" reist. Von vornherein wird also der Figur Brünhild im Vergleich zum *Nibelungenlied* erheblich mehr Raum gegeben. Wie in der *Völsungensaga* spielt das Liebesverhältnis zwischen ihr und Siegfried eine entscheidende Rolle, die Verbindung zweier übernatürlicher Kräfte, welche erst im Tod vereint werden. Am Burgunderhof wird Brünhild endgültig gezähmt und in ihrer Stärke gebrochen. Sie fühlt sich betrogen und klein gemacht. Die von Rinke dazuerfundene Figur Isolde, Brünhilds Gefolgsfrau und eine Art isländisches Gegenstück zu Hagen, fasst für beide das Gefühl von Ohnmacht und Ersticken angesichts einer Welt in Worte, in der „man die Wahrheit [...] nicht mit den Augen sehen kann." (Nl 56) Sie wird kurze Zeit später wegen ihrer unverfrorenen Art als Frau, sich über den machtlosen König zu amüsieren, von Gunther geköpft.

---

[6] Vgl. Ulrich Müller: Die Nibelungen: Literatur, Musik und Film im 19. und 20. Jahrhundert. Ein Überblick, in: Joachim Heinzle, Klaus Klein, Ute Obhof (Hg.): Die Nibelungen. Sage – Epos – Mythos. Wiesbaden 2003, S. 407-444, bes. S. 423.

[7] Vgl. Helmut Brackert: Nibelungenlied und Nationalgedanke. Zur Geschichte einer deutschen Ideologie, in: Ursula Hennig (Hg.): Mediaevalia litteraria. Fs. Helmut de Boor zum 80. Geburtstag. München 1971, S. 343-364.

Kriemhild tritt zunächst wie im Märchen von König Drosselbart als Prinzessin auf, die alle von nah und fern anreisenden Bewerber angewidert ablehnt. Ihrer Familie und dem Hofstaat klagt sie, dass sie keine Luft mehr bekomme, nur von unbeweglichen Menschen umgeben sei, von „kalten Säulen voller Eisen" (NI 19). Deutlich richtet sich ihr Vorwurf gegen die burgundische – und offenbar auch die bundesdeutsche – Gesellschaft:

> Nach Jahren dieser Regierung steht Ihr, Burgunder, da: wohlgenährt aber kenntnislos, aber mit falscher Christlichkeit die Unterdrückung anderer Länder billigend. (NI 19)

Eine Flugblattaktion wie auch der Plan, mit Giselher zusammen ein Buch zu schreiben, geraten relativ schnell durch die Hochzeitsvorbereitungen in Vergessenheit.

Zwischen Kriemhild und Brünhild herrscht eine ganz besondere Anziehungskraft. Kriemhild nimmt von Anfang an die Stärke Brünhilds wahr und sieht in der Frau aus der archaischen Welt eine Hoffnungsträgerin für mögliche gesellschaftliche Veränderungen:

> *Brünhild*: Ich bin so fremd in Eurer Welt und soll hier leben.
> *Kriemhild*: Ich glaube, Schwester, wir zusammen, wir könnten eine neue gründen. Lasst uns etwas Neues, Großes finden! (NI 49)

Brünhilds lakonische Antwort („Ich habe es schon einmal gefunden") verweist auf Island als Gegenentwurf zu Burgund, deutet aber bereits auf ihre allgemeine Desillusionierung und die Absage an Weltverbesserungsversuche hin. Kriemhild appelliert schließlich zweimal an Siegfried, er solle seine Macht nutzen und das kranke Land, dieses Haus „ohne Gedanken, ohne Mut! Ohne Liebe!" (NI 64) retten. Aber Siegfried versteht ihr Anliegen nicht, ist müde und möchte nach Xanten, um Hirsche zu jagen. An seinem Mord machen sich schließlich alle – ausgenommen Giselher – in irgendeiner Weise schuldig. Der dazu führende Konflikt resultiert bei Rinke aus der Standeslüge und dem Brautnachtsbetrug, während der anonyme Dichter des *Nibelungenliedes* in der Schuldfrage von vornherein eine gender-relevante Verschiebung vorgenommen[8] und die Gewalteskalation mit dem Frauenstreit begründet hatte: „si sturben sît jæmerliche von zweier edelen frouwen nît." (NL 6,4)[9] Im *Nibelungenlied* wird der Betrug an Brünhild nicht weiter thematisiert. Bei Rinke erweist er sich als Auslöser für den Frauenstreit, für alles Misstrauen, allen weiteren Betrug und das Morden.

---

[8] Vgl. Elisabeth Lienert: Geschlecht und Gewalt im *Nibelungenlied*, in: Zeitschrift für deutsches Altertum 132 (2003), S. 3-23, bes. S. 6.

[9] Das Nibelungenlied. Mittelhochdeutsch/Neuhochdeutsch, übers. u. komm. v. Siegfried Grosse. Stuttgart 1997; Zit. hieraus im Folgenden unter der Sigle „NL".

Im zweiten Teil, *Die letzten Tage von Burgund*, stehen die zwar mitschuldigen, aber vor allem trauernden und betrogenen Frauen der verlogenen und in der Kollektivschuld verschworenen Männergesellschaft gegenüber. Kriemhilds und Brünhilds mögliche Verbindung scheitert abermals. Kriemhild versucht ein letztes Mal auf Brünhild einzuwirken. Ihre Worte knüpfen dabei direkt an die hoffnungsvollen, eben zitierten Sätze aus dem ersten Teil an und sind einmal mehr Ausdruck eines dem Drama zugrunde liegenden Utopie-Entwurfs:

> Wir ... wir könnten es noch jetzt, wir sind die Letzten, die es könnten! Und sind beide Königinnen, stell dir vor, welch Kraft! [...]
> Wir kämpften schon mal beide für die Wahrheit und waren schon in diesem Kampfe still vereint. Dass dann die Wahrheit ihre Kämpferinnen trennte und die Lügner einte, das war schlimm. (NI 129f.)

Aber Brünhild reagiert darauf nicht, sondern folgt Siegfried – wie in der *Völsungensaga* – in den Tod. Im *Nibelungenlied* hingegen wird Brünhild nach der Ermordung Siegfrieds nicht mehr erwähnt. Kriemhild heiratet auch bei Rinke schließlich Etzel. Aber mit einem wesentlichen Unterschied zum *Nibelungenlied*: Sie sinnt nicht mehr, wie im mittelalterlichen Epos, unentwegt auf Rache, sondern unternimmt einen radikalen Fluchtversuch aus ihrem alten Leben. Mit Etzel beginnt sie ein neues Leben und verbringt glückliche Jahre. Auch das Hunnenland präsentiert sich bei Rinke als positiver Gegenentwurf zu Burgund. Folglich ist es im Drama auch nicht Kriemhild, die die Brüder an Etzels Hof einlädt. Stattdessen laden sich die burgundischen Verwandten in der Hoffnung auf finanzielle Vorteile durch die hunnische Großmacht selbst ein. Wie im *Nibelungenlied* kommen sie aus Angst vor Kriemhilds Rache und auf Hagens Initiative hin mit tausenden Soldaten. Vor allem Hagen ist es schließlich, der Kriemhild so hartnäckig provoziert, ihre Rache praktisch einfordert, bis sie, von ihrem alten Bild eingeholt, die große Schlacht in Gang setzt. Am Ende verbrennen alle im Saal, auch Kriemhild geht in den Feuertod.

III. „Das mag ich nicht an meinem Volk, mal ist es treu, mal nicht."
Spiel mit der Rezeptionsperspektive

Beide Stücke zeichnen sich durch extrem humorvolle Gestaltung aus, durch viel Situationskomik und zahlreiche ironische Brechungen. Was die Situationskomik betrifft, konnte Rinke bereits im *Nibelungenlied* aus dem Vollen schöpfen. Der mittelalterliche Text bietet eine beträchtliche Reihe ulkiger Szenen, die bis ins kleinste Detail ausgesponnen sind und zunächst für humorvollen Abstand zum tragischen Geschehen sorgen. Beispiele hierfür sind der Wettkampf mit Brünhild und der Brautnachtsbetrug.

Rinke spielt nun in seinem Drama auf der rezeptionssoziologischen Ebene immer wieder mit den möglichen Erwartungen und den teilweise diffusen Vorkenntnissen des Publikums. In der Szene von Siegfrieds Ankunft in Worms bewirkt die kongruente Informiertheit zwischen Hagen und dem Publikum, dass dieses den Vasallen als eine Art Sprachrohr wahrnehmen kann, als jemanden, der wie ein Talkshow-Moderator dem gefeierten Star alle wichtigen Fragen stellt. Siegfrieds arrogante Antworten und die verblüfften und empörten Reaktionen der übrigen Figuren tragen zur ironischen Distanz bei, während dem Publikum gleichzeitig sein eigener begrenzter Wissensstand zum Nibelungenstoff wie ein Spiegel vorgehalten wird: „Siegfried, da war jedoch irgendwas mit einem Lindenblatt?" (Nl 23)

Auch an anderen Stellen gelingt es Rinke, auf humorvolle Weise verschiedene Rezeptionsperspektiven einzubeziehen und sichtbar zu machen. Er steuert die Rezeption durch ständiges Persiflieren bekannter Schemata in Richtung einer Revision derselben. So findet sich noch am Ende, inmitten des fürchterlichen Kampfszenarios, eine ironische Brechung. Kriemhild wendet sich, bevor sie die Halle in Brand setzen lässt, an Siegfrieds Bild: „Das mag ich nicht an meinem Volk, mal ist es treu, mal nicht." (Nl 238) Die berühmte ‚Nibelungentreue' wird auch an vielen anderen Stellen auf diese Weise explizit thematisiert.[10] Dass diese nicht etwa als „dichterische Überhöhung"[11] des anonymen *Nibelungenlied*-Dichters gesehen werden kann, sondern als Produkt verzerrter Rezeption, lässt sich anhand vieler Stellen im *Nibelungenlied* belegen. Hier werden gerade in Bezug auf Hagen, aber auch auf die Burgunder die Worte „untriuwe", „meinrat" und „verrat" verwendet.[12] In gleicher Weise wie die ‚Nibelungentreue' behandelt Rinke das Thema ‚Deutschtum'.[13] Dass im *Nibelungenlied* von ‚deutsch' schon aus historischen Gründen gar nicht gesprochen wird, außer in einem einzigen unbedeutenden Satz (NL 1354,4), scheint auch heutzutage kaum bekannt zu sein. So beklagt Jens Jessen in seinem Verriss der Aufführung von 2002, Rinke habe alles weggelassen, „was ihm irgend ungemütlich und deutsch erschien".[14] Tatsächlich aber hat Rinke, wenn man so will, dem Katalog der deutschen Tugenden (der Ausgabe von der Hagens) eine eigene Liste ‚deutscher Tugenden' entgegengesetzt: Überall im Drama verstreut finden sich humorvolle Spitzen wie etwa die folgenden:

---

[10] Vgl. z.B. Nl 150: *Hagen*: „Euer Hagen ist so treu, dass er sich nicht einmal vom König umbringen lässt."
[11] Vgl. das Zit. v. Dieter Wedel bei Kirschstein (Anm. 4), S. 2.
[12] Vgl. NL 876,2; NL 887,3; vgl. allerdings auch NL 2106,4.
[13] Vgl. z.B. das Zitat am Beginn des Textes (Nl 31) und auch Nl 25, 39, 93 u.ö.
[14] Jessen (Anm. 4), S. 2. Bedauerlicherweise wird in dieser Kritik nicht zwischen Textvorlage und Aufführung unterschieden.

Giselher: Im Kopf, im Geiste, sind wir ja linksrheinisch, aber je älter wir werden, wird der Körper, besonders der deutsche Bauch, plötzlich rechts! (NI 55)

Kriemhild: [I]ch schäm mich so ... diese Langsamkeit, und was die anziehen, diese Sturheit, die wollen immer in einer Laube auf Stühlen sitzen und Grundsatzdebatten führen. (NI 177f.)

Burgwächter: Wer Deutsche weckt, verursacht Kosten! (NI 29)

Wieder ähnlich, allerdings subtiler, setzt sich Rinke mit dem Konzept des ‚Helden' und schließlich mit dem Mythos ‚Kriemhild' auseinander – ich werde darauf zurückkommen. Außerdem führt er das Spiel mit der Rezeptionsperspektive auch auf stilistischer Ebene durch, was in keiner Rezension eine entsprechende Würdigung gefunden hat. Stilistisch heterogene Repliken der einzelnen Figuren erzeugen immer wieder ein Schwanken zwischen verschiedenen Bewusstseinsebenen. So beginnt Gunther bei Siegfrieds Ankunft in Worms seine Rede in hoheitsvoll altertümlicher Sprache: „Und weshalb nun, edler Siegfried, seid Ihr hier?" (NI 24) In der Vorlage heißt es an der entsprechenden Stelle: „édel sîvrit" (NL 106). Bei Rinke aber wechselt der König umgehend in einen saloppen Ton, der dem gegenwärtigen gesprochenen Alltagsdeutsch entspricht: „Also, wir wollen Xanten, glaub ich, gar nicht haben. Uns geht's gut." (NI 25) Diese Form des Code-Switchings als Signal auf der Ebene des äußeren Kommunikationssystems schafft einen steten Wechsel von Distanz und Nähe zu den Figuren durch das Aufdecken der unterschiedlichen zeitlichen Ebenen, auf die der Text referiert. Gerade das Befremdliche, welches vom alten Text ausgehen mag und die heutigen Rezipienten offensichtlich amüsieren *darf*, wird mit Hilfe der Figurensprache erfasst und ausgelotet. Wer dieser mehrschichtigen Figurenrede Aufmerksamkeit schenkt, kann einmal mehr die Rezeption der Rezeption im Text beobachten.[15]

IV. „Ja, mit den Hirschen ging's bergab." Über Siegfried

Welches Siegfried-Bild gegenwärtig im Kollektivbewusstsein vorherrscht, zeigt vielleicht eine Kritik in der Zeitschrift *FOCUS*. Hier wird beklagt: „Rinke hat aus der deutschen Heldensage die Helden gestrichen: Als Halbstarker kommt sein Siegfried nach Worms, ein Flegel, der sich auf den Thron des Königs flätzt und Streit sucht, weil er nichts anders kann außer sich schlagen."[16] Den *FOCUS*-Lesern wird erklärt, im *Nibelungenlied* sei „der blonde Recke Siegfried der

---

[15] Interessant ist in diesem Zusammenhang der Hinweis von Grosse (Anm. 9), S. 726, dass im *Nibelungenlied* Termini wie „recke" benutzt werden, die zur Zeit der Niederschrift des Epos im allgemeinen Sprachgebrauch nicht mehr geläufig waren.

[16] Seitz (Anm. 4), S. 2.

strahlendste aller Helden". Bei einer Lektüre des mittelalterlichen Epos fällt dagegen rasch auf, dass die Siegfried-Figur keinesfalls nur unkritisch als ‚Held' betrachtet, sondern durchaus schillernd dargestellt wird. Darüber hinaus ist nirgends die Rede von „blond". Bei der Einführung wird Siegfried im *Nibelungenlied* zunächst als Vorbild eines höfischen „degens" (Kriegers) beschrieben: als stark, mutig, schön und attraktiv (NL 21/22). Der Erzähler betont, dass die höfische Erziehung („êre") Siegfrieds auf die Perfektion seiner „tugende" zielt, und erzeugt somit besondere Erwartungen in Bezug auf die Figur, die später aber nur teilweise erfüllt werden: im Kampf gegen die Sachsen, bei der Eroberung Kriemhilds und auf der Jagd. In anderen Situationen hingegen tritt Siegfrieds archaisches Wesen stärker hervor, wie im Kampf mit dem Drachen und bei der Überwältigung Brünhilds, und er wird zum Superhelden mit übermenschlichen Kräften. Aber bei seiner Ankunft in Worms – genau in der Szene, die der Verfasser der *FOCUS*-Rezension kritisiert – gibt er auch im *Nibelungenlied* kein Bild eines Helden ab, sondern präsentiert sich als Provokateur, der den Burgundern grundlos den Kampf ansagt. Diese Haltung wird vom Dichter als Ausdruck seines „starkez übermüeten" (‚großer Überheblichkeit') gewertet (NL 117) und hat im Bereich der *Nibelungenlied*-Forschung entsprechend viele Fragen aufgeworfen.[17] Siegfried ändert sein Verhalten schließlich dank der friedlichen, den höfischen Regeln entsprechenden Reaktion der Burgunder und wird als ehrwürdiger Gast am Hof aufgenommen, der danach überall Bewunderung genießt. Seine erste Begegnung mit Kriemhild, ein Jahr später, steht ganz im Zeichen der „minne" und wird in poetischem Ton erzählt (NL 281-286). Siegfried erscheint hier aufgeregt („er wart von den gedanken vil dicke bleich und rôt", NL 285,4) und völlig überwältigt, als Kriemhild die Initiative ergreift und ihn grüßt. Am Burgunderhof zeichnet sich Siegfried dann durch verantwortungsvolles Verhalten und freundschaftliche Treue aus, als „vriunt" und Berater Gunthers. Bei der Eroberung Brünhilds, der Königin mit der „vreislichen sit", den ‚schrecklichen Angewohnheiten' (NL 330), ihren übermenschlichen Kräften und dem „übermuot" hingegen kommt wieder seine archaische Seite zum Tragen. Und dass er Brünhild in der Brautnacht ihren Ring und den Gürtel entwendet, bewertet der Erzähler ebenfalls als Ausdruck des Übermuts („sînen hôhen muot", NL 680,2). Im Folgenden schließlich wird er wieder zur Figur, die ganz dem höfischen Ideal entspricht. Liebevoll, großzügig und gutgläubig den Verwandten gegenüber geht er schließlich in die Falle, die sie ihm stellen.

Dass es heutzutage eigentlich unmöglich ist, für diese zwischen höfischem Ritter und archaischem Drachentöter schillernde Siegfried-Figur eine moderne Entsprechung zu finden, scheint offensichtlich. So deckt sich Rinkes Siegfried mit dieser Figur auch nur teilweise. Er tritt zunächst, dem Helden-Stereotyp des

---

[17] Vgl. Schulze (Anm. 5), S. 178.

FOCUS-Artikels ähnlich, als blondes und blauäugiges Popidol auf, das bei seiner Ankunft in Island große Aufregung auslöst – manch eine der Gefolgsfrauen Brünhilds fällt sogar in Ohnmacht: „Wie der leuchtet! [...] Fast wie Gold!" (NI 9) Brünhild empfängt ihn als einen ihr ebenbürtigen, lange erwarteten Gast:

> Da bist du nun. [...]
> Wir sehen einander aus solcher Höhe gerade in die Augen, wie es nur die Spitzen der zwei größten Götterberge können, die das kleine Maß der Erde um ganz andere Welten überragen. (NI 12)

Die Erwartungshaltung, die Rinke hier in Bezug auf Siegfried erzeugt, ist aber bereits voller Ironie und lässt nicht lange auf die entsprechende Ernüchterung warten. Diese tritt ein, sobald Siegfried selbst zu Wort kommt. Er nimmt den poetischen Ton von Brünhild nicht auf (wahrscheinlich nimmt er ihn gar nicht wahr), scheint eher abwesend zu sein und macht sich schließlich, als schreibe irgendein Drehbuch es vor, auf den Weg „zu den Deutschen" an den Rhein. Bei der Ankunft in Worms wird dann, drastischer noch als im *Nibelungenlied*, das Bild des Helden systematisch zerstört. Diese äußerst amüsant gestaltete Szene endet mit den verblüfften Worten der Königsbrüder, welche sinngemäß die Fragen der *Nibelungenlied*-Forschung aufnehmen:

> *Giselher*: Ich versteh kein Wort. Erst wollt er doch selbst gegen uns kämpfen?
> *Gernot*: Frag mich nicht. Frag Hagen. Ich sag dazu gar nichts. So einen Auftritt hab ich noch nie gesehen. (NI 27)

Nach seinem provokanten Auftritt erweist sich Siegfried dann den neuen Freunden gegenüber als gutmütig und hilfsbereit. Seine erste Begegnung mit Kriemhild gestaltet Rinke wie im *Nibelungenlied* als ein für diesen überwältigendes und komplett entwaffnendes Erlebnis. Dabei spinnt er die Szene humorvoll weiter: betrunken und liebestrunken zugleich bleibt Siegfried auf dem Platz zurück und beginnt, in der Pose eines Minnesängers unter Kriemhilds Balkon Verse zu dichten. Rinke legt ihm hier die Originalverse des *Nibelungenliedes* in den Mund, mit denen dort der Auftritt Kriemhilds bei dieser ersten Begegnung beschrieben wird.[18] Durch Giselhers Verbesserungsversuche erhält die Textstelle zusätzlich Witz.[19]

Im weiteren Verlauf wirkt Siegfried allerdings müde, phantasielos und abgestumpft gegenüber Kriemhilds Träumen von einer neuen Welt. Sein einziges Ziel ist nurmehr die Hirschjagd. Kriemhild teilt ihre Enttäuschung darüber nach seinem Tod mit Brünhild: „Ja, mit den Hirschen ging's bergab [...]. Klarer Fall, wir sind uns einig." (NI 128) Brünhild aber sieht in Bezug auf Siegfrieds Leben

---

[18] Vgl. NL 281/283.
[19] Vgl. NI 39.

einen noch tieferen Absturz, einen Fall aus der Höhe der großen Welt, der sie einmal beide angehört hatten, in die „kleine Zeit" in Burgund: „Er hatte schon die Flammenburg betreten, aber am Ende sprang er mit grünen Mützen Hirschen hinterher in Worms" (NI 128).

Rinke selbst vergleicht seinen Siegfried mit dem Prototypen eines modernen Helden wie Boris Becker:

> Am Anfang vielleicht, da ist er toll, da gewinnt er wie Boris Becker Wimbledon mit 17 und ist plötzlich Kriemhilds und unsere Projektionsfläche. Vielleicht sehen so unsere modernen Helden aus: Sie werden mit einer Tat berühmt, und dann kommt nur noch Autismus. Vielleicht hätten sie das Zeug und die Kraft gehabt, nach ihrer berühmten Tat die Gesellschaft noch in einer anderen Weise zu bewegen, aber in dem Moment, wo sie merken, sie kommen in der Presse gut an, da reicht es schon, und sie werden bequem und wollen nur noch Parties feiern oder in Xanten Hirsche jagen.[20]

Tatsächlich ist dieser Siegfried ein Ex-Held. So werden auch seine Heldentaten im Drama nur aus zweiter Hand berichtet. Außerdem scheint er unfähig – oder vielleicht zu bequem –, in die Zukunft zu blicken und Gefahren zu erkennen: „Was redest du – Wir sterben nicht!" (NI 81) All diese Gründe mögen Kriemhild schließlich dazu verleitet haben, seine verwundbare Stelle zu verraten, wie Hagen gegen Ende des Dramas nochmals stichelnd auf den Punkt bringt.[21]

Eine explizite Revision des alten Helden-Konzepts innerhalb des Dramas liefert schließlich Etzel in einem Gespräch mit Kriemhild über ihren ersten Mann: „Ja, schön, dass wir uns fanden. Und wie schön, dass es noch andere Helden gibt, nicht wahr? Drachengold, das klingt ein bisschen wie Augsburger Puppenkiste." (NI 200)

V. „Ich bin nicht, wie ihr alle denkt!" Zu Kriemhild

Eine moderne Übertragung der Kriemhild-Figur dürfte zweifellos zu den schwierigsten Aufgaben bei der Transposition des *Nibelungenliedes* gehören, zumal es gilt, die schrittweise Wandlung einer edlen Prinzessin in eine „Teufelsfrau" („vâlandinne", NL 2371,4) darzustellen. Es mag daher auch nicht verwundern, dass Rinke seine Kriemhild-Figur im ersten Nibelungenstück in die Nähe von Ulrike Meinhof rückte.[22] Im zweiten Drama nun bricht Kriemhild aus dieser Rolle aus – zunächst aber ein Blick auf die mittelalterliche Vorlage:

---

[20] Vgl. Rinke (Anm. 2), S. 38; vgl. auch Ulrike Schäfer: Darf Brünhild Hagen lieben? Möglichkeiten und Grenzen bei der Bearbeitung des Nibelungenliedes, in: www.nibelungenliedgesellschaft.de/03_beitrag/schaefer/fs07_uli.html.
[21] Vgl. NI 123.
[22] Vgl. Rinke (Anm. 2), S. 40.

Im *Nibelungenlied* richtet sich das Augenmerk von Anfang an auf diese zentrale Figur. Ihre Einführung ist mit einem kurzen Abriss des gesamten weiteren Geschehens verbunden, alle wichtigen Personen werden in Bezug auf sie vorgestellt[23] und der zweite Teil des Epos ist fast ausschließlich durch ihr Handeln bestimmt. Als Königstochter besitzt Kriemhild alle wichtigen Eigenschaften eines „edel magedîn". Deutlicher als bei der Siegfried-Figur kommt die höfische Adaption des Nibelungenstoffes zum Ausdruck. Mit dem Falkentraum übernimmt der *Nibelungenlied*-Dichter die bekannte Thematik von „liebe" und „leit" (NL 17 und 2378), welche Kriemhilds und Siegfrieds Verhältnis bestimmen wird. Doch zeigt sich schnell, dass Kriemhild einen eigenen Lebensentwurf hat. Ihre Absicht nicht zu heiraten, sich nicht dem System zu fügen, ist Zeichen einer Autonomiebestrebung, des Anspruchs auf eigenes Gefühl,[24] und kann als Aufbegehren gegen die Männerwelt interpretiert werden.

Nach der Hochzeit fordert sie, trotz Siegfrieds Reichtum, ihren Erbteil von den Brüdern und besteht auf ihrem Status als gleichberechtigte Königstochter und neue Königin von Xanten. Bei der Rückkehr nach Worms löst sie den Streit mit Brünhild auf unerwartete Weise aus (NL 815,3), doch später bereut sie es, die Schwägerin verletzt zu haben. Für den Mord an Siegfried wird ihr vom Erzähler keinerlei Schuld zugeschrieben. Sie selbst allerdings fühlt sich im Nachhinein mitverantwortlich: „Daz ich niht vermeldet [...] hete sinen lip!" (NL 1112,1)

Ihre Rachabsichten spricht Kriemhild sehr bald explizit aus (NL 1012 und 1024), auch als Versprechen Siegfrieds Vater gegenüber (NL 1033). Ab diesem Moment hält sie an ihrem Vorsatz fest, bis sie – nach vielen Jahren – den Schuldigen, Hagen, eigenhändig tötet. In der Zwischenzeit wird sie von den Brüdern und Hagen durch den Hortraub und die Tatsache abermals verletzt und gedemütigt, dass die Brüder Hagen nicht als Schuldigen anerkennen bzw. ihn nicht ausliefern. Der Erzähler unterstreicht, dass sie sich nicht mehr von ihrem großen Leid erholen und ihre Trauer um Siegfried kein Ende haben wird (NL 1141,3-4,1105). Ihre Heirat mit Etzel ist reines Kalkül (NL 1257-1260), wie alles weitere Handeln auch. Denn vom Gedanken an die Rache wird sie in all den Jahren an Etzels Hof nicht mehr abkommen (NL 1396,1).

Belegt ist zwar, dass es zwischen dem sechsten und achten Jahrhundert eine vorstrafrechtliche Rachepflicht von Familienangehörigen gab, die auch zur Zeit

---

[23] Günther Schweikle hat darauf aufmerksam gemacht, dass im *NL* die Hauptpersonen des Burgunderhofes alle als auf Kriemhild bezogen vorgestellt werden; vgl. Günther Schweikle: Das Nibelungenlied – ein heroisch-tragischer Liebesroman?, in: Jürgen Kühnel, Hans-Dieter Mück, Ulrich Müller (Hg.): De poeticis medii aevi questiones. Käte Hamburger zum 85. Geburtstag. Göppingen 1989, S. 59-84, bes. S. 61.

[24] Vgl. Ulrike Schäfer: Die Figur der Kriemhild bei Hebbel und Rinke und im Nibelungenlied, in: www.nibelungenlied-gesellschaft.de/03_beitrag/schaefer/fs04_uli.html [S. 4].

der Niederschrift des *Nibelungenliedes* ihre Gültigkeit hatte.[25] Doch das *Nibelungenlied* zeichnet nicht das Bild einer Frau, die einem geläufigen Rechtsgrundsatz folgt. Dass Kriemhild ihre Rache mit großer Zeitverschiebung ausübt, ihr eigenes Kind opfert, auf die Begnadigung der Brüder verzichtet (NL 2364-2366) und einen Massenmord auslöst, das sind die ergänzenden Dimensionen, welche dem Erzähler nach weit über eine zu rechtfertigende Tat hinausführen. Ganz zu schweigen von der Tatsache, dass sie als Frau selbst das Schwert in die Hand nimmt. Der Racheakt wird im Epos als ‚großes Morden' scharf kritisiert, wie schon allein die in sich abgeschlossene Strophe 2086 belegt.[26]

Rinkes Kriemhild geht eindeutig aus der Figur des *Nibelungenliedes* hervor. Sie präsentiert sich zunächst in einem Schwebezustand zwischen Märchenprinzessin, mittelalterlichem Edelfräulein und junger Frau im heutigen Deutschland. Deutlich hat der Autor ihr Aufbegehren gegen die Männer und gegen die Burgundergesellschaft herausgearbeitet. Wie im *Nibelungenlied* ist diese Kriemhild eine Figur, die unter den bestehenden Zuständen leidet und von einer besseren Welt träumt (NI 19). Sie gehört zu Rinkes „Möglichkeitsmenschen",[27] auch wenn ihre Ideen vage und unausgegoren sind und sie selbst, als gut behütetes Kind der Wohlstandsgesellschaft, zunächst den Rückzug ins Privatleben vollzieht. Vor allem fügt sich diese Figur in den Gender-Diskurs um das *Nibelungenlied* und trägt zur Revision alter Interpretationsschemata in Bezug auf Kriemhild bei,[28] zur Befreiung von „Grabplatten" alter germanistischer Sichtweisen, wenn man so will. Nach Nolte lässt „auch das *Nibelungenlied* an dem problemlosen Funktionieren einer von Männern dominierten Gesellschaft Zweifel offen – und zwar vor allem durch eine Figur: Kriemhild."[29] Bei Rinke verspürt Kriemhild bald einen Stillstand in ihrem Leben, Siegfried erweist sich als „langweilig" (NI 80) und der Wunsch, etwas zu verändern, kommt erneut hoch. Auch hier ist sie es, die den Frauenstreit auslöst. Und auch hier bereut sie ihr Verhalten und versucht einzulenken, fast als wäre sie sich der späteren Konsequenzen bewusst. An dieser Stelle zeigt sich bereits Rinkes Bemühen um die Rehabilitierung der Figur. Im Dialog mit Hagen schiebt Kriemhild den Männern die Schuld für den Streit zu: „Warum habt ihr mich nicht früher aufgeklärt? [...] warum haltet ihr mich fern vom Leben eurer Lügen?" (NI 97) Nach dem Mord an Siegfried nimmt

---

[25] Vgl. Schulze (Anm. 5), S. 236f.

[26] Dabei ist zu berücksichtigen, dass die unterschiedlichen Handschriften des Epos die Schuldfrage verschieden stark bewerten: In der Handschrift C wird die Figur Kriemhilds insgesamt weniger kritisch betrachtet als in den Handschriften A und B.

[27] Vgl. hierzu das Gespräch zwischen Rinke und der Verfasserin im vorliegenden Band.

[28] Vgl. Elisabeth Lienert: Geschlecht und Gewalt im *Nibelungenlied*, in: Zeitschrift für deutsches Altertum 132 (2003), S. 3-23; Ann-Katrin Nolte: Spiegelungen der Kriemhildfigur in der Rezeption des Nibelungenliedes. Münster 2003; Schäfer (Anm. 24).

[29] Vgl. Nolte (Anm. 28), S. 50.

sie zunächst deutlich härtere Züge an, geistert mit dem Sarg des Ehemannes durch das Schloss und sucht potentielle Verbündete gegen Hagen, die sie mit Gold aus dem Nibelungenhort lockt.

Im Gegensatz zum *Nibelungenlied* hat Siegfrieds Tod aber nicht den ewigen Hass zwischen Brünhild und Kriemhild zur Folge. Während die beiden Frauenfiguren im Epos chiastisch angeordnet sind, hat Rinke sie parallel konzipiert, was auch bildlich durch die doppelte Schaukelszene oder die Türme als Schlafgemächer unterstrichen wird. So kann man die beiden sogar zusammen auf Siegfrieds Sarg sitzen und das von ihm konservierte Drachenherz essen sehen. Doch scheitert ihr Bündnis, wie bereits gesagt, und jede wählt einen anderen Weg: Brünhild den Selbstmord und Kriemhild die Flucht in die Freiheit. Diese gelingt ihr auch zunächst. Sie findet ein Land voller Farben, Freude am Tanz und an der Natur, und in Etzel einen Ehemann voller Liebe, Lebenslust und Toleranz. Im Koffer verborgen, trägt sie jedoch ein lebensgroßes Bild von Siegfried mit sich. Als Dietrich seine Angst vor Kriemhilds Rache ausspricht, richtet sich ihre Antwort deutlich auch an das Publikum des Dramas:

> Ist das wahr, Dietrich? Ist es wirklich wahr, dass Ihr das immer noch sagt? – Warum könnt Ihr mich nicht aus Eurem alten Bild entlassen? Seht mich an, muss ich denn ewig in euren dunklen Geschichten wie ein Gefangener sein? (NI 175)

Und angesichts des Truppenaufmarsches schreit sie verzweifelt:

> Das sind doch schon wieder Eure Mördertruppen! Kommt Ihr schon wieder, um mir mein Glück zu rauben? Ohne Einladung? Einfach so hineinzumarschieren in mein Leben? (NI 203)

Klarer kann der Ausbruchsversuch aus dem Mythos nicht dargestellt werden. Kriemhild unternimmt auf Drängen Giselhers sogar den letzten Schritt und erklärt Hagen, sie verzeihe ihm. Doch Hagens Antwort ist reine Provokation:

> So glücklich, Königin?
> [...] *betrachtet ebenfalls das Schwert*: Da kann man ja froh sein, dass er das nicht hören muss.
> *Schweigen.*
> Königin, ich frage mich, was es mit dem Herz des Menschen auf sich hat. [...] Ich setze also doch so viel auf Euer Herz, dass ich's einfach nicht glauben kann. (NI 194f.)

Als Beweis dafür, dass die Burgunder in Frieden gekommen sind, fordert sie von ihm sein Schwert. Erst nachdem er es ihr mehrmals verweigert, sie des Mordes an Siegfried bezichtigt und einen Hunnen tötet, verliert sie ihre Kraft und gibt Befehl zum Angriff. Inmitten der Schlacht noch, vor einem gewaltigen Berg von Toten, schreit sie: „Ich bin nicht, wie ihr alle denkt!" (NI 230)

Dass Rinkes Kriemhild-Figur nicht ausnahmslos auf Zustimmung gestoßen ist,[30] lässt sich leicht denken, stellt sie doch eine radikale Abkehr zur mittelalterlichen Rächerin dar. Dass allerdings, wie Schäfer kritisiert, die Untergangsgeschichte durch diese Interpretation ihren Sinn verliere und die Katastrophe im Drama folglich nur einer „Verkettung unglücklicher Umstände"[31] geschuldet sei,[32] ist mit Blick auf den Text nicht nachvollziehbar. Rinkes Kriemhild ist, wie zu zeigen versucht wurde, eine konsequente Fortführung der anfänglichen Kriemhild des *Nibelungenliedes*. Und wenn man sie als Möglichkeit begreift, die Geschichte einer Figur innerhalb der Logik des Dargestellten weiterzuschreiben, kann man gleichzeitig erkennen, wie an dieser Kriemhild auch die Verfertigung ihrer Legende vorgeführt wird.[33]

VI. „Weil Schwachheit Stärke nicht erträgt!" Der Untergang

Während die Interpretierbarkeit des *Nibelungenliedes* in Zweifel gezogen wird,[34] lassen sich in Rinkes Drama klare Deutungshinweise erkennen. Das erwähnte Interpretationsschema „leit" durch „liebe" (vgl. NL 2378,3-4) findet hier sicherlich nicht ohne weiteres Anwendung, auch wenn es mehrfach zitiert wird, wie zum Beispiel im Falkentraum oder gleich zu Anfang von Brünhild: „Wir leben stolz, ... ohne Neid, Besitztum, Schwachheit, Leid durch Liebe, Ehe!" (Nl 9) Brünhild stellt ‚Leid durch Liebe' von Beginn an in eine Reihe von anderen Faktoren, die schließlich alle für den Untergang relevant sein werden.

Wie im *Nibelungenlied* gibt es bei Rinke eine Art Gerüst von sinngebenden Vorausdeutungen. Während diese im mittelalterlichen Text vom Erzähler ausgesprochen werden, stehen sie im Drama im Kommunikationssystem der Figuren. Mehr noch: Hier scheinen sie zu verhallen, ohne dass die jeweiligen Adressaten-Figuren darauf eingehen. So finden sich neben dem Falkentraum und der Vision der Meerfrauen die unterschiedlichsten Vorausdeutungen, die von Hagen, Brünhild, Kriemhild und Giselher ausgesprochen werden, später auch von Dietrich. Bezeichnenderweise machen weder Siegfried noch Gunther solche Vorausdeutungen, was die Kurzsichtigkeit der beiden Figuren unterstreicht. Eine wichtige Vorhersage kommt dagegen früh von Hagen: „Gernot, ich ahn es schon: eine Frau zu viel und ein Mann zu wenig. [...] Ich könnt auch sagen eine Welt zu viel und unser Land zu klein." (Nl 41)

---

[30] Vgl. Schäfer (Anm. 24), S. 3; Kahle-Steinweh (Anm. 4).
[31] Diese Ansicht stammt von Dieter Wedel, zit. bei Schäfer (Anm. 24), S. 4.
[32] Schäfer (Anm. 24), S. 3.
[33] Vgl. auch John von Düffel: Die unendliche Ausgrabung, in: Nl, S. 242-248, hier S. 248.
[34] Vgl. Schulze (Anm. 5), S. 254ff.

So steht Brünhild für eine „Welt", der das kleine Burgund nicht gewachsen ist. Ähnlich drückt sich Isolde aus, als sie Gunther in der Hochzeitsnacht am Baum hängen sieht: „Das kommt davon, wenn man sich Frauen sucht nach der Erscheinung und gar nicht weiß, was innen ist an Welten!" (NI 60) Die Vorausdeutungen Brünhilds sind meistens von makabrer Art. So lehnt sie den Ring als Geschenk von Siegfried und Kriemhild ab: „Behaltet ihn, falls einer von Euch noch mal heiraten muss [...]." (NI 75, vgl. auch NI 119) Außer den verbalen Vorausdeutungen finden sich im Drama verschiedene symbolische Vorhersagen wie eine kleine Nebenhandlung zwischen Kriemhilds Sohn und Brünhilds Tochter, die den Frauenstreit vorwegnimmt (NI 83), oder wie im zweiten Teil, als Kriemhild bei der Ankunft der Burgunder an Etzels Hof wie besessen einen riesigen Eisblock zerhackt, um Hagen einen Eiswürfel ins Glas zu werfen (NI 190).

Aber Rinkes Drama steuert keineswegs geradlinig auf den Untergang zu. Immer wieder gibt es retardierende Momente. Außer den Vorausdeutungen enthält der Text verschiedene Analysen einzelner Figuren, die jeweils die Motivation des Untergangs zu erhellen helfen. Dem düsteren Bild der Burgundergesellschaft, das Kriemhild entwirft („Haus ohne Liebe"), stellt Hagen früh eine eigene Diagnose voran:

> Wir haben uns in vielen Jahren zu sehr auf Wundermittel verlassen und ganz vergessen, was unsere eigenen Kräfte sind. [...] [D]a hatte Kriemhild recht, wir bauen immer noch ein Leben nach Gesetzen, die es eigentlich gar nicht mehr geben kann, nur wäre eines nun wirklich sehr verkehrt: Die Wundermittel einfach über unser altes Leben streuen, mit Tricks von außen die eigene Schwäche innen decken, das geht nicht gut, [...] wir müssen zu neuer Stärke kommen, sonst kommen wir in Teufels Küche. (NI 59)

Und natürlich kommen sie in Teufels Küche. Nachdem Siegfried mit seinen Wunderkräften ausgedient hat, wird er als Machtbedrohung wahrgenommen, und so wird der Mord an ihm, wie im *Nibelungenlied*, von Hagen politisch motiviert. Dass im Drama aber der Betrug an den Frauen als Auslöser für weitere Verstrickung in Lügen, für Mord und Untergang zu sehen sind, spiegelt sich bereits in den Worten Gernots an Gunther: „Kennst du das Wort von der Lüge, die wie ein Schneeball ist, und je länger man sie walzt ..." (NI 89)

Auch im *Nibelungenlied* wird kein Hehl aus der Verlogenheit der männlichen Figuren gemacht. Deutlich kommt sie zum Ausdruck, als Gunther, von Hagen angestachelt, die Versöhnung mit der Schwester sucht, nur um in den Besitz des Nibelungenhorts zu gelangen (NL 1107, 1108). Bei Rinke sind es vor allem Isolde und Brünhild, die die Falschheit der Burgunder sofort als Gefahr wahrnehmen. Isolde rät ihrer Herrin dringend zur Rückkehr nach Island: „[...] es gibt hier keine klaren Wege, hier gilt dein Götterrecht nicht mehr" (NI 57), und Brünhild wirft Hagen vor: „[...] doch eure Welt, sie dient der Lüge!" (NI 93)

Es ist infolgedessen nicht nur Siegfried, der eine Bedrohung für die Machthaber bedeutet. In Rinkes Drama sind es vor allem die starken Frauen, die den Männern Angst machen und daher auch von ihnen gebrochen werden. Dies erkennt Giselher:

> Schwester, du bist stark, ihr beide seid es ja, doch, wenn du Stärke willst, such eine andere Welt, hier überlebt sie nicht. *Sieht Brünhild an.* Das Starke kann hier nicht leben, glaubt mir doch! Weil Schwachheit Stärke nicht erträgt! (NI 130)

Und so kommt es am Ende, dass Hagen das gesamte Heer zu den Hunnen mitnimmt und einen regelrechten Angriffskrieg startet.

Über all dies hinaus enthält der Text noch weitere Momente der Reflexion, und zwar solche, in denen einzelne Figuren über Änderungsmöglichkeiten nachdenken. Wieder sind es die „weitsichtigeren" Figuren wie Hagen, Kriemhild, Giselher. Allerdings verfolgen diese ihre kleinen Utopien nie wirklich weiter. Hagens Reformüberlegungen („ich denke nach über drei Schritte zur Ehrlichkeit des Staates", NI 59) klingen vielversprechend, doch schlägt er selbst genau die entgegengesetzte Richtung dazu ein. Kriemhilds und Giselhers Buchprojekt scheitert an Kriemhilds Rückzug ins Privatleben. Und Giselher nimmt seinen eigenen Vorschlag von einer „Umvolution" von Anfang an nicht wirklich ernst („Warum? Geht es uns nicht gut, will ich etwas ändern?", NI 54).

Wer ist also schuld an der Katastrophe? Eigentlich alle: die in Lügen verstrickte, schwache Männergesellschaft, die, um ihre Macht zu bewahren, sogar auf Wundermittel zurückgreift. Schuld sind auch diejenigen, die ihre Utopien nicht weiterverfolgen. Auch liebenswürdige Figuren wie Giselher, denen es im Grunde zu gut geht, als dass sie wirklich etwas ändern wollten, und denen im entscheidenden Moment die Zivilcourage fehlt. Ebenfalls schuld sind kurzsichtige Ex-Helden wie Siegfried, die sich auf ihren Erfolgen ausruhen und dabei Anzeichen von Gefahren nicht wahrnehmen. Schuld sind natürlich auch die Frauen, weil sie sich, statt zusammenzuhalten, von den Männern auseinanderdividieren lassen[35] und ihren Eifersüchten nachgehen. Und schuld sind alle, die wie Hagen Kriemhilds Rache einfordern, weil sie es sich gar nicht anders vorstellen können und für die schließlich nur ein Angriffskrieg in Frage kommt.

Im Blick auf die hier betrachteten Aspekte stellt Rinkes Dramatisierung zweifellos eine Entmythologisierung dar. Das Epos und seine Figuren werden neu entdeckt und von den unterschiedlichen Verzerrungen der Rezeption befreit. Gleichzeitig erweist sich der Text als entschiedene Modernisierung und Entwurf eines möglichen Fortlaufs der Geschichte, welcher sich aus der Logik der im *Nibelungenlied* angelegten Figuren, Strukturen und Zusammenhänge ergibt.

---

[35] Vgl. hierzu Rinke (Anm. 2), S. 40.

„Wo ist die Wut?"

Betrachtungen über das (Un-)Politische bei Moritz Rinke

ANDREAS PFLITSCH

Man hat es idyllisch, als der namenlose Ich-Erzähler, zu Besuch beim ebenfalls namenlosen Chefdramaturgen in dessen Garten bei Kaffee und Konfitürebroten, über sein erstes Theaterstück berichtet. Chefdramaturgen und Jungdramatiker trennen ein bis zwei Generationen; ersterer blickt auf eine lange, an Ereignissen reiche Geschichte zurück. Er hat „um 1968 herum" für „das Mitbestimmungsrecht in Frankfurt" gekämpft, um „das Theater und die Gesellschaft von ihrer hierarchischen und verfetteten Struktur zu befreien." Das Bekenntnis des Jungdramatikers, ihm sei es bei seinem Erstling um „ein sehr privates Stück" gegangen, quittiert der Chefdramaturg zunächst mit mehreren skeptischen „Hms", bevor er sein strenges Urteil in die Worte fasst: „Das ist mir zu AFFIRMATIV!" Auf die Rückfrage des Jungdramatikers, was er unter dieser Kritik zu verstehen habe, entgegnet der Chefdramaturg seinerseits: „Jetzt sagen Sie bloß nicht, Sie wollen die Gesellschaft nicht anklagen?!" Ohne politisches Engagement gehe es nicht, denn „ohne die Anklage der Zustände hat alles keinen Sinn". So fassungslos wie vorwurfsvoll fragt er den Jungdramatiker: „Sagen Sie mal, spüren Sie denn überhaupt keinen GENERATIONSKONFLIKT??! Wieso springt denn nicht in dem Stück der Dämon Ihrer Generation auf den Dämon meiner Generation und beißt sich in deren Widersprüchen fest?! Wo? Wo ist die Wut in Ihrem Stück, die den Dämon meiner Generation niederringt und mich und die Gesellschaft in den Staub wirft ohne Nachsicht??"[1]

Moritz Rinkes zuerst 1998, dreißig Jahre nach '68, in der *Frankfurter Allgemeinen Zeitung* erschienener Text *Der Blauwal im Kirschgarten* erzählt von der Verunsicherung eines jungen Autors angesichts einer Vorgängergeneration, die den Protest monopolisiert hat. Der Protest gegen das, was seinerzeit Establishment genannt wurde, hat sich längst zu Tode gesiegt und dabei selbst etabliert. Die Ablehnung der Norm ist zur Mehrheitsmeinung geworden, gegen die Protesthaltung ist schlecht protestieren und der Forderung nach Widerspruchsgeist lässt sich kaum widersprechen.

Der Aufforderung des Chefdramaturgen, sich gegen ihn und seine Generation aufzulehnen, ist letztlich nicht nachzukommen: Rebelliert der Jungdramatiker, dann rebelliert er nicht, und nur wenn er nicht rebelliert, dann rebelliert er, wird aber wegen der Verweigerung der Rebellion vom Chefdramaturgen der

---

[1] Moritz Rinke: Der Blauwal im Kirschgarten [1998], in: ders.: Der Blauwal im Kirschgarten. Erinnerungen an die Gegenwart. Reinbek bei Hamburg 2003, S. 110-116.

Affirmation gescholten. Hier wird mit der Logik des Kreters argumentiert, der behauptet, alle Kreter würden lügen.

Politische Pest und Verpöbelung

Über die politische Aufgabe der Literatur und der Literaten wird seit jeher gestritten. Thomas Mann stellte sich in seinen während des Ersten Weltkriegs entstandenen *Betrachtungen eines Unpolitischen* (1918) gegen das, was er „politische Pest" schimpfte. Gegen die Allgegenwart des Politischen – und gemeint war hier ein Begriff des Politischen, der sich auf die starr und feindselig gegeneinanderstehenden Ideologien der Zeit bezog – bringt er die Ästhetik im Sinne von Kants „interesselosem Wohlgefallen" in Stellung. Politische Literatur sei schlichtweg „journalistisch-rhetorische Verdummung und Verpöbelung".[2] Seine *Betrachtungen* werden Thomas Mann bis heute als gefährlicher Eskapismus übel genommen, auch wenn er sich selber wenige Jahre später mit seinen kämpferischen Reden gegen Hitler und den Nationalsozialismus von der eigenen Position distanziert hat.

Nach dem Zweiten Weltkrieg – und als direkt aus diesem gezogene Lehre – entwickelte Jean-Paul Sartre in *Qu'est-ce que la littérature?* sein Konzept der *littérature engagée*, in dem der (Prosa-)Literatur eine politische Dimension und Aufgabe zugesprochen wird. Sartre geht davon aus, „daß der Schriftsteller gewählt hat, die Welt und besonders den Menschen den anderen Menschen zu enthüllen, damit diese gegenüber dem derart aufgedeckten Gegenstand ihre ganze Verantwortung übernehmen."[3] Obwohl es ihm mit seiner Schrift darum ging, sein Konzept der *littérature engagée* von der direkten politischen Indienstnahme der Kunst, wie etwa im sozialistischen Realismus, abzugrenzen, wurde es in der Folge zum Schlagwort auch für diejenigen, die in der Literatur nur noch ein Mittel der Politik sahen. In Deutschland kam es zu scharfen Abgrenzungsimpulsen der 68er, die nach der Verantwortung der Generation der Väter und Täter für die nationalsozialistischen Verbrechen fragten. Den jüngeren Autoren war das Engagement der *Gruppe 47* viel zu harmlos, man forderte nicht weniger als eine literarische Revolution. „Die Literaten feiern das Ende der Literatur", stellte Hans Magnus Enzensberger 1968 fest, und Peter Schneider wollte im *Kursbuch* 16 allein der „revolutionären Kunst" und ihrer „agitatorischen und propagandistischen Funktion" eine Daseinsberechtigung zuerkennen.[4]

---

[2] Thomas Mann: Betrachtungen eines Unpolitischen. Frankfurt/Main 1956, S. 103, zit. nach Gordon A. Craig: Die Politik der Unpolitischen. Deutsche Schriftsteller und die Macht 1770-1871. München 1993, S. 10.
[3] Jean-Paul Sartre: Was ist Literatur? Reinbek bei Hamburg 1981, S. 27.
[4] Vgl. Manuel Gogos, Andreas Pflitsch: Die Literatur ist tot, es lebe die Literatur. Schreiben

Interessantizismen plumpifizieren!

Auf die hochpolitisierten 1960er und 70er Jahre folgten die 1980er Jahre als eine Zeit forcierter Unterkühltheit. Das nicht selten wie eine Monstranz zur Schau gestellte Engagement der Älteren tauschten die Jüngeren gegen hedonistischere Lebensentwürfe ein. Auf asketischen Kämpfergestus folgte ästhetischer – oder ästhetizistischer – Subjektivismus. Der *no-future*-Slogan des kurzlebigen Punk ist als Übergangsfigur erkennbar, in dem sich der weiterhin erkennbare Protestbedarf mit einer egoistischen Geste verband. Über den Weltschmerz des New Wave, den Sentimentalismus der New Romantics und die pure, euphorische Affirmation des Mainstream-Pop radikalisierte sich die hedonistische Subjektivität zu Begin der 1990er Jahre in der rauschdrogenaffinen Rave- und Club-Kultur, der Rainald Goetz als teilnehmender Beobachter ein literarisches Denkmal gesetzt hat. Im Popularisierungsversprechen des Rave sieht Goetz das demokratische Grundideal der hierarchiearmen Partizipation aller, gegen die sich die Drogenkultur der Hippies als undemokratisch-elitär, weil „wichtigtuerisches, auch sehr egozentrisches Experiment" ausnimmt.[5] Die Vorzeichen werden vertauscht: Der aus Sicht der politisch engagierten 68er gänzlich unpolitische Hedonismus der Rave-Kultur wird zu einem gesellschaftlich relevanten Reformprojekt umetikettiert. Den Ravern geht es Goetz zufolge darum, die Dinge zu „plumpifizieren" und sich gegen „Interessantizismen aller Art" zu stemmen.[6] Ein solches Programm irrlichtert zwischen Banalisierung und Vulgarisierung einerseits und Demokratisierung andererseits und kommt damit wiederum dem nahe, worüber Thomas Mann als „Verpöbelung" die Nase rümpfte. So schwebt auch über Dr. Mottes berüchtigten Love-Parade-Mottos wie „Friede, Freude, Eierkuchen" von Anfang an der Verdacht des gefährlichen Anti-Intellektualismus, während andere darin Subversionspotentiale erkennen wollen.

Die Dialektik des Protestmonopols und die sich abwechselnden Abgrenzungsbemühungen der jeweiligen Jugend führen zu Pendelbewegungen. Jede Generation erfindet die Protestkultur von neuem, indem sie den Protest der älteren als zu harmlos, verlogen und bigott schmäht. Die Literatur wiederum hält sich abwechselnd zurück oder schmeißt sich mit „Hurra!" ins Getümmel. Auch in Bezug auf den Umgang der Literaten mit dem Politischen gilt die von Peter Handke formulierte Regel, wonach Einflussangst und Einzigartigkeitsan-

---

um 1968, in: dies. (Hg.): 1968. Kurzer Sommer – lange Wirkung. Ein literarisches Lesebuch. München 2008, S. 373-380.
[5] Rainald Goetz: Celebration. 90s. Nacht. Pop. Frankfurt/Main 1999, S. 36.
[6] Ebd., S. 80.

spruch in einer direkten Beziehung zueinander stehen: „Jeder Schriftsteller versperrt einem anderen den Weg, damit dieser den Weg findet".[7]

Tragisch dumme Abrechnung?

Wenn der Weg des Protestes versperrt ist, bleibt nur der Protest gegen den Protest, in dem Affirmation und Subversion eigenartig zusammenfallen. Gegen dieses Dilemma[8] versucht Rinkes Jungdramatiker ebenso anzugehen, wie Sophie Dannenberg, die 2004 mit ihrer 68er-Parodie *Das bleiche Herz der Revolution* einen empfindlichen Nerv getroffen hat. Die Selbsthistorisierung der sich langsam zur Ruhe setzenden Generation muss sich an die zunehmend kritischen Zwischenrufe ihrer Nachkommen erst gewöhnen. Schon 1998 stellte Peter von Becker fest, dass der Begriff 68er „bei den Jüngeren, die Ende der 60er Jahre Kinder oder noch gar nicht geboren waren, einen oft verächtlicheren Klang" habe, als „bei den überlebenden Vertretern der Vorkriegsgenerationen, gegen deren Welt und Werte sich die Revolte gerichtet hatte".[9] Die sich gegen die eigenen Eltern mit gleichlautenden Argumenten abgrenzenden Eltern werden nun als ‚Ewig Gestrige' vorgeführt.

Die Rezensenten kritisierten Dannenbergs Roman als „knallige Kolportage" (Tilman Krause in der *Welt*) und als „spätpubertäre [...] tragisch dumme Abrechnung mit der Generation der 68er" (Jörg Magenau in der *taz*). Als die Autorin gebeten wurde, für den *Tagesspiegel* einen Text über das antiautoritäre Berliner Grips-Theater zu schreiben und man bei dessen Leiter Volker Ludwig, einen, so Harald Martenstein, „Alt-68er, wie er im Buche steht", eine Erwiderung anfragte, lehnte dieser empört ab und drohte mit Konsequenzen, sollte Dannenbergs Text erscheinen. Der Text erschien und die ganze Geschichte wurde von Harald Martenstein in der *Zeit* kommentiert:

> Ich bin seit Jahren nicht mehr politisch so erregt gewesen. Ich dachte: Sophie Dannenberg hat Recht, nein, in Wirklichkeit ist es noch schlimmer! Ich dachte: Wenn du dein Leben lang der Jugend kritisches Hinterfragen predigst, dafür gefeiert und mit Preisen behängt wirst, und dann kommt eine junge Person daher und will dich kritisieren, dich, den Großmogul des Kritisierens, und du versuchst, das zu unterdrücken, statt dich einfach nur zu ärgern, mehr noch, fängst an zu drohen – zu drohen! –, du, der Kaiser des Antiautoritär-

---

[7] Peter Handke: Phantasien der Wiederholung. Frankfurt/Main 1983, S. 47.
[8] Zu diesem Dilemma vgl. auch Andreas Pflitsch: Lieber nicht. Tocotronic: *Es ist egal, aber*, in: Dirk Naguschewski, Stefan Willer (Hg.): Also singen wir. 60 Beiträge zu einer Kulturgeschichte der Musik. Berlin 2010, Nr. 45.
[9] Peter von Becker: Mythos, Heldenlied, Verwünschungsarie, in: Christiane Landgrebe, Jörg Plath (Hg.): '68 und die Folgen. Berlin 1998, S. 9-13, hier S. 12.

seins, du, der Zar des befreiten Bewusstseins, dann bist du in meinen Augen schlimmer als ein Kardinal, der mit sieben mal sieben Prostituierten eine Sex- und Drogenparty feiert, denn der hat wenigstens Freude dran, hoffe ich jedenfalls, du aber bist einfach nur trostlos in deiner Verlogenheit.[10]

Volker Ludwig ist, wie Moritz Rinkes Chefdramaturg, offenbar zum Opfer der Dialektik der Aufklärung geworden. Ihrer beider Werte sind zu Normen geronnen. Rinkes Jungdramatiker erkennt, in welche Zwickmühle er geraten ist, überlegt kurz, dem Chefdramaturgen durch unflätiges Beschimpfen zu gefallen (findet das aber schnell „zu niveaulos"), ihm in einem Brief vorzuwerfen, „dass er immer nur Anklage, Zerschmetterung und Vernichtungswut [...] anstatt Verspieltheit, Einfühlung und bejahende Lebenskraft" von der jüngeren Generation fordere, und kommt dann zu dem Schluss, er hätte ihm „einfach eins in die Fresse" hauen sollen:

dann wäre der Chefdramaturg allerhöchster Wahrscheinlichkeit nach sogar echt glücklich gewesen. Er hätte in einer merkwürdigen Mischung aus Schizophrenie und Masochismus mit seinem blassblauen Jackett in den Kirschblüten gelegen und plötzlich rückwirkend das standhafte Aufbegehren der 68er gefeiert. Rückwirkend wäre die feige Anpassung und das ermüdete Hinübergleiten ins Establishment mit einem Schlag abgewendet und damit der Verrat und das schlechte Gewissen getilgt und aufgehoben.[11]

Politfolklore

Der Protest ist zur Politfolklore verkommen. Was aber bleibt, ist das gelegentlich sich bemerkbar machende Bedürfnis, den Verhältnissen zu trotzen und aufzubegehren: „Ja, jetzt ein hartnäckiges DAGEGEN, das sich einfach nicht mehr alles gefallen lässt", entfährt es stoßseufzergleich dem von den Zumutungen der Technik und des Internets gequälten Rinke angesichts des Films „Black Box BRD", der die Geschichte der RAF dokumentiert.[12]

In *Der Kulturstaatsminister und der Mond* wird Politik zum seltsamen, wenn nicht komischen Ritual, zu einer Erwartungserfüllungsprozedur, die sich in Formen und Symbolen erschöpft. Der letztlich nicht von Erfolg gekrönte Versuch, einen Termin mit dem damaligen Kulturstaatsminister Michael Naumann zu bekommen, erlaubt Einblicke in dessen Tätigkeit. Aus des Ministers Büro ist zu erfahren:

---

[10] Harald Martenstein: Lehrstück. Harald Martenstein wird anti-antiautoritär, in: Die Zeit, 16.12.2004.
[11] Rinke (Anm. 1), S. 115.
[12] Moritz Rinke: Ran an die Schafe von Crazyklick [2000], in: ders.: Der Blauwal (Anm. 1), S. 13-17, hier S. 16.

Er hält am 29.5. auf der Jahreshauptversammlung der Gesellschaft der Freunde des Dessau-Wörlitzer Gartenbereichs eine Rede und sichert die Förderung der Kultur in Sachsen-Anhalt zu. Sie könnten ihn außerdem bei einer Gondelfahrt mit dem Direktor der Kulturstiftung auf den Wörlitzer Seen beobachten.[13]

Da das persönliche Treffen auf sich warten lässt, recherchiert der Autor anderweitig über Naumann und bringt in Erfahrung, dass dieser „auffallende Hüte und gute Socken" trage, parkettsicher sei und „sehr gut reden" könne:

> In der Uni in München, so um '68 herum, gewann er zum Thema ‚Dialektik' alle Redewettkämpfe, in denen die Teilnehmer wortreich für das Gegenteil ihrer Überzeugungen eintreten mussten, was ihm später bestimmt half, zum Beispiel als Festredner der *taz* in der Deutschen Bank aufzutreten oder als erster Kulturminister Deutschlands der ersten Krieg führenden Regierung nach '45 anzugehören.[14]

Die Selbstgerechtigkeit des 68er Chefdramaturgen und der in den Bahnen von Ritualen verlaufende professionalisierte Politikbetrieb des Michael Naumann besetzen den Begriff des Politischen und verstellen gleichermaßen den Blick auf das, was das Politische abseits solcher festgefügten Modelle sein kann.

Der Königsweg gelingenden Lebens

Seit die 68er postuliert haben, das Private sei politisch, ist einiges an Trennschärfe verloren gegangen. Die Trennung der Sphären ist zwar einerseits durch zunehmende Ausdifferenzierung und Institutionalisierung vordergründig stärker geworden, gleichzeitig aber gilt, dass die Grenzen durchlässig geworden sind. In der Einleitung zu der von ihm herausgegebenen Bestandsaufnahme zu den heutigen Möglichkeiten von Politik und Protest zeigt sich Heinrich Geiselberger skeptisch: „Der emanzipatorische Schwung vergangener Jahrzehnte"[15] scheint ihm verloren gegangen zu sein, und wenn sich gelegentlich Protest und Kritik vernehmbar machen, verpuffen sie nahezu rückstandsfrei, da sich „das Fenster der medialen Aufmerksamkeit" flugs wieder schließe.[16] Es gibt also Indizien dafür, dass wir in einem postpolitischen Zeitalter leben. Andererseits sind Bestrebungen nach Teilhabe an gesellschaftlicher Gestaltung sichtbar, die

---

[13] Moritz Rinke: Der Kulturstaatsminister und der Mond [1999], in: ders.: Der Blauwal (Anm. 1), S. 34-48, hier S. 36.
[14] Ebd., S. 43.
[15] Heinrich Geiselberger: Einleitung, in: ders. (Hg.): Und jetzt? Politik, Protest und Propaganda. Frankfurt/Main 2007, S. 7-15, hier S. 7.
[16] Ebd., S. 9.

sich anderer als der institutionalisierten und ritualisierten Formen der Parteien und Parlamente bedienen und die Ulrich Beck mit dem Begriff der „Subpolitik" zu beschreiben versucht hat.[17]

Es hängt also letztlich davon ab, wie der Begriff des Politischen besetzt wird. Das politische Engagement des Einzelnen galt schon der attischen Demokratie nicht allein als Funktionsvoraussetzung der demokratischen Ordnung, sondern, etwa bei Perikles, als „Königsweg gelingenden Lebens".[18] Der Zusammenhang von individueller Erfüllung und politischer Einmischung trieb auch Aristoteles um, wenn er sich wiederholt mit der Frage beschäftigte, „was die höchste und beste Form menschlichen Lebens sei: der *bios theoretikos* bzw., wie es später heißt, die *vita contemplativa* oder der *bios politikos* bzw. die *vita activa*."[19] Heute verstehen wir unter Politik mit Max Weber „die Leitung oder die Beeinflussung der Leitung eines politischen Verbandes, heute also: eines Staates".[20] Niklas Luhmann hat darauf hingewiesen, dass die Verknüpfung der Begriffe von Staat und Politik zu einer schwer zu entwirrenden Gemengelage geführt hat, die den Begriff des Politischen engführt und von seiner ursprünglichen Bedeutung entfernt hat: „Der alte Begriff des Politischen, der durch die Differenz zum Hause bestimmt war und annähernd mit dem des ‚Zivilen' übereinkam [...] ist aufgegeben."[21] Die enge Anlehnung des heutigen Politikbegriffes an den Staat und seine Organe, an Parteien und Gremien, Ideologien und Theorien, verstellt den Blick auf einen weiteren Politikbegriff, der, indem er allgemeiner die Stellungnahme gegenüber den Zumutungen des Gegenwärtigen und des Alltäglichen mit einschließt, dem was Perikles als „Königsweg gelingenden Lebens" bezeichnet hat, angemessener scheint.

Gegenüber der Politik im engeren Sinne gibt sich Rinke in seinen Feuilletons gerne betont indifferent, ja an der Grenze zur demonstrativen Naivität. „Ich finde ja", schrieb er in einer Reportage über das Kaffee Burger in Berlin, „man kann Opposition beziehen zu diesem und jenem und heute sogar zu sehr vielem; ich würde mich sogar als ‚links' bezeichnen in den meisten politischen Fragen, obwohl ich manchmal nicht so genau weiß, was ‚links' eigentlich ist."[22]

---

[17] Ulrich Beck: Weltrisikogesellschaft, Weltöffentlichkeit und globale Subpolitik. Wien 2001.
[18] Zit. nach Herfried Münkler, Skadi Krause: Der aktive Bürger – Eine Gestalt der politischen Theorie im Wandel, in: Claus Leggewie, Richard Münch (Hg.): Politik im 21. Jahrhundert. Frankfurt/Main 2001, S. 299-320, hier S. 299.
[19] Ebd.
[20] Max Weber: Politik als Beruf [1919], zit. nach Herfried Münkler (Hg.), Politisches Denken im 20. Jahrhundert. München 1994, S. 22-34, hier S. 22.
[21] Niklas Luhmann: Staat und Politik [1984], zit. nach ebd., S. 53-56, hier S. 53f.
[22] Moritz Rinke: Kaffee Burger. Kult [2001], in: ders.: Der Blauwal (Anm. 1), S. 92-101, hier S. 99.

Aufklärung im Elfenbeinturm

Die rhetorischen Grabenkämpfe um das rechte Maß politischer Wirksamkeit von Literatur betrafen in der Regel die Mittel und weit weniger den Anspruch. Mit anderen Worten: Die Betonung des Ästhetischen gegenüber dem Politischen ging zumeist nicht mit der Aufgabe jedweder politischen Relevanz einher. Dies gilt auch für die Bewegung des *l'art pour l'art*, die zwar die Zweckfreiheit der Kunst feierte, ihr aber damit keinesfalls eine Wirkung absprach. Auch Peter Handkes Kokettieren mit dem Elfenbeinturm und seine deutliche Absage an Sartres Konzept der *littérature engagée*[23] ist nicht mit einer generellen politischen Abstinenz zu verwechseln. In seiner Büchner-Preisrede *Die Geborgenheit unter der Schädeldecke* von 1973 – die Rede beginnt mit der Frage: Wie wird man ein politischer Mensch? – scheidet er politische Aktionen (von denen er sagt, er verfolge sie wie Sportreportagen) von einer tiefergehenden Wirksamkeit des Literarischen: „Ich bin überzeugt von der begriffsauflösenden und damit zukunftsmächtigen Kraft des poetischen Denkens."[24] Ausgerechnet der „vielzitierte Bewohner des Elfenbeinturms" aber, schreibt Josef Haslinger, „mutet der Literatur eine Aufgabe zu, von der heutzutage nicht einmal prononciert politisch denkende Autoren noch öffentlich zu träumen wagen, nämlich die Aufklärung von Sachverhalten, die Veränderung des Menschen, ja die Zerstörung von Dogmen."[25] Auch Heinz F. Schafroth meint, was Handke schreibe, sei „‚politisch' durchaus im engsten Sinne des Wortes, bloß nicht im Sinn von ‚politisierend'."[26] Handke gehöre zwar „nicht zu den *Politikern, die schreiben, was sie SAGEN wollen*, er gehört nicht zu den politisierenden Schriftstellern. Aber nur ihnen oder etwa den Politikern überhaupt das Etikett ‚politisch' zuzubilligen, käme einer Disqualifizierung des Begriffs ‚politisch' gleich."[27]

Politisch wäre demnach jede Form von Einmischung oder sogar schon von vorgeschalteter Reflexion, wäre Erregung und Nachdenken über das, was gemeinschaftliches Leben erleichtert, erschwert oder verunmöglicht. In den nicht selten absurd anmutenden Konstellationen, die Rinke in seinen Feuilletons beschreibt, in den genauen Beobachtungen und in der Fähigkeit, vermeintlich Nebensächliches ins grelle Licht genauer Betrachtungen zu stellen, liegt viel po-

---

[23] Peter Handke: Zur Tagung der Gruppe 47 in USA [1966], in: ders.: Ich bin ein Bewohner des Elfenbeinturms. Frankfurt/Main 1972, S. 29-34.
[24] Peter Handke: Die Geborgenheit unter der Schädeldecke [1973], in: ders.: Als das Wünschen noch geholfen hat. Frankfurt/Main 1974, S. 71-80, hier S. 76.
[25] Josef Haslinger: Hausdurchsuchung im Elfenbeinturm. Frankfurt/Main 1996, S. 80.
[26] Heinz F. Schafroth: Von der begriffsauflösenden und damit zukunftsmächtigen Kraft des poetischen Denkens. Peter Handke, sein Elfenbeinturm und die Wörter ‚politisch', ‚engagiert' und ‚poetisch', in: Text + Kritik 24/24a (4. Aufl. 1978), S. 70-75, hier S. 71.
[27] Ebd., Hervorhebungen im Original.

litisches Engagement in diesem Sinne verborgen. Und auch die gelegentlich fast alberne Komik seiner Texte ist kein sich im kurzfristigen Vergnügen erschöpfender Selbstzweck, sondern Mittel einer neuen Sicht auf die – oftmals durchaus banalen – Dinge des gesellschaftlichen Lebens, des Kulturbetriebs oder der Alltagsbewältigung. Dahinter lässt sich ein letztlich ganz in der Tradition der Aufklärung stehendes Programm erkennen.

„Ist es besser, über vieles wenig zu wissen, oder über weniges viel?"

Der Zeitungsschriftsteller Moritz Rinke – ein Porträt

PETER VON BECKER

In Frankreich, in Italien, in Großbritannien gab es nie diesen Graben zwischen Literaten und Journalisten. Auch in Deutschland bis zum Ende der Weimarer Republik, in Berlin damals und in Wien schrieben sie zuhauf, die journalistisch-literarischen Doppel- und Mehrfachbegabungen: Fontane und Alfred Kerr, Karl Kraus und Tucholsky, das ganze große Spektrum von Kisch bis Kunst. Selbst nach der popkulturellen Revolte der 1960er Jahre, als beispielsweise die strikten Grenzen zwischen E- und U-Kultur im westlichen Nachkriegsdeutschland gefallen waren, hegte vor allem die professionelle Literaturkritik weiterhin ihre Vorbehalte gegen die schreibenden Seiten-Wechsler. Sie galten als nicht seriös, und ein moderner Oscar Wilde hätte da wenig Chancen gehabt. Zwischen den Fronten und beiderseits respektiert segelte allenfalls ein politischer Schöngeist wie Hans Magnus Enzensberger, dem man es als Essayisten, Zeitschriftenmacher und schnellzüngigem Kommentator nachsah, dass er auch ein exzellenter Lyriker war.

Das ist heute vorbei. Im Prinzip zumindest – obwohl ein bekannter Journalist, der zugleich Romane, Theaterstücke und Gedichte schreibt, in der jeweiligen Zunft nie ganz geheuer ist; oft mit Gründen, bisweilen aber auch nur aus krampfhaft verhohlener Eifersucht. Peter Handke mit seinem Sinn für Worte hat sprachmächtige Kritiker und Kulturautoren einmal (ohne jeden ironischen Unterton) als „Zeitungsschriftsteller" bezeichnet. Dieser Begriff hat freilich keine erkennbare Verbreitung gefunden.

Der Dramatiker Moritz Rinke, der inzwischen auch einen Roman geschrieben hat und seit seinem Gießener Studium der Angewandten Theaterwissenschaft immer wieder als Journalist sein Geld verdient und damit ein größeres Lesepublikum unterhält, er hat diese Mischung aus Sentiment und Ressentiment gleichfalls schon erfahren können. Als Rinke 1997 mit 30 Jahren in Liechtenstein vom dortigen PEN-Club (und einer deutschen Jury) im Rahmen eines Stückewettbewerbs seinen ersten größeren Literaturpreis erhielt, nannte ich ihn in meiner Laudatio einen „Schmetterling unter Galgenvögeln". Unter Galgenvögeln im journalistisch-kulturellen Tagesgeschäft.

Mittlerweile ist aus dem Schmetterling zumindest ein ausgewachsener Paradiesvogel geworden. Doch Paradiesvögel sind den Unbeschwingteren ebenso wenig geheuer. Nachdem Moritz Rinke mit der Lesung aus einem neuen Stück zu Gerhard Schröders Zeiten einmal ins Kanzleramt eingeladen worden war (wie manche andere auch), wird ihm dies von Feuilletonisten, die sonst gerne die Kulturferne von Politikern bemängeln, noch Jahre später mit einem gewissen Soupçon vorgehalten, so, als habe er sich damit zum Salondichter der Berliner Republik machen lassen. So, als hätte sich der journalistische Gesellschaftsbeobachter mit seinen Gegenständen auf einmal ganz gemein gemacht.

Wer Rinkes journalistische, feuilletonistische Aufsatzsammlungen *Der Blauwal im Kirschgarten* (von 2001) und *Das große Stolpern* (von 2005) nachliest, die er im Untertitel beidemal *Erinnerungen an die Gegenwart* nennt, erkennt ebenso wie beim weiteren Blick in die Archive und in seine neueren, zumeist wieder im *Tagesspiegel* veröffentlichten Glossen, Kolumnen und Reportagen: Hier schreibt einer tatsächlich aus größtmöglicher Nähe zu den von ihm betrachteten Geschehnissen und Personen. Gute Reporter sind immer gute Voyeure, sind neugierig und suchen wie gute Boxer zwar nicht den Clinch, aber doch jene Halbdistanz, aus der heraus man selber treffen und auch getroffen werden kann. Wer seinen kritischen (inneren) Abstand gleich als äußeren Schutzschild vor sich herträgt, verstellt sich dagegen die sinnliche Erfahrung und eigene Wahrnehmung.

Trotz ihrer eingesponnenen Fabeln und in bestimmten Wendungen bisweilen übersinnlichen Märchenhaftigkeit leben auch Moritz Rinkes Theaterstücke von der Wahrnehmung der gesellschaftlichen, politischen Wirklichkeit. Vor allem die Zukunft der Arbeits- und Arbeitslosengesellschaft gehören zu seiner Comédie humaine, und in diesem Amalgam von Kritik und Komödie ist er Molière, Nestroy oder auch Ayckbourn gewiss näher als Brecht oder Heiner Müller. Der komödiantische Witz und die ironische Melancholie verbinden dabei die Fiktion mit dem Ton und den Motiven auch des Rinkeschen Feuilletons, das über die Kultur immer wieder hinausschweift in den Sport oder in die Seite-3-Reportage.

Fiktive Elemente, wenn nicht gerade auf der politischen Seite 3, gibt es dort gleichfalls; und das nicht nur im Genre der Glosse oder des Zeitungs-Dramoletts, sondern beispielsweise in Rinkes *Tagesspiegel*-Reportagen aus dem deutschen Nationalmannschaftsquartier während der Fußball-WM 2006. Diese Texte waren schon deswegen Teil eines wortwörtlichen Sommermärchens, weil Rinke trotz seiner Mitgliedschaft in der Autoren-Nationalmannschaft natürlich nicht in die Innenwelt der WM-Profis vorgelassen wurde. Also erfand er sich die Rolle eines Badewarts am Hotelpool der DFB-Elf und spielte dort, gespickt mit wahren oder wahnwitzigen Insiderinformationen, den Wallraff hoch zwei: in der Potenz der Fantasie.

Im Unterschied zu den Stücken und zum Roman tritt Rinke in seinen journalistischen Texten fast immer selber auf. Das schreibende Ich, das in der dezidiert subjektiven Perspektive dominiert, bedeutet bei manchen dieser Texte auch ihre Gefährdung. Bisweilen erscheint das Ich-Sagen dann als eitel oder narzisstisch, etwa, wenn Rinke in einer Glosse im Frühjahr 2010, nach dem Erscheinen seines Romans, die Flugverkehrsprobleme durch den isländischen Vulkanausbruch vor allem auf seine gestörten Lesereisen bezieht und die Duz-SMS eines führenden Politikers zitiert, der ihm aus dem Helikopter mitteilt, „ich lese gerade deinen Roman" ...

Nur in solchen Fällen gerät die Halbdistanz mit der (fehlenden) Selbstdistanz überkreuz. Meist jedoch schafft die Ich-Erzählung in Rinkes journalistischen Texten gerade die Grundbedingung für eine möglichst offene, vorurteilsfreie und zum Staunen oder zur (komischen) Überraschung fähige Wahrnehmung. Rinkes schreibendes Ich trumpft nie altklug oder besserwisserisch auf, eher wirkt es wie bewusst ahnungslos. Der Autor präsentiert sich selbst gleichsam als unbeschriebenes Blatt, und so weiß auch der Zeitungsleser, trotz redaktioneller Aufbereitung durch thematisierende Titelzeilen oder Illustrationen, nie vorab, auf welche Fährte er sich mit Rinke begibt. Als Rinke Anfang 2010 im Zeichen der Wirtschafts- und Finanzkrise und aller Debatten über selbstsüchtige Manager einen Tag in der „Hertie School of Governance" verbringt, beginnt die Geschichte gleich mit einem bezeichnenden Irrtum. Der Reporter Rinke bindet sich, „um nicht gleich unter den kommenden Führungskräften aufzufallen", extra eine „gelbe, neoliberale Krawatte" um, bevor er durch die schwer vergoldete Eingangstüre in der Berliner Friedrichstraße tritt.

Doch schon der erste Professor, dem er in dieser Brutstätte für die künftigen Eliten begegnet, gleicht weder einem schnittigen Dynamiker, noch trägt er etwas anderes als ein saloppes T-Shirt. Er ist ein Star unter den jüngeren Sozialforschern, bescheiden, abwägend, differenziert im Urteil. Zwar geht es um eine hocheffiziente Bildungseinrichtung, die für Nichtstipendiaten 10.000 Euro Studiengebühren im Jahr verlangt, aber der Geist weht dort, glaubt man Rinkes detaillierten, zitatreichen Eindrücken von den Lehrenden und Lernenden, keineswegs in die zunächst erwartete unsoziale, den Zockertanz ums Goldene Kalb vergötzende Richtung. Im Ergebnis beschreibt Rinke eine eher positive Entzauberung, die zugleich zur produktiven Verwirrung des Autors und seiner Leser beiträgt.

Zauber, Mythos, Klischee und Wirklichkeit. Das sind die Topoi naturgemäß auch, wenn Moritz Rinke erstmals zu Richard Wagner nach Bayreuth reist. Und seine Geschichte, eine feuilletonistische Reportage im Jahr 2003, beginnt so:

> Wenn man in Bayreuth mit dem Regionalzug über Kulmbach ankommt und aus der Bahnhofshalle tritt, sieht man nicht das Festspielhaus von Richard Wagner auf dem Grünen Hügel, sondern den Erotik-Shop ‚Joy' gegenüber der ‚Parsifal-Apotheke'. Ein Freund hatte gesagt, dass es noch Kutschen gebe, mit denen man sich auf den grünen Hügel fahren lasse könne, doch der Taxifahrer wusste nichts von Kutschen. Dann eben zu Fuß rüber in den Erotik-Shop. Es ist sicherlich eine Schande, zum ersten Mal in Bayreuth einzutreffen und dann gleich da reinzugehen, aber der Shop liegt nun mal gleich

links gegenüber vom Bahnhof und er muss auch jedem eintreffenden Wagnerianer ins Auge fallen, wenn er in Bayreuth ankommt.

Das Erste, was ich sehe, ist ‚Siegfrieds Glied'. Ich habe schon viel gesehen: Siegfrieds Schwert als Füllfederhalter im Schreibwarengeschäft, Siegfried-Fleischplatten in Worms, *Siegfrieds Tod* als Drama von Friedrich Hebbel, aber Siegfrieds Glied? Es steht da für 49 Euro in Plastik verschweißt, und der Verkäufer sagt, auf die Frage, ob das denn auch gekauft werde: ‚Ja, wenn Festspielzeit ist.' Ich komme nachher, im Zusammenhang mit Wagners Taktstock und dem Thema ‚Mythos und Moderne' noch einmal darauf zurück.

Jetzt ist bald Festspielzeit, und ich gehe gegenüber in die Parsifal-Apotheke und kaufe mir Traubenzucker für den *Fliegenden Holländer* von Richard Wagner am Abend, für die Generalprobe. Auf dem Weg die Bahnhofsstraße hinunter kommt die ‚Galerie der Festspiele', ein schöner Porzellanladen, der gerade das ‚Prunkservice Drache' ausstellt. Es gibt Terrinen mit goldenen Drachen, dazu Suppentassen, Milchgießer und Serviettenringe mit grünen Drachen. Ich kaufe einen ‚Eierbecher mit Lindwurm' in Grün-Gold – vermutlich ein bürgerlicher Reflex auf Siegfrieds Glied und den Erotik-Shop – und entscheide, mich nun dem Werk der Preußin Wilhelmine zu widmen, der Markgräfin von Bayreuth und Schwester Friedrich des Großen. Vermutlich ist es ja ihr zu verdanken, dass Richard Wagner überhaupt 1871 nach Bayreuth kam, denn Wilhelmine machte aus dem oberfränkischen Ort eines der exklusivsten Rokoko- und Barock-Domizile mit Schloss, Gartenanlagen und Springbrunnen.

Am besten ist das Markgräfische Opernhaus in der Opernstraße. Da gibt's nachmittags in der Festspielzeit sogar Wilhelmine-Shows. Man setzt sich in das stockdunkle Theater, und dann tönen Wilhelmine und ihr Bruder aus irgendeiner Loge und reden über Bayreuth, die Kunst und die Muse, während ein Scheinwerfer systematisch Quadratmeter für Quadratmeter die ganzen Engelchen, Bildchen und goldenen Schnörkel ableuchtet, die zwar alle so aussehen wie mein Eierbecher in der Hosentasche, doch in der Gesamtheit der Schnörkel ist das schon sehr beeindruckend. Wagner fand dieses Theater zu klein für den *Ring des Nibelungen*, aber das Bayreuth der Wilhelmine gefiel ihm, und so begann wohl alles.

Es ist 16 Uhr 30. Um 18 Uhr beginnt die Generalprobe des *Fliegenden Holländers*, ich muss auf den grünen Hügel. Zurück auf der Straße stehe ich vor einem Verkehrsschild: Festspielhaus, Kfz-Zulassung, Reha Zentrum, geradeaus. Also, ein deutscheres Verkehrsschild wird es wohl nicht geben in diesem Land. Wagners Hügel, Kfz und Reha, was da alles drinsteckt!

Am Ende dann, wenn Rinke Wagners Haus Wahnfried, das Museum, das Komponistengrab, die *Holländer*-Generalprobe und noch Weiteres zum Thema Mythos und Moderne teils staunend, teils hitzschlagnah stöhnend (im sommerlichen Festspielhaus ohne Klimaanlage) erlebt und erfahren hat, am Ende bleibt ihm von Bayreuth außer dem Eierbecher mit Lindwurm nur die schöne Zeile „Komm her, Südwind!" Sonst hat er aus dem schon akustisch schwer verständlichen Wagner-Libretto nichts recht begreifen können, nichts jenseits des musikalischen und hitzetropischen Sogs. „Festspielhaus – Reha-Zentrum, das macht schon Sinn!", merkt Rinke in einer Klammer an. Es ist übrigens eine Bayreuth-Reportage, in der weder Hitler, die Begum noch Thomas Gottschalk vorkommen.

Moritz Rinke nimmt nicht nur in Bayreuth immer wieder auch eine Parsifal-Perspektive ein: die des scheinbar naiven, nicht wildlings, aber witzig sich wundernden Welterkunders und Gegenwartflaneurs. Das kunstvolle, clowneske Stolpern gehört da auch dazu, und *Das große Stolpern* hatte Rinke seine *Tagesspiegel*-Reportage 2004 über den Mannesmann-Abfindungsprozess betitelt. Rinke machte nicht nur das Tribunal leichthändig zur Szene, sondern verwandelte den für die Zahl und das Gewicht der Prozessbeteiligten offenbar viel zu kleinen Saal des Düsseldorfer Landgerichts in eine zirzensische Arena, in der die Anwälte ihre juristische Akrobatik aufführten, vor allem jedoch die auf- und abtretenden Akteure in der drangvollen Enge immer wieder ganz real über ihre eigenen Füße, Stuhlbeine oder Aktenordner stolperten. Ein Slapstick der Reichen und Mächtigen, und der große Fall barg so buchstäblich auch den schnellen Sturz.

Dieses oft fast beiläufige Fantastischwerden der Wirklichkeit, diese pointierte, sinnlich-gedankliche Anschauung des vermeintlich Unbegreiflichen gehört zu Rinkes Stärken. Wenn Büchner im *Danton* sagt, jeder Mensch ist ein Abgrund und jede Regenpfütze womöglich auch, dann beglaubigt das der Zeitungsschriftsteller M. R., der im normalsten Wahnsinn die Mythen des Alltags entzaubert und zugleich eine abgründige Magie der Gegenwart evoziert.

So entsteht ein ganz sonderbarer Spiegel des Zeitgeists. Der unterschiedlichsten Zeitgeister auch. Da gibt es Krieg und Frieden oder jene Finanz- und Weltwirtschaftskrisen, die Rinke ganz zwanglos in einen zunächst überschaubaren menschlichen Rahmen fasst, um darin dann wieder das Undurchsichtige, Widersprüchliche, Verrückte des großen Ganzen *en detail* zu enthüllen (*Zumwinkeln, bis der Vorhang fällt*). Und gleich neben den hohen und höchsten Themen liegen die scheinbaren Trivialitäten, Kuriositäten, Monströsitäten. Wie einst auf dem Jahrmarkt oder heute in den Parallelwelten des Internets. Rinke schreibt über Filmfestivals, Sexmessen, einen Landesparteitag der CDU, über Kreuzfahrten, Theaterdramaturgen, Madonna, Dolly Buster, das Papstbegräbnis im Fernsehen, Günther Netzer, über die unbekannte Berlinerin, über Moskau, Israel, Palästina oder Mario Gomez, er findet und erfindet beispielsweise die geheimen Fanliebesbriefe von Angela Merkel an Bastian Schweinsteiger. Groß und klein, harmlos und furchterregend, erhaben und lächerlich: Die Attribute und Eindrücke verspinnen sich, oder man könnte einmal mehr mit Georg Büchner und seinem närrisch weisen Duodezkönig Peter vom Reiche Popo in der Komödie *Leonce und Lena* sagen: „Die „Kategorien sind in der schändlichsten Verwirrung."

Einer heillosen Welt begegnet der Reporter Rinke mit keiner Rezeptur. Er bewahrt sich den parzifalischen Blick, staunt wie mit Kinderaugen (und so klug wie Kinder und Narren, die im Drama die Wahrheit sagen) und schreibt das Gesehene und Gedachte zwar mit dem Gespür für Pointen, aber in jener so treffend leichten Sprache auf, die wie alles gute Leichte „so schwer zu machen" ist (um nun doch mal Bert Brecht zu zitieren). Es ist, als hätte dieses Talent des Zeitungsschriftstellers eine Devise des Reporters und Romanciers Ernest Hemingway beherzigt: „No five-dollar-words!" Rinke zahlt den Großen und Aufgeblasenen Wort für Wort mit kleiner feiner Münze heim.

Das berührt einen noch nicht erwähnten Aspekt. Moritz Rinke ist auch ein Moralist. Selbstverständlich kein moralinsaurer. Schon sein Humor, seine Ironie bewahren ihn vor allem Eifernden, Ideologischen, Botschaftsbeflissenen. Hemingway, nochmal Hemingway, sagte, wenn ein Schriftsteller eine „message", eine Sendung habe, dann solle er damit aufs Postamt gehen.

Der Moralist war in der französischen Aufklärung und zum Beginn der ambitionierten Journaillen auch ein Enzyklopäde der Gegenwart. Der Moralist unterscheidet Rinke, trotz der beschriebenen Perspektive, vom nach-Wagnerschen Parsifal und noch mehr von Wolfram von Eschenbachs ursprünglichem Parzival. Mit dessen kindlicher Grausamkeit hat er nichts im Sinn. Dann wäre er in der journalistischen Profession ja viel eher der zynische Galgenvogel, kein leichtgewichtiger Schmetterling. Aber das zunächst vorurteilsfreie Staunen schließt das Haltung gewinnende Erstaunen nicht aus. Und manchmal steigert sich die sanfte Skepsis mit der pointierenden Zuspitzung auch zum harschen Erschrecken. Wobei die klugen Kinderaugen aus keinem Kindskopf schauen.

Diese Haltung wird nicht nur im Anbetracht von, sagen wir: Finanzhaien deutlich. Das wäre heute nur allzu wohlfeil und zeugte von schlichtem Gratismut. Der Moralist Moritz Rinke zeigt sich vielmehr in der Reflexion der eigenen Profession. Im empfindlichen Reflex auf den sogenannten Kulturbetrieb und die Medienwelt.

Da gibt es die harmlose Variante: eine Nahaufnahme oder quasi Nasenaufnahme des angeblich völlig geruchslosen Bundeskanzlers Gerhard Schröder, neben dem Rinke 2002 bei einer (nicht eigenen) Lesung im Kanzleramt sitzt, diesmal mit Christa Wolf. Rinke meint keine politische Ruchlosigkeit, es ist auch kein skurriler Schnupperkurs in der Sphäre der Macht; es geht im Fall des „Medienkanzlers" nur um die sinnlich konkrete Entwicklung von Prominenz –

ohne dass Rinkes Feuilletonskizze aus der *Zeit* dabei die übliche kulturkritische Klaviatur des Virtuellen oder Simulatorischen bedienen müsste.

Ebenso spielerisch, im Detail auch wieder grotesk und zum Lachen ist Rinkes Reportage-Erzählung *Die Leiden des jungen Jurors*, die er im November 2009 als Fünftagebuch seiner Erfahrungen bei einem Fernsehfilmfestival in Baden-Baden veröffentlicht. Der Text ist zugleich ein Exempel der eigenen (vom Autor niemals so oder überhaupt explizit bezeichneten) Moral; genauer gesagt: der Skrupel eines Mitmachers. Denn Moritz Rinke lässt anfangs auch ein bisschen unfreiwillig und nicht ganz uneitel durchblicken, dass gerade er („ich selbst"), der „den Fernseher eigentlich nur einschaltet, wenn Werder Bremen spielt", im „berühmten Brenner's Parkhotel" und im Baden-Badener Kurhaus nun zur Preisjury gehört.

Doch schnell wird das nur ichige Ich hier zum objektivierenden Subjekt. Der Job in Baden-Baden stürzt den Autor statt in die Luxuswellness in ein Wechselbad aus ZDF-Krimis und Sat 1-Krimis, bei denen Rinke die Mordmotive einigermaßen schleierhaft bleiben; dann folgt die Verfilmung von Marcel Reich-Ranickis *Mein Leben* (mit „dieser irren Spannung eines Mannes zwischen der Liebe zu Deutschland und gleichzeitiger Abscheu"), hernach spielt Jessica Schwarz die Jugend von Romy Schneider, und es folgt *Das Böse vergisst nie*, da geht's um einen Kindesmord im Watt von Pro Sieben. Als dann ein BR/NDR-Film „über eine Mutter, die ihr leukämiekrankes Kind durch künstliche Zeugung retten will, weil sie keinen geeigneten Knochenmarkspender findet", gelaufen ist, bekennt der „junge Juror" M. R. bei der anschließenden Podiumsdiskussion etwas voreilig, dass ihn diese Geschichte bisher am stärksten berührt habe. Ein taktischer Fehler, jedenfalls heftiges Gegen-Geflatter der Galgenvögel.

Rinke rennt zurück ins Hotel, neben seiner Zimmertür „warten zwei finster dreinblickende riesige Männer". Er glaubt schon, die seien von Sat 1, aber es sind die Leibwächter eines nebenan logierenden Russen, und am vierten Tag muss Rinke gleich nach „Brenner's" legendärem FrühstückSei zum *Flug in die Nacht – Das Unglück von Überlingen* (SF/SWR). Nach all den Bio-Pics, den Familientragödien (mit Präimplantationsdiagnosedebatte plus Stammzellenproblematik) und den Nebelmorden im Watt nun gleichsam die Kombination von allem als authentisch aktueller Thriller. Rinke schreibt:

> Das Überlingen-Drama verstört mich. Muss man das fiktional bebildern? Will ich das auserzählt bekommen? Sind die Toten nicht noch viel zu nah, um sie gleich in den Fernsehformaten zu versenden und sich damit für Preise zu bewerben? Als am Ende des Films der russische Mann, der seine Familie bei dem Unglück verlor, auf den Fluglotsen einsticht, ihm immer wieder das Messer in den Bauch rammt, verliere ich die Nerven. Auf dem Podium bezeichne ich die gesamte Filmbranche als ‚Blutsauger', als ‚Gewinner einer

Nahrungskette', an deren Beginn aber das längst nicht verarbeitete Grauen von Menschen steht.

Der direkt anschließende Satz: „Allerdings wird mir sehr schnell klar, dass ich auf dem Podium genauso dazugehöre." Dann der folgende Absatz:

> Bei dem Podium zum ‚Mogadischu'-Film (ARD) merke ich, dass ich nun schwerlich hinter meine Blutsauger-Grundsatzkritik zurückkann, obwohl der Film hervorragend gemacht ist. Dennoch frage ich, ob es denn nötig sei, die Schauspieler zehn Tage in eine Lufthansa-Maschine einzusperren, damit sie möglichst authentisch fühlen und leiden. Ich lese aus dem Presseheft vor, wo überall steht, wie stolz man darauf sei, während der Produktion so gelitten zu haben, quasi Mogadischu-like. Danach beschimpft mich die Produzentin. Und sagt einen Begriff, den ich mir merken werde. Das Mogadischu-Drehbuch war ein Text-Turner!

Ob Text- oder eher Page-Turner: Die Realität wird zur dunklen Komödie, und die Rollen sind besetzt mit den Geistern der Zeit. Erinnerung an die Gegenwart. Rinke verrät nicht, wer beim Finale den großen Fernsehpreis bekam. Am Ende seines Zeitungsstücks steht nur sein eigener Favorit, ein Arte-Film mit dem Titel *Haus und Kind*. Rinke: „Dieser Film ist komisch, ernst, still, schräg, böse, herzlich, männlich, weiblich und wahr. Und nicht teuer." Sogar die „Mogadischu"-Produzentin habe da gelacht, als eine der Hauptfiguren von *Haus und Kind* die Frage gestellt habe: „Ist es besser, über vieles wenig zu wissen, oder über weniges viel?" Gute Frage, sagt Rinke, und vielleicht liegt auch darin die Moral von der Geschichte.

„Ich suche schon die ganze Zeit nach diesem Doppelton."
Ein Werkstattgespräch zwischen MORITZ RINKE und der Lektorin SANDRA HEINRICI
über *Der Mann, der durch das Jahrhundert fiel*

I. Zum Schreiben

SANDRA HEINRICI: *Der Mann, der durch das Jahrhundert fiel* ist ein praller Roman voll hinreißender Tragikomik, voll eindringlicher, skurriler Figuren, voll rasanter, grotesker und anrührender Szenen. Wie würdest du ihn in fünf Sätzen beschreiben?

MORITZ RINKE: Oh Gott, das kann ich eigentlich nicht. Vielleicht ein lebenstrauriger Roman mit einem Schutzschild aus verzweifelter Komik und leisen wie lauteren Tönen. Eine undeutsche Erzählliebe mit Temperaturschwankungen und mit doppelter Tonart. Vielleicht so?

HEINRICI: Er ließe sich meines Erachtens als Entwicklungsroman lesen, als Gesellschaftsroman, aber auch als satirischer Künstlerroman und als Roman, der die deutsche Geschichte und den Umgang der verschiedenen Generationen mit ihr verhandelt. Ist er für dich einem dieser Romantypen besonders zuzuordnen?

RINKE: Vor allem würde ich sagen: Es ist ein Roman, in dem die Figuren leben. Beim Schreiben hatte ich die Benennungen gar nicht so im Kopf, ich wusste nie: Schreibe ich gerade einen Entwicklungsroman oder einen Generationsroman, einen historischen Roman oder einen Künstlerroman? Ich merke nur bei den Lesungen und Diskussionen: Jeder erzählt mir seinen eigenen Roman, den er gehört oder gelesen hat. Manche kommen dann über die Geschichte, also die Auseinandersetzung Pauls mit der Vergangenheit; andere verlieben sich derartig in Ohlrogge, dass sie aus dem Roman ein Buch über vergangene Liebe, Eifersucht, verfehltes Leben machen und sich fragen, wie man in Würde alt werden könnte, auch als Künstler. Sie regen sich über Ohlrogge auf, aber sie haben auch Mitleid. Und andere wiederum lesen die Abrechnung mit '68. Oder sie lesen einen Roman über die verwirrte heutige Generation, die keinen festen Grund mehr hat, auf dem sie steht. Da wird dann sehr über die literarische Metapher des „Grundbruchs" gesprochen, die ja in dem Roman eine große Rolle spielt. Und dann gibt es noch einige Kritiker, die lesen überhaupt nicht, die lesen nur die Kritiken der anderen, schreiben aber trotzdem über den Roman.

HEINRICI: Der Titel erinnert ein wenig an dein Stück *Der Mann, der noch keiner Frau Blöße entdeckte* – war das eine bewusste Reminiszenz?

Rinke: Offen gestanden ist mir das erst etwas später aufgefallen, da war ich schon zu verliebt in den Titel. Ich kann ja ein Patent auf die Der-Mann-der-Titel beantragen?

Heinrici: Auch in deinem Stück *Café Umberto* gibt es einen Bauer Kück; dort noch als skurrile Randfigur: Waren die Kücks schon vorher angelegt? Und wie lange hast du den Roman mit dir „herumgetragen"?

Rinke: Als ich mich entschied, diese große Geschichte in Worpswede spielen zu lassen, wusste ich auch, dass die Kücks darin vorkommen. Die Kücks sind im Teufelsmoor so bekannt wie die Buddenbrooks. Da heißen eigentlich alle so. Als Jugendlicher spielte ich beim FC Worpswede und dann gab die *Wümme-Zeitung* immer die Mannschaftsausstellung vor den Spielen bekannt, „So wollen sie spielen", hieß das, und das lautete dann so: Kück – Kück – Kück – Kück – Kück – Rinke – Kück – Kück usw.

Heinrici: In deinem Roman wimmelt es von irrwitzigen Details, die oftmals weniger absurd sind, als sie scheinen, da sie einen realen Kern haben: Da gibt es Möbel in den Bäumen, eine Rilke-Tochter, die unter dem Messie-Syndrom leidet, oder auch eine ominöse Worpsweder Geliebte von Gottfried Benn. Wie lange und wie intensiv hast du recherchiert?

Rinke: Das meiste ist natürlich erfunden, oder es gab einen Hinweis und dann ist es in meiner Phantasie eine ganz eigene Geschichte geworden. Die Geliebte von Gottfried Benn gibt es wirklich, und da sie in dem Roman eine Geschichte bekommt, musste ich eine zweite Geliebte im Roman erfinden, damit es keine Probleme mit der richtigen gibt. Die Möbel im Baum gab es auch wirklich. Das Haus der ersten Frau meines Vaters ist einmal explodiert, und Rilke hatte wohl keinen Sohn, der ist im Roman ja eher eine Erfindung von Pauls Großmutter, die macht ja aus allem etwas Bedeutendes: aus einem Kochtopf einen Rilketopf; aus einem abgebissenen Stück Butterkuchen in der Gefriertruhe ein heiliges Stück Kuchen, das Willy Brandt nicht zuende essen konnte, weil er von Worpswede schnell weiter musste nach Bonn; aus Nullkück einen unehelichen Mackensensohn. Aber Rilke hatte wirklich eine Tochter, die am Messi-Syndrom litt und sich in den 70ern mit Mann und Hund umbrachte. Sie ist, glaube ich, am Nachlass ihres Vaters erstickt.

Heinrici: Hat die Geschichte sukzessive eine Eigendynamik entwickelt, oder war dir von Anfang an klar, wohin alles führen würde? Bist du jemand, der seinen Plot erst detailliert ausarbeitet und ausprobiert?

Rinke: Nein, Max Frisch konnte das, Bert Brecht auch. Frisch hat Stücke und Parabeln auf dem Bierdeckel konzipiert und dann so bis zum Ende ausgeführt. Es gibt ein Foto von Frisch und Brecht auf dem Dach eines Schwimmbads in Zürich, das Frisch als Architekt entworfen hatte. Frisch zeigt Brecht die Pläne und beide schauen ganz abgeklärt auf die Vorgaben. So kommen mir auch immer deren Texte vor. Ich selbst kann das nicht. Ich habe eher Bilder im Kopf, Sätze, Ausbrüche. Und dann versammle ich die Figuren allmählich und schaue, was passiert. Ich möchte mich auch selbst überraschen bzw. mich von den Figuren überraschen lassen können. Wenn ich ihnen aber schon in den Plänen ein Ende gegeben hätte, dann könnten sie ja gar nicht mehr eigene Wege gehen.

HEINRICI: Paul leidet als kleiner Junge darunter, dass es in seiner Familie weit mehr „Schöpfertage" als „Menschentage" gibt, dass sein Vater ständig unter einer Arbeitsglocke sitzt. Wie ist denn bei dir das Verhältnis dieser Tage zueinander?

RINKE: Oh, schöne Frage. Ich würde sagen, ich bin da dem Ulrich Wendland im den Roman vielleicht ähnlich, was die Schöpfertage betrifft. Aber ohne Menschentage könnte man andererseits auch nicht schreiben, meine Geschichten kommen ja aus dem Leben. Ich bin ja ein Geschichtenerzähler.

HEINRICI: Der Maler Peter Ohlrogge kann die eigene Vergangenheit partout nicht loslassen, trotz Loslassgruppentherapie und jeder Menge esoterisch angehauchter Loslass-CDs – wie schwer war es, den Roman loszulassen und ihn in die Welt zu schicken?

RINKE: Ich hätte auch so eine Loslassgruppe gebraucht. Aber andererseits war ich auch gut vorbereitet auf die Öffentlichkeit durch eine Vielzahl wundervoller Vorleser, du zum Beispiel! Aber auch Literaten, Theaterleute, Buchhändler, Radiokritiker, Freunde, Bekannte, alte, junge, bestimmt 100 Menschen haben den Roman vorher gelesen, ich hatte ja das Glück, vom Verlag ein Leseexemplar zu bekommen und am Ende gab es nicht eine einzige negative Reaktion, das war fast unheimlich. Doch, eine! Ein Printkritiker, ihm war der Roman zu komisch, er habe lachen müssen, sagte er. Das habe ihm nicht gefallen. Am Ende hatte ich auf jeden Fall auch eine große Vorfreude, den Roman nun den Lesenden zu übereignen.

HEINRICI: Dein Romandebüt beginnt gleichsam mit einem Augenzwinkern in Richtung Drama: mit einem Prolog vom Ende. Was waren und sind für dich die besonderen Herausforderungen der Prosa? Was hilft, was hindert? Und wie vertragen sich der Dramatiker Rinke und der Romancier?

RINKE: Augenzwinkern? Weil es einen Prolog vom Ende nicht gibt im Drama? Oder meinst du Goethe, *Faust*? Ist mir schon wieder nicht aufgefallen. Aber die Herausforderungen waren natürlich erst einmal, dass ich als Dramatiker gegenwärtige Sprache schreibe. Sprache im Raum, Sprache in der Bewegung, körpergestisch, also Sätze, die entstehen im physischen und emotionalen Augenblick in der vom Schauspieler verkörperten Figur. Darum habe ich für die Prosa ganz bewusst die Er-Form gewählt, und da hast du plötzlich Satzkonstruktionen, die du als Dramatiker gar nicht kennst. Vorvergangenheit! Gerade bei einem Roman, der auf drei Generationsebenen spielt. Die Vorvergangenheit kann einen wahnsinnig machen, Max Frisch kannte die gar nicht, die Schweizer haben diese Form nicht, *Stiller* ist ganz ohne Vorvergangenheit. Aber dennoch: das Hinübergleiten aus der Erzählung in den Dialog und zurück – es gibt nichts Schöneres! Darum werde ich die Prosa nie wieder verlassen, das ist meine Form, da wird noch viel kommen, das kann ich schon mal versprechen.

II. Über Worpswede schreiben

HEINRICI: Du hast einmal in einem Interview gesagt, es komme auf die Wahrheit an, nicht auf die Realität. Worpswede ist jedoch ein realer Ort und viele seiner realen Bezugspunkte finden sich auch im Roman wieder: Der Hemberg, das Café Central, der Don-Camillo-Club (wenn auch unter fiktivem Namen), die Kunsthalle, der Barkenhoff ... Wie wahrheitsgetreu, wie wirklich ist denn dein Roman-Worpswede? Und wie sehr Projektionsfläche?

RINKE: Ich glaube, dass die Wahrheit in den Lebensgeschichten der Figuren ist, auch wenn sie erfunden sind. Natürlich fließen da Erlebtes, Gehörtes, Beobachtetes und emphatisch Phantasiertes zusammen. Bei den Orten bin ich frei. Einerseits habe ich den Ehrgeiz, manche Orte genau zu beschreiben, den Barkenhoff zum Beispiel, den Hemberg, aber beim Don Camillo Club habe ich natürlich so meine Phantasien, da habe ich mich nicht getraut zu recherchieren. Ich habe es einfach nicht geschafft, in meinem Geburtsort ins Bordell zu gehen. Irgendwie bin ich es dann aber mit Paul doch, und ich kann mir vorstellen, wie er sich dabei fühlt. Früher haben wir als Kinder ja einen Ball durch das offene rotleuchtende geheimnisvolle Fenster geschossen, um dann zu klingeln und den Adidas-Tangoball abzuholen. Und nur, um natürlich da hineinzukommen oder eine dieser Frauen zu sehen. So ist auch ein bisschen das Schreiben. Man schießt irgendwo einen Ball hinein, klingelt, bekommt einen winzigen Ausschnitt, der Rest ist Imagination, Roman!

HEINRICI: Worpswede ist ja nicht nur der Ort der Kindheit des Protagonisten Paul, sondern auch dein eigener, an den du mit deinem Roman gleichsam zurückkehrst.

RINKE: Ja, aber mittlerweile ist der Ort für mich so sehr Fiktion, dass ich meinen Roman für das Wirkliche halte. Ich sehe mein Kindheitshaus versinken, wenn ich nach Worpswede komme, und mein Vater muss mich dann beruhigen, dass dies nur in meinem Roman passiere, aber nicht im wirklichen Leben. Aber bei meiner Lesung in Worpswede kam beim Signieren plötzlich eine Frau zu mir und sagte, sie sei ganz blass, ich hätte im Roman ihren Vater ausgegraben, sie sei die Tochter von Hitlers erstem Reichsbauernführer. Da war ich dann blass.

Der war ja nie in Worpswede gewesen, das hatte ich erfunden. Nun lebt aber offenbar dessen Tochter seit zwanzig Jahren dort. Und ich wusste es nicht. Sie hat mich zum Tee eingeladen und das, was sie mir dann mitteilte, hat mich sehr bewegt. Wie sehr ihr diese Fiktion geholfen habe, ihren Vater loszulassen, abzustoßen und endlich zu begraben. Sie habe den Roman auch ihren Kindern geschenkt, damit sie einmal lesen, wie ihr Großvater ausgebuddelt wird. Dann zeigte sie Fotos von früher, und ich sah in das Gesicht eines Mädchens, an das ich mich erinnern konnte, Maren!, einer meiner Jugendfreunde war in Maren verliebt, ich vielleicht auch, so viele Mädchen gab es ja in Worpswede nicht. Aber wie hätte ich damals ahnen können, dass ich anhand des Großvaters von dieser Maren später das ganze Jahrhundert von hinten nach vorne aufzäume?

HEINRICI: Das ist dann der berühmte Moment, in dem die Literatur klüger ist als ihr Erschaffer. Es zeigt aber auch, dass sich in deine Fiktionen wirkliche Biografien mischen?

RINKE: Ja, ein paar Wochen nach der Lesung in Worpswede ist in Hannover wieder etwas passiert. Ein älterer Mann kam nach der Lesung und stellte ein Taufbecher auf mein Skript. „Wissen Sie, von wem der ist? Von Darré, dem ersten Bauernführer!" – „Wie kommen Sie denn zu diesem Becher, das ist ja Wahnsinn?", fragte ich. „Darré ist mein Patenonkel", sagte er, „ich bin der Sohn vom zweiten Reichsbauernführer Herbert Backe." Der zweite Reichsbauernführer Backe war ja einer der schlimmsten Nazis, er hat den Aushungerungsplan für 20 Millionen Russen ausgearbeitet und Hitler vorgelegt, ohne den Backe-Plan hätte es das Unternehmen Barbarossa, also den Angriff auf Russland, vielleicht gar nicht so gegeben, mit diesem gigantischen und irren Lebensraum-Konzept. Im Roman wird dieser Nazi-Backe auch ausgegraben, das wusste aber der Backe-Sohn nicht, als er vor mir stand, er hatte nur in einer Zeitung gelesen, dass sein Patenonkel in dem Roman vorkommt. Mittlerweile bin ich besessen von der Idee, alle Töchter und Söhne der Reichsbauernführer zusammen zum Tee einzuladen, um zu sehen wie sich Leben und Fiktion weiter mischen. Wie das Vergangene plötzlich in die Gegenwart greift. Und vielleicht genau das passiert, was Paul, der Hauptfigur, im Roman widerfährt: dass sie sich nämlich nach und nach herausschält aus den Zeiten und dass in allen Generationen immer die Väter und Vorväter präludieren. Wie auf einem wankenden Grund steht Paul auf der Kriegs- und der 68er-Generation. Man kann noch so den radikalen Gegenwartsroman und das Gegenwartstheater einfordern, Finanzkrise! Etc. Aber was soll das sein, wenn man nichts über die Geschichten und die wankenden Gründe der Menschen wissen will?

HEINRICI: Du widmest das Buch deinem „alten Weltdorf". Erleidet der Mythos Worpswede bei dir aber nicht letztlich ebenso Grundbruch wie das Haus aus Pauls Kindheitstagen?

Rinke: Ja, aber das wurde auch Zeit. Worpswede könnte den Mythos endlich einmal etwas aufarbeiten. Es geht ja nichts verloren, wenn man sich genauer anschaut, was gewesen ist.

Heinrici: Wolltest du deinen Heimatort aufwecken?

Rinke: Nein, da sind schon viele wach, aber man verschweigt doch noch sehr viel. Ich möchte aber noch einmal sagen, dass ich natürlich auch sehr glücklich bin über dieses Geschenk, Worpsweder zu sein. Ich konnte mir erst einmal keinen besseren Ort denken, um eine Figur aus der Gegenwart durch das Jahrhundert fallen zu lassen. Worpswede hat durch seine Anziehungskraft seit Beginn des letzten Jahrhunderts eben auch sehr anschaulich historische Fragestellungen vereinigt: Sozialutopien, Träume von einer Weltrevolution in den Zwanzigern, dann eben das Dritte Reich: Wie verhalte ich mich als Künstler, als Mensch, als Familienvater, welchen Preis zahle ich für Erfolg? Wie ist das mit der Verführung durch Macht? – und die Auftraggeber des berühmten Großvaters reichten ja offensichtlich vom Reichsbauernführer bis zu Willy Brandt. Dann natürlich die 68er-Zeit, die Worpsweder Gesellschaftsrevolutionäre, alle kreuz und quer in den Heinrich-Vogeler-Betten.

Heinrici: Haben das Moor und das Graben in deinem Worpsweder Leben damals eine Rolle gespielt?

Rinke: Ja. Ich glaube schon. Ich hatte schon als Kind immer das Gefühl: Wenn ich zulange in meinem Tor beim Fußball stehen bleibe, versinke ich und falle durch alle Zeiten hindurch. Im Moor ist ja alles an Vergangenem konserviert. Und im Roman wird sehr viel gegraben. Mit der Schippe und mit Google. Ich habe auch beides gemacht. Als Kind habe ich nach der Kunst eines Verwandten gegraben. Der Künstler Carl Emil Uphoff, der Schwiegervater meiner Tante, lebte in dem heutigen Paula Modersohn-Becker-Haus, da habe ich als Kind oft gespielt, und genau in diesem Garten hat Uphoff irgendwann zwischen 1933 und 39 seine offenbar hochbegabte expressionistische Kunst vergraben. Nach dem Krieg hat er sich dann eine andere Biografie gegeben und die Kiste mit den Bildern wieder ausgraben wollen, aber nicht mehr gefunden. Und als Kinder haben wir immer gehört, wie viel Geld man wohl nun für die Kunst vom Tanten-Schwiegervater bekäme – da haben wir auch gegraben, um am Gewinn beteiligt zu werden.

III. Zum Romanimmanenten, zu den Figuren, der Vergangenheit, zu Motiven, Bildern und vielem mehr

Heinrici: Paul Wendland möchte in deinem Roman mit der Nazi-Zeit eigentlich gar nichts zu tun haben, das ist für ihn Geschichtsmüll, abgestumpftes schwarzweißes Denken, das sich um ihn legt, wenn er sich mit der Vergangenheit auseinandersetzen soll. Dennoch wird er am Ort seiner Kindheit nun regelrecht von ihr überwältigt. Wie wichtig war dir die Vergangenheitsbewältigung, die Aufarbeitung der deutschen Geschichte in diesem Roman? Und was ist das Besondere am Mikrokosmos Worpswede hierfür?

RINKE: Die deutsche Geschichte war nicht das Hauptthema, sie geschieht ja fast nebenbei, und Paul hat zunächst auch einen ganz praktischen Zugriff, er will sie einfach verschwinden lassen und versteht sich eher als Geschichtsmüllmann, um sein Erbe vor dem Zugriff der Öffentlichkeit zu retten. Ich weiß also gar nicht, ob man Gegenwart und Vergangenheit in diesem Roman so trennen kann. Die Vergangenheit führt in meiner Geschichte zu ganz konkreten Problemen in der Gegenwart. Mich hat auch nicht so interessiert, die NS-Zeit aufzuarbeiten, sondern wie sich meine gegenwärtige Figur zu diesen Geschichtsbrocken Drittes Reich und '68 verhält. Vor allem, wie sich seine frühesten Beziehungen verändern. Ob die Liebe zu seinem Großvater der Entdeckung im Garten standhält? Oder welche Kämpfe er mit seiner Mutter ausführt, ihr möchte er ja die unbändige Vaterliebe geradezu entreißen. Die Geschichte führt also zu Auseinandersetzungen ganz unterschiedlicher Art in der Gegenwart. Der Roman ist eher ein heutiger Kampf um die Geschichte und das Jahrhundert. Das Dritte Reich an sich war für Paul bisher Schulstoff gewesen oder es ist nur noch Kinounterhaltung, also, Rezeption ohne wirkliche Betroffenheit, außerdem ist Paul auch schon eine Diktatur weiter, in Berlin nämlich arbeitet er mit einem Blumenhändler die DDR auf, zudem hat er andere Probleme und Feinde, den globalen Kunstmarkt zum Beispiel. Nun steht er aber ganz unvermittelt mit der Obernazi-Skulptur seines berühmten Großvaters im Moorgarten. Und später gerät er dann mit der Geschichte zwischen die Fronten: Gegenüber seiner Mutter fängt er an, den Großvater anzuklagen, auf der anderen Seite verteidigt er seinen Großvater vor den öffentlichen Angriffen

HEINRICI: Und damit wird dann zugleich auch die 68er-Generation, überspitzt formuliert, dahin verfrachtet, wo sie hingehört, oder?

RINKE: Der Roman stellt vielleicht ein paar unangenehme Fragen: Wie viel von den Kriegsvätern steckt noch in der Eltern-Generation, wie viel von diesen Vätern steigt im Rausch empor und partizipiert an der Gegenwart? Ich muss doch heute nur den alten berühmten Regisseuren beim Regieführen im Theater zusehen, um zu ahnen, wie präsent diese Väter noch sind. Nach außen sind ihre Theater zutiefst humane Anstalten, aber innen zerstören sie die Menschen und machen lauter Jasager aus den Schauspielern. Nebenbei gesagt: Die KPDSU hatte wahrscheinlich flachere Hierarchien als das deutsche Theater. Klammer zu! Und noch einmal zu Paul: Er muss ja jetzt schnell den Reichsbauernführer entsorgen und fragt sich natürlich, was seine Eltern-Generation eigentlich in den

Sechziger Jahren gemacht hat, wenn immer noch unverarbeitete Bauernführer aus dem Moor aufsteigen? Allerdings lange überlegen kann er auch nicht. Wenn er nämlich das Haus und das Grundstück nach der Sanierung noch gut verkaufen will, um in Berlin zu überleben, dann muss er die Vergangenheit schnell beseitigen und den Geschichtsmüllmann spielen, was bei den Gewichten der massiven Bronzeskulpturen gar nicht so einfach ist. Und wenn er sie in den Dorffluss wirft, schwimmt der Bauernführer oben, weil die Bronzen seines Großvaters innen hohl sind, also muss ein Loch rein und er versucht den Hitlergrussarm abzubrechen. Die Geschichte kann man also weder wegbuddeln noch so einfach versinken lassen.

HEINRICI: Ist es für Paul vielleicht einfacher, sich von der Nazi-Vergangenheit des Großvaters zu befreien als von der 68er-Eltern-Generation?

RINKE: Ja, vermutlich ist es einfacher, sich von einer Kriegsgeneration zu befreien als von der nachfolgenden Generation. Befreie dich mal von 68er-Eltern! Da gehst du dann als Kind aus Protest um sieben ins Bett, weil es den Erwachsenen total egal ist. Und am Ende weißt du nicht mal, ob dein Vater wirklich dein Vater ist. So erlebt es ja Paul. Er ist umgeben von Erwachsenen, die sich im Akt der Befreiung befinden. Seine Mutter hängt bei seiner Geburt an einer Stange im Schrank, weil das angeblich den Beckenboden befreit und archaische Kräfte freisetzt. Gezeugt wurde er vorher nach der berühmten Orgasmusformel von Wilhelm Reich, die so kompliziert ist, dass dabei ja nur ein kompliziertes Eltern-Kind-Verhältnis herauskommen konnte. Und wenn dann Weihnachten ist, wird er mit seiner Mutter zum Christgebäck bei einem befreiten Künstler eingeladen, der als Weihnachtsbaum seine nackte Freundin hinstellt und der das Bienenwachs auf riesige Brüste tropft. Und im Sommer zwingen die Worpsweder Mütter ihre Kinder nackt in den Moorfluss zu springen, in dem wahrscheinlich Jahrtausende alte Hexen, Wikinger und Napoleons Soldaten liegen.

HEINRICI: Paul ist am Ende des Romans im Aufbruch zu sich selbst begriffen; Ohlrogge hat kurzzeitig erfahren, wie es sich anfühlen könnte, sich wiederzufinden, scheint dann aber doch alles verloren zu haben. Und Nullkück, der zu Beginn so zufrieden und eingerichtet in seiner Welt wirkte, verliert mit einem Schlag alle Sicherheiten. Werden Menschen brüchig, wenn die Vergangenheit über sie hereinbricht, ohne dass sie darauf vorbereitet sind oder ohne dass sie sich das Rüstzeug erworben hätten, mit ihr umzugehen?

RINKE: Oh je, was für eine Lebensfrage ... Vielleicht muss man die Vergangenheit verwandelt mit in die Gegenwart nehmen, um lebendig zu bleiben? Das können ja viele nicht, auch in meinem Roman nicht, vielleicht ist das ja eine der großen Fragen in dem Text.

HEINRICI: Du erschaffst viele filmreife Szenen und Bilder, die wunderbar leuchtend, grotesk und unvergesslich sind: Sei es die rasante Treckerfahrt von Paul und Nullkück, das Vollgüllen der Hochzeitsgesellschaft durch den gekränkten Ohlrogge, die Fahrt auf der Hamme der beiden Russen, Ohlrogge, der die überlebensgroße Nazi-Skulptur an sein Bett kettet? Wie entwickeln sich bei dir die Bilder? Führt da der Dramatiker Rinke dem Romancier die Hand?

RINKE: Weiß ich wirklich nicht. Ich will auch gar nicht darüber nachdenken, wo solche Bilder herkommen, sie kommen einfach. Meist kommen sie aus den Figuren. Ohlrogges Güllefahrt zum Beispiel zur Hochzeit Johannas ist ja nicht nur ein Amoklauf, sondern ein großes Liebeszeichen, eine Manifestation, zumindest für ihn. Vielleicht ist so eine Sauerei aber auch nicht der richtige Weg, eine Frau zurückzugewinnen.

HEINRICI: Für mich bist du ein Meister der Dialogkunst und der feinen Dramaturgie. Jemand, der außergewöhnliche Geschichten und Figuren in den Mittelpunkt seiner Arbeit stellt. Wie sehr denkst du beim Schreiben an die Rezeptionsebene, wie wichtig ist dir die Zugänglichkeit deiner Texte für den Leser? Und was würdest du jemandem antworten, der die Kunst des Wortes, das selbstreflexive Spiel der Zeichen, die *l'art pour l'art* als den wahren Wert der Literatur bemisst?

RINKE: Ich möchte Geschichten erzählen. Die Welt ist so verrückt, die Menschen so besonders und ich bin an allen wunderlichen Dingen interessiert. Es wäre verlogen, zu sagen, mir wäre es egal, dass man meine Geschichten versteht. Ich lese einfach nicht gerne Bücher, in denen so rein gar nichts Lebendiges geschieht. Manche verstehen meine Texte dennoch nicht, weil ich ja sehr hohe Ansprüche habe, was die Phantasiefähigkeit der Leser betrifft. Und außerdem arbeite ich ja auch mit Aussparungen und Andeutungen, weil ich möchte, dass die Geschichten auch im Kopf weiterleben. Offene Schlüsse gibt es ja auch in diesem Roman. Die sind mir ganz wichtig. Dadurch leben die Figuren weiter.

HEINRICI: Das Haus von Pauls Großvaters erleidet Grundbruch, seine lebensgroßen Bronzestatuen versinken im Moor, überlebensgroße Naziskulpturen tauchen dafür wieder auf, Ohlrogge versenkt seine Vergangenheitskisten in der Hamme, Paul fährt die unheimliche Seelenscheune seines Großvaters kurz und klein. – Wie bewusst arbeitest du mit Symbolik und Metaphern bzw. wie wichtig ist dir die symbolische Aufladung von Szenen?

RINKE: Das entsteht einfach alles so. Ich denke gar nicht so darüber nach, was nun ein Symbol und was eine Metapher ist. Ich muss einfach meinen Figuren glauben und meiner Phantasie vertrauen. Dass das Haus auseinanderbricht, wurde ja auch von manchen als Ende der Republik beschrieben, weil es einen Ost- und einen Westflügel gibt.

HEINRICI: Dein Roman, seine Figuren, ihre Ent- und Verwicklungen und die hieraus entstehenden Szenen sind irrwitzig, grotesk, urkomisch, zugleich aber auch anrührend, eindringlich und bisweilen tragisch. Was bedeutet dir die Form des Tragikomischen? Und wie hast du zu deinem Ton gefunden?

RINKE: Ich glaube einfach, dass das Leben so ist. Wir sind doch alle irgendwie tragischkomisch. Wie ernst wir uns oft nehmen! Auch ich mich selbst. Und wie komisch das von außen aussehen muss! Ich habe sehr viel von Tschechow gelernt. Der hat Stücke mit traurigen Menschen geschrieben, über die man lachen kann. Ich suche schon die ganze Zeit nach diesem Doppelton. Vielleicht habe ich ihn nun gefunden.

HEINRICI: Mit der Kommunikation scheint es im hohen Norden und unter den eingefleischten Norddeutschen nicht weit her zu sein (umso besser für Nullkück, der sich ja eh am besten schriftlich ausdrücken kann). – Brünings und die Bauern scheinen alles Wichtige und Unangenehme in ihre übergroßen Taschentücher wegzuschnäuzen. Konnte deshalb die Vergangenheit so lange im Moor ruhen?

RINKE: Ja, wir Norddeutschen sind sehr gute Schweiger. Die Künstler verbuddeln ihre Vergangenheit und die Bauern schnäuzen alles in ihre Taschentücher.

HEINRICI: Welche Figur gab es zuerst. Welche liegt dir besonders am Herzen und mit welcher hast du am meisten gehadert?

RINKE: Zuerst gab es Paul. Mit dem wir ja durch die Geschichte gehen. Nullkück und Ohlrogge sind mir sehr nah. Aber auch andere Figuren wie Ana. Oder Kovac. In ihrer Verrücktheit mochte ich sogar Pauls Mutter.

HEINRICI: Was und wer könnte Marie sein? Heilige, Widerständlerin, Madonna, Bauernmädchen oder Projektionsfläche der Männer und Künstler?

RINKE: Das überlasse ich jedem, der ihre Geschichte liest.

HEINRICI: Ich bin mir sicher, dass jeder Leser eine andere Lieblingsfigur in deinem Roman findet. Meine ist Nullkück mit seinen Briefen an die Bäuerinnen, mit seiner Landkarte für die Chatflirtbekanntschaften, mit seiner Zweiwortkommunikation, seinen Sehnsüchten, seinen leuchtenden Augen und Zärtlichkeiten, mit all der Natürlichkeit und positiven Kraft, die von ihm ausgeht, bis er an den Familiengeheimnissen gleichsam seine Unschuld verliert, *sich* verliert und zugrunde geht. Ein wenig hat er mich an Helmbrecht aus *Der Mann, der noch keiner Frau Blöße entdeckte* erinnert. Gibt es da Gemeinsamkeiten? Und musste Nullkück so fatal enden?

RINKE: Vermutlich gibt es viele solcher Figuren bei mir in den Stücken. Es sind die „Möglichkeitsmenschen", sie heben sich durch ihre gelebten Zärtlichkeiten von den „Wirklichkeitsmenschen" ab. Und zu Nullkück und seinem Ende: Wie hätte er denn ohne das Haus weiterleben können?

HEINRICI: Bei aller Satire, aller Groteske und aller Skurrilität, der Kern der Geschichte und die Familiengeheimnisse, besonders die Rolle des Großvaters, der die Seelen der Menschen nicht nur im übertragenen Sinne in seine Bronze gießt, sind unheimlich, grausam und bisweilen tragisch. (Da ist es nur konsequent, dass Paul so lange gegen die Seelenscheune anfährt, bis sie zusammenstürzt!) Warum konnte wohl der Großvater all die großen Gestalten und berühmten Persönlichkeiten so eindrücklich modellieren und scheiterte doch kläglich bei den Versuchen, sich selbst eine Form zu geben?

RINKE: Weil es das Schwierigste ist, sich selbst zu erkennen! Es überhaupt zu wollen! Künstler sind so sehr mit den Umrissen und Konturen anderer beschäftigt, erfinden so viel, dass sie von sich selbst gar nicht wissen, wer sie eigentlich selbst sind oder was sie davon auch nur erfunden haben.

HEINRICI: Und werden denn die Seelen der Menschen aufbewahrt?

RINKE: Davon bin ich überzeugt.

HEINRICI: Im dritten Teil lässt du zwei Nebenfiguren, die Russen Ana und Georgij, mit ins Moor steigen. Welche Rolle spielen sie für die Geschichte, welche Funktion haben sie?

RINKE: Sie gehören einfach dazu. Und ohne Ana würde natürlich weder ein fremder Blick auf die Kolonie geworfen werden, noch würde Ohlrogge in neuer Liebe entflammen und sein ganzes Leben in einem wahnwitzigen Vormittag auf den Kopf stellen können. Und ohne Georgij wäre Ana gar nicht nach Worpswede gekommen.

HEINRICI: Seine Muttertelefonate begleiten Paul während seines gesamten Aufenthalts in Worpswede, ja, während seines gesamten bisherigen Lebens, so scheint es, und verleiten ihn immer wieder zu Protestaktionen. Dennoch kann er sich nicht vollständig von seiner Salat schickenden Lanzarotemutter lösen. Gründet vielleicht sein ganzer bisheriger Lebensentwurf auf dem Protest gegen seine Alt-68er-Mutter?

RINKE: Ich glaube schon, oder? Man darf Mütter nicht unterschätzen.

HEINRICI: Warum verdrängt sie die düstere Familiengeschichte, statt den kritischen Reflex ihrer Generation zu bedienen?

RINKE: Weil sie weiterleben will mit ihrer persönlichen Liebe zum Vater. Sie verdrängt einfach, um die alten Bilder zu bewahren. Das ist ja auch ihr Beruf geworden, ihr therapeutischer Ansatz nennt sich History Change, da lernt man, belastende Erinnerungen aus der Vergangenheit in der Gegenwart zu verwandeln. Das tun wir doch alle. History Change! Wir verdrängen oder verwandeln, um mit schöneren Bildern von uns und der Vergangenheit zu leben.

HEINRICI: Und warum ist die Mutter eine der wenigen Figuren mit fast ausschließlich satirischen Zügen?

RINKE: Wir erleben die Mutter in der erzählten Gegenwart ja nur durch Pauls Telefonate mit ihr. Da fragt er sich auch einmal, ob er mit einer Karikatur telefoniert oder ob seine Mutter wirklich so ist? Er kann auch nicht mehr die alten Geschichten, die er von ihr kennt, mit ihrer heutigen Tonart verbinden. Man muss also fragen, ob die komplizierteren Verhältnisse, die also vielleicht zwischen Kindern und Eltern, immer etwas Überzeichnetes haben? Vielleicht auch, weil die Reizpunkte und Wiederholungen mehr und mehr in den Vordergrund treten und der Rest der Beziehung abstirbt? Paul denkt einmal, man müsste dazu aufrufen, beim Übergang einer Frau zur überzeichneten Mutter ganz besonders aufzupassen.

Dann aber erleben wir in der Vergangenheit eine ganz andere Mutter, die junge Johanna ist natürlich mitten im Leben, mitten zwischen ihren Männern, also Wendland, Ohlrogge und ihrem allmächtigen Vater.

HEINRICI: Der sympathische und kauzige Schrotthändler Kovac, Pauls Nachbar in Berlin, flucht gerne und inbrünstig über die „verrutschte Welt", besonders, was den Kunstmarkt angeht, der zwar horrende Summen für in Formaldehyd eingelegte Hammerhaie bezahle, aber nichts für die traurigen Bilder eines blinden Malers. Das passt übrigens zu dem, was du vorhin gesagt hast, dass Paul gegen den globalen Kunstmarkt ankämpfe. Und dann gibt es da ja auch noch das Motiv des blinden Malers ...

RINKE: Ich glaube Paul schwankt zwischen einer völlig ungeschäftlichen Sympathie für diesen Maler und der Idee, dass blinde Malerei vielleicht etwas ganz Neues sein könnte, da man ja immer Neues auf dem Kunstmarkt haben muss. Ob er also nun berührt ist vom tragischen Schicksal oder die Sache schon berechnet hatte, Paul kann das nicht mehr so genau unterscheiden. Und es ist natürlich ein Roman geworden mit sehr tragischen Malern. Der eine kann nicht mehr sehen und malt trotzdem; der andere will seine Bilder nicht mehr sehen, auch nicht die Gegenwart, in der er lebt, und hört auf zu malen.

HEINRICI: Der Kunstmarkt, die Kunst und das künstlerische Schaffen werden durch die unterschiedlichsten Figuren, Motive und Szenen und in den verschiedensten Farben in deinem Roman beleuchtet und gezeichnet. Also doch vorrangig ein Künstlerroman?

RINKE: Vorrangig vielleicht nicht, aber auf jeden Fall ist es auch ein Künstlerroman geworden. Auch über die Frage: Wie wird man alt, auch als Künstler? Ich glaube, dass Ohlrogge in einer großen Wut und Verzweiflung lebt. Die Markt-Mechanismen haben ihn als Künstler umgebracht, wie ein altes Bett aus der Welt geschoben. Und er hat nicht gelernt, sich selbst zu genügen, mit seiner Achtung vor sich selbst zu überleben. Künstler, die nicht den Maßstab in sich selbst suchen, sondern im Außen, diese Künstler werden zwangsläufig irgendwann verbittern. Und so bleibt Ohlrogge nur der Hass auf die früheren Feinde, das Worpsweder Bordell und der Ekel vor der Maßlosigkeit, vor dem Fetisch des Neuen, mit dem sich die Kunst-Märkte fast jeden Tag beweisen müssen, wie neu und frisch sie sind.

HEINRICI: Im Café Central trifft Paul auf einen dubiosen Mann, der eine Schule der Würde gründen will und ihn davor warnt, sich wie eine „Brausetablette" in Funktionen aufzulösen – ein Thema, das man so ähnlich auch schon aus deiner Theaterarbeit kennt. Gibt es Motive und Themen aus deiner Arbeit als Dramatiker, die du hier bewusst wieder aufgegriffen und weiterentwickelt hast?

RINKE: Ja, bestimmt. Vermutlich greift ein Autor immer wieder seine Themen auf. Und das ist bei mir natürlich immer wieder diese Frage nach der Selbstachtung der Figuren, nach Würde, Arbeit, Annerkennung, Liebe. Es ist auch hier im Roman wieder diese utopistische Figur, die auftritt und eine „Schule der Würde" gründen will, wie Jaro in *Café Umberto*, der von seiner „Akademie für Selbstachtung" träumt.

HEINRICI: Gegen Ende des Romans beobachtet Paul mit dem Fernglas Ohlrogge, der einer kleinen Gruppe Malstunden im Moor gibt. Wie sehr würde man sich wünschen, dass Paul den Schritt wagt, auf ihn zuzugehen. Warum kann er es nicht und welchen Verlauf hätte der Roman nehmen können, hätte er es gewagt?

RINKE: In einer Verfilmung würde man ihn vermutlich den Schritt machen lassen, um ein süßliches Ende zu bekommen, wir haben ja alle immer den Wunsch, dass es gut enden möge, aber nach allem, was Paul erlebt hat in den letzen Romantagen, wäre es zu früh gewesen. Ich glaube, er lernt durch all diese Zumutungen endlich eine entschiedene Haltung anzunehmen. Er reißt sich von all dem los, als er im Bordell in die toten Augen seines Vaters sieht. Ich an seiner Stelle hätte es auch so gemacht. Sich wieder einen Vater erarbeiten? Und so einen? Und wieder enttäuscht werden?

HEINRICI: Während Ohlrogge vor lauter Zukunftsangst und Vergangenheitsnostalgie Jahrzehntelang mit der Gegenwart nicht „loslegen" kann, wirkt Pauls ungewollte Konfrontation mit der Vergangenheit, mit den unheimlichen Familiengeheimnissen, letztlich befreiend, wenn er zum Schluss ins Moor hinausläuft. War das Auflösen des Kindheitsknotens essenziell, um endlich mit dem Erwachsensein beginnen zu können?

Rinke: Ja!

Heinrici: Pauls Onkel hat ihm als Kind das Buch von der *Schneekönigin* mit folgender Widmung geschenkt: „Frieren. Eis werden. Weinen. Auftauen. Fließen. In die Welt gehen." Es wirkt so, als zeichne diese auch die Entwicklungen Pauls im Roman nach.

Rinke: Darin steckt für mich das ganze Leben, Kindheit, Verwundungen, Starre – und dann kommt das entscheidende Moment: Löse ich die Starre oder nicht? Fluss oder Stillstand?

Und Paul scheint ja am Ende diese Widmung wirklich umzusetzen, die ihm sein krank und irre gewordener Onkel in das Schneekönigin-Buch geschrieben hat: „Frieren. Eis werden. Weinen. Auftauen. Fließen. In die Welt gehen." Ich glaube, so könnte man erwachsen werden.

II. Notizen zu Werkgenese, Rezeption und Werdegang

1. Lektüren und Inszenierungen

Die Melodie des Möglichkeitssinns

KLAUS VÖLKER

„Jeder Mensch mit einer neuen Idee ist ein Spinner, bis die Idee Erfolg hat." Dass Moritz Rinke im Sinne dieses Zitats von Mark Twain Erfolg hat und zweifellos zu Deutschlands „100 Köpfen von morgen" gehört, verdankt er leider nicht der Wirkung und Beliebtheit seiner Stücke, sondern der Fähigkeit, bei den Events des Kulturbetriebs inklusive Fußball zur Stelle zu sein und sich mit intelligenten Feuilletons einen Reim auf die laufenden Ereignisse zu machen. Auf diese Weise immerhin bleibt der inzwischen gut 40jährige Stückeschreiber Rinke, der 1996 mit dem *Grauen Engel* sein Bühnendebüt hatte und in der Spielzeit der Jahrtausendwende mit *Republik Vineta* in Hamburg einen wirklichen Publikumserfolg verbuchen konnte, im Bewusstsein der Öffentlichkeit ein dem Namen nach bekannter Theaterautor. Mit seinen *Nibelungen*, einer mit gallischem Witz durchsetzten, auf germanistischen Mythendunst verzichtenden Dramatisierung dieser urdeutschen Heldensage, erreicht er sogar in Worms seit 2002 ein dankbares Freilichtfestivalpublikum.

Wenn er auch an „Leib-Schreiben"-Veranstaltungen unbeirrt teilnimmt, gehört Rinke für mich nicht zur Spezies szenischer Theaterschreiber, die die Herzen der Stückemarktbetreiber und Literaturwerkstättenleiter zwar höher schlagen lassen, die mit ihren Stücken aber kein Publikum finden, zumal die verantwortlichen Theaterleiter ihnen jede Repertoirefähigkeit absprechen. Rinke verfasst im Wesentlichen keine Stücke für den Sonderforschungsbereich „Kulturen des Performativen", dem ja zur Zeit die Mehrzahl der nur noch Textflächen, Spielanordnungen und Konzeptpapiere produzierenden Szenenschreiber zuarbeitet. Wie andere Stücke schreibende Autoren seiner Generation, die ich schätze – Albert Ostermaier, Michael Roes und Matthias Zschokke zum Beispiel –, ist Rinke auf Regisseure angewiesen, die Texte lesen und Schauspieler verführen können, für die Figur, die sie auf der Bühne spielen, den passenden szenischen Körper zu finden.

Moritz Rinke lernte ich in den 80er Jahren in Gießen kennen, als ich auf Einladung von Andrzej Wirth und Helga Finter im Institut für Angewandte Theaterwissenschaft einen Vortrag über Raymond Roussel und seine Stücke *Der Stern auf der Stirn* und *Sonnenstaub* hielt. Ich gewann den Eindruck, dass Rinke sich von „meinem" Autor Roussel fasziniert zeigte, der so ausschließlich aufs Wort setzt und überraschend auftauchende Fallen stellt, in die man tappt, wenn man sich nur stur auf ein „Ergebnis" der zu leistenden Dechiffrierung konzentriert, statt sich dem Rausch der Methode und dem Raum nicht endender Ungewissheiten hinzugeben.

Rinkes Begabung ist vor allem solche Theatersucht, die sich bei Roussel zu einem „Surrealismus" steigern kann, der zu guter Letzt dem akklamierenden Zuschauer den „Körper" des Schauspielers wieder entziehen will; denn er wünscht sich, dass die optimal realisierte Inszenierung seines Stücks nur von einem „Zeugen" gesehen wird, dessen genaue Wahrnehmung (dessen Sehsucht und Hörlust) sich zur brennenden Begeisterung steigert und ihn zu einer Schilderung des Bühnenereignisses veranlasst, die ihrerseits eine Zuschauermenge in stürmische Begeisterung versetzt. Mit Robert Musil zu sprechen: mehr als dem Wirklichkeitssinn entstammen die *dramatis personae* solcher Theaterkonzeption und eben auch der Theaterspiele von Moritz Rinke einem „Möglichkeitssinn". Der Frage, wie dieser „Möglichkeitssinn" Bühnenpräsenz und theatrale Wirkung gewinnen könnte, müsste sich der Regisseur eines Stücks von Rinke unbedingt stellen.

Das notwendige handwerkliche Können eines Regisseurs ist die Fähigkeit, den Faden des „Möglichkeitssinns" weiterzuspinnen, das heißt im Fall Rinkes und beispielsweise seines Stücks *Der graue Engel*, sich auf dessen obsessive ästhetische Grundbedingung, Worte gegen das Schweigen zu finden, einzulassen und dieser Endspielphantasie eine szenische Dimension zu geben. Das szenische Abenteuer ist der Vorgang, die Sprache auf der Bühne die Dimension des Raums erobern zu lassen. Gelingt das nur in einer sogenannten „szenischen Lesung"? Keineswegs. Letztere hat nur den Vorteil, dass sie nicht mit dem falschen Regieaufwand einer Inszenierung das Stück verstellt. Als Nicole Heesters als „Engel" und Ulrich Matthes als Konstantin (die Regieanmerkungen lesend, in der Aufführung ist er ein „stummer" Diener) den *Grauen Engel* beim Berliner „Stückemarkt" vorstellten, versuchten sie lediglich (und darin bestand ihre Überzeugungskraft und Meisterschaft), ein Stück und seine Sprachgestalt in einem ersten räumlichen Umriss zu vergegenwärtigen. Die Inszenierung muss dann ein Weiterarbeiten in dieser Richtung sein.

Die Uraufführung des Stücks in Zürich empfand ich danach nur als krampfhaften Versuch, der Spielvorlage einen „Wirklichkeitssinn" abzuringen. Im Ergebnis war es eine Möchtegern-Castorf-Inszenierung, die bemühte Destruktion oder die ambitionierte Chaotisierung einer literarischen Vorlage. (Castorf nimmt die abgetakelte Klamotte *Pension Schöller* und verhilft ihr, indem er sie totmacht, zu neuem Leben, er erschafft ein neues Stück. Vermutlich käme bei ihm, wenn er sich auf ein Stück von Rinke einließe, eine unsägliche *Pension Schöller* heraus?) Die meisten der theaterwissenschaftlich und mit Ideen des Performativen geschulten Regisseure inszenieren „zu viel", vernichten die Form sowie die Substanz der Stücke durch „Kontexte", Assoziationsmaterial und Regieeinfälle. Sie haben immer ein anderes Stück vor Augen, nie den Text, den der Autor geschrieben hat.

Thomas Irmer hat in seinem Porträt im vorliegenden Band an der inneren Bewegung der Texte von Rinke Gefallen gefunden und betont, dass in ihnen eine „Ungleichzeitigkeit von Welten zu entdecken ist, die dem Ganzen dann mit einer Energie zusetzt, dass die Klaviatur von tiefer Melancholie bis purem Witz einer eingängigen Melodie zu folgen scheint".[1] Diese einfühlsame Interpretation zielt besonders auf das Stück *Der Mann, der noch keiner Frau Blöße entdeckte*. Keine Aufführung spürte dieser „Melodie", dem „Möglichkeitssinn" der Figuren und der Ungleichzeitigkeit ihres Agierens wirklich nach. (Am ehesten noch war Stefan Ottenis Inszenierung in den Kammerspielen des Deutschen Theaters, mit Nina Hoss als Anna/Julia, Guntram Brattia als Felix/Romeo und Hubertus Hartmann als Helmbrecht, ein angenehm leichtfüßiger, schreckensgewitzter Versuch in der richtigen Richtung.)

Moritz Rinke hat inzwischen mit *Republik Vineta, Die Optimisten* und *Café Umberto* einem Theater, das mehr die „Welt" darzustellen behauptet, unsere Arbeitswelt und Wirklichkeitswelt jedenfalls zu durchleuchten anstrebt, mit einem sympathischen Leichtsinn, aber nicht ohne intelligenten Hintersinn zugearbeitet. Dennoch verfehlen die Theater meistens die beklemmende Aktualität und artistische Virtuosität dieser Sehnsuchts- und Traumtheaterstücke, weil sie offenbar allem „Möglichkeitssinn" abgeschworen haben, ihn sogar verloren haben, wobei ihnen, ähnlich wie dem „verlorenen", nur noch bemitleidenswert lächerlichen Personal der Stücke Rinkes, offensichtlich die Wirklichkeit abhanden gekommen ist. „So sitzen sie da. Bald wird es dunkel." Übrigens schienen mir die unspektakulären, von der überregionalen Kritik meistens gar nicht mehr wahrgenommenen Stadttheater-Inszenierungen seiner Stücke, wie *Die Optimisten* in Kiel oder *Café Umberto* in Bremen, die gelungensten Realisierungen, und immerhin hat Moritz Rinke auch einige schräge Glücksmomente des Scheiterns von Theater erlebt, die aber mit „Leben" erfüllt waren und von Schauspielern getragen wurden, die ans Theater glaubten, die, wie etwa Ortrud Beginnen oder Lilo Wander, ihm das Gefühl gaben, ins Schwarze seiner Empfindungen getroffen zu haben.

> Meine Puppen spielen lassen
> tanzen lassen wie ein Rest von
> Seelenwind in den Gelenken [...].
> Oskar Pastior[2]

---

[1] Vgl. S. 13.
[2] Oskar Pastior: „... sage, du habest es rauschen gehört". Werkausgabe Bd. 1. Hg. von Ernest Wichner, München 2006, S. 303.

Die verwandelten Koffer oder Wie es begann

KLAUS SIEBENHAAR

Am Anfang standen die Koffer, genauer: Marlenes Koffer. Es sollte ein großer Essay über eine große unverstandene Diva werden. Am Ende wurde es ein Monodrama und damit das Geburtswerk des ewig jungen(haften), ewig staunenden, ewig verträumten Dramatikers Moritz Rinke. *Der graue Engel* erschien 1995 in der kleinen, ambitionierten „Reihe 99" des noch kleineren und ambitionierteren Verlags Fannei & Walz in der Metropole der Einmann-Verlage, in Berlin. Der Verleger nahm die Metamorphose eines Prosawerkes zum Drama mit heiterer Gelassenheit zur Kenntnis. Widerstand schien zwecklos bei solch einem freundlichen Jungautor und bei dem gebührenden Respekt vor einer Diva. Denn Marlene Dietrich hatte doch längst ein Drama verdient, und Moritz Rinke hätte ihr gefallen – so schüchtern, so begabt, so hingebungsvoll!

Die Auflage war vorsichtig kalkuliert, Dramen verkaufen sich meist schlechter als Lyrik. Aber Kleinverleger sind ja bekanntlich weniger risikoscheu – im Unterschied zu ihren „großen" Kollegen. Und da ist ja auch noch der bekannte Zauber des Anfangs, der kleinkarierte Bedenkenträgerei erst gar nicht aufkommen lässt. Schließlich waltet da noch – ganz altmodisch ausgedrückt – eine Art freiwillig-vorauseilende Fürsorgepflicht in der Beziehung (Klein-)Verleger – (Jung-)Autor. Oder schlichter gesagt: Der Autor war dem Verleger einfach sehr sympathisch – und um jeden Preis förderungswürdig ob seines offenkundigen Talents. Das stimulierte! So wuchs das Werk bei vielen Capuccinos in der externen Verlagsstube, der vom herben Charme erfüllten „Pantry" in der Uhlandstraße. In der überaus freundlichen Produktionsatmosphäre gediehen auch bald Pläne für eine in jeder Hinsicht außerordentliche Präsentation des seiner Vollendung zustrebenden Monodramas.

Schließlich war da noch ein gewisser Gleichklang der Seelen in lebensweltlich entscheidenden Dingen, Verleger und Autor wussten sich in schönster Übereinstimmung: beim Fußball und anderen „Wonnen der Gewöhnlichkeit", beim Theater und natürlich in der würdigen Ehrerbietung für eine Diva. Traditionsbewusstsein dieser Art verpflichtete also, und deshalb schien für die öffentliche Vorstellung des Dramas das Beste nur gut genug. Und das Beste war so nah.

Das Deutsche Theater war bald als Erfüllungsort von Moritz Rinkes erster theatralischer Sendung auserkoren. Das Haus Max Reinhardts, wo Marlene das Schauspielhandwerk erlernt hatte, die Gastbühne von Brechts Berliner Ensemble und die Wirkungsstätte der Langhoffs bildete den angemessenen, theaterhistorisch aufgeladenen Rahmen für die „heimliche" Uraufführung des *Grauen Engels* an einem sonnigen Oktobertag des Jahres 1995.

Es fügte sich gleichsam, dass der Verleger in jener Zeit Mitglied der Künstlerischen Leitung dieses noblen Instituts war. Damit waren alle Voraussetzungen für eine professionelle Darstellung auf höchstem künstlerischen Niveau gewährleistet. Die Theaterarbeit am jungfräulichen Werk konnte beginnen. Die damals noch bestehende, legendäre Probebühne des Deutschen Theaters an der Reinhardtstraße, ganz durchdrungen vom Geist Wolfgang Langhoffs und Bert Brechts, war als Ort des ungewöhnlichen Geschehens bestimmt worden. Im requisitären Probebühnenbild zu Jürgen Goschs *Prinz von Homburg*-Inszenierung gaben die junge Petra Hartung den „Grauen Engel" und Horst Lebinsky den stummen „Konstantin". Eine famose Besetzung: die herb-schöne, selbstbewusste Blondine und der abgründig-lakonische Alte. Die sprachliche Qualität vermochte sich in dieser spielerisch zurückgenommenen, ganz auf das Wort konzentrierten Präsentation voll zu entfalten. Der Autor und sein Verleger hatten in bester Berliner Doppelregie-Tradition höchstselbst diese szenische Lesung in mehreren intensiven Proben einstudiert, und über hundert handverlesene, geladene Gäste aus Kultur, Politik, Gesellschaft und Wirtschaft lauschten der Separatvorstellung andächtig.

Der junge Dramatiker wohnte aus distanzierter Nähe, auf Brechts Treppe lagernd (wie der Meister auf dem berühmten Foto!), leicht entrückt, aber voll konzentriert dem spektatorischen Ereignis bei. Der theaterwissenschaftliche Ziehvater Moritz Rinkes und Nachwort-Autor Andrzej Wirth war in gewohnt postdandyistischem Habitus nebst anderen Bühnenzelebritäten unterstützend anwesend. Die Matinee als Gottesdienstersatz bewies an diesem Sonntagvormittag aufs Wunderbarste ihre magische Anziehungskraft. Die Erinnerungsbilder sind so frisch und plastisch, als sei es gestern gewesen – „Mori", wie man ihn zärtlich nannte, war stolz und glücklich und sein Verleger auch.

So nahm sie ihren Anfang, die Theaterlaufbahn des Moritz Rinke. Die tausend gedruckten Exemplare des „Monologs zu zweit" sickerten von da an in zäher, aber schöner Regelmäßigkeit in die Buchhandlungen. Die etwas üppigeren Bühnenerlöse erfreuen noch heute den kleinen Verlag und vergolden die Erinnerung an einen zauberhaften Herbst, als Jung-Verleger und Jung-Autor gemeinsam ihre ganz eigene, unvergessliche Theatergeschichte am legendären Deutschen Theater in der großen Stadt Berlin schrieben.

Nun, da aus dem jungen Autor ein junger Klassiker der zeitgenössischen Dramatik in einem bedeutenden Verlag geworden ist, hütet der immer noch kleine, aber nicht mehr junge Verleger die letzten Exemplare der Erstausgabe des *Grauen Engels*. Moritz Rinke, lieferbar in der edition Fannei & Walz im B&S Siebenhaar Verlag Berlin zum wohlfeilen Erstausgabepreis von 10 Euro.

Immer wieder findet sich für dieses am längsten lieferbare Werk des Verlags ein Liebhaber. Ganz langsam beginnt deshalb den Verleger ein schmerzendes Gefühl von nahendem Verlust zu durchdringen. Denn er weiß: Der letzte verkaufte *Graue Engel* beendet eine wunderbare, von Poesie getragene Beziehung. So ist es denn gekommen, und damit bleibt endgültig nur noch der gemeinsame Fernsehabend mit den eher prosaischen Darbietungen der Champions-League – bei Chips, Pils und in der befriedigenden Gewissheit, Koffer in Literatur, genauer: in ein Drama verwandelt zu haben. So einen Anfang hat man selten!

Der Rabe im Blauwal

Improvisation über ein Thema aus Rinkes *Blauwal im Kirschgarten*

MICHAEL EBERTH

Im zweiten Jahr nach dem Fall der Mauer heuerte ich am einstigen Staatstheater der DDR, dem Deutschen Theater, als Dramaturg an. Und „in manchen Momenten schien mir, als sei die Welt im Begriff, ganz zu versteinern: ein langsames Versteinern, das je nach Orten und Personen mehr oder weniger weit fortgeschritten war, aber keinen Aspekt des Lebens ausließ. Es war, als könnte sich niemand dem unerbittlichen Blick der Medusa entziehen."

In einem dieser Momente trat ein Jüngling an meine Seite, der sich Rinke nannte, und sagte, man müsse die Dinge nicht ganz so schwer nehmen. Ich fragte ihn, wo er herkomme. Er sagte: „Worpswede." Ich sagte, wer aus Worpswede komme, könne nicht mitreden.

Er redete trotzdem mit. Schrieb sogar Theaterkritiken. Begegnete denen, die ich versteinern sah, mit einem Staunen, das in den Manifestationen ihrer Verblendung nicht die Trübung des Geistes erscheinen sah, sondern die Neigung des Menschen zu *trial and error*, die in Rinkes Beschreibung die drolligsten Züge annahm.

In diesen Jahren des Umbruchs gehörte es zu meinen Eigenarten, die falschen Bücher aus den Regalen zu ziehen. Unter Calvinos Werken griff ich nicht nach den *Sechs Vorschlägen für das nächste Jahrtausend*, sondern nach dem *Geteilten Visconte*. Dieser in zwei Teile gehauene italienische Ritter bot sich für die Verwandlung in einen Ritter des deutschen Geistes an, den der Lauf der Zeit in zwei Teile gehauen hat, die wieder vereint werden wollen. Man war auf das Abgelebte fixiert. Nicht auf das Künftige.

Der erste der Vorschläge, die Rinke gelesen haben muss, während ich den Geteilten nachsann, lautete: *Leichtigkeit*. Alles, was er schrieb, nahm sich leicht, ja, geradezu schwebend aus. „Der einzige Heros, der fähig ist, der Medusa den Kopf abzuschlagen, ist Perseus, der sich in Flügelsandalen durch die Luft bewegt", führt Calvino zum Thema Leichtigkeit aus, „Perseus, der seinen Blick nicht auf das Antlitz der Gorgo richtet, sondern nur auf ihr Spiegelbild in seinem bronzenen Schild."

Rinke spiegelte das Antlitz der Gorgo in einem Stück mit dem Titel *Der graue Engel*. Es war ein leichter Text. Ein Fressen für eine ältere Diva. Für mein aufs Schwere fixiertes Gemüt hatte er nur zwei schwere Mängel. Er stammte von einem Kritiker, der auch über mein Haus schrieb. Und er präsentierte sich in dem Sound, den Thomas Bernhard seinen Helden gegeben hatte.

Mein Intendant neigte dazu, das Stück zu machen. Er konnte eine seiner Diven damit beglücken. Und er musste mal nicht etwas Schweres von Shakespeare oder von Hofmannsthal stemmen. Ich beharrte auf meinem Veto. Der junge Dramatiker besuchte mich in meinem „Kirschgarten" im Süden der Hauptstadt, um mich umzustimmen.

„Wenn mir das Reich des Menschlichen zur Schwere verurteilt erscheint, denke ich, ich sollte wie Perseus wegfliegen in einen anderen Raum", hätte ich mir für das Gespräch mit Rinke zu Herzen genommen, wenn ich die Vorschläge von Calvino gelesen hätte, „Ich spreche nicht von einer Flucht in den Traum oder ins Irrationale. Ich meine, ich muss meinen Ansatz ändern, die Welt mit anderen Augen sehen, mit einer anderen Logik, anderen Methoden der Erkenntnis und der Verifikation. Die Bilder der Leichtigkeit, nach denen ich suche, dürfen nicht wie Träume verblassen vor der Realität der Gegenwart und der Zukunft ..."

Die Bilder der Leichtigkeit, die Rinke gefunden hatte, gelangten am Ende nicht auf die Bühne des Deutschen Theaters. Der Intendant musste wieder was Schweres stemmen. Und Rinke musste das Leichte anderswo hintragen.

Im Jahr drauf überraschte er mich mit einem Text, der unter dem Titel *Der Blauwal im Kirschgarten* in der Tiefdruckbeilage der *FAZ* abgedruckt war. Er schilderte eine Begegnung, die in einigen Zügen mit meiner Erinnerung korrespondierte, in anderen so krass von ihr abwich, dass ich mich unter dem Eindruck der Straftat *Revanche-Foul* im Branchenbuch nach einem Anwalt für Medienrecht umsah:

Der Chefdramaturg: „Spüren Sie überhaupt keinen Generationenkonflikt?"
Ich: „Doch. Schon. Ich spüre Generationen, aber keinen richtigen Konflikt."
Der Chefdramaturg: „Wieso spüren Sie denn keinen richtigen Konflikt? Warum springt denn in Ihrem Stück nicht der Dämon Ihrer Generation auf den Dämon meiner Generation und beißt sich in deren Widersprüchen fest? Wo ist die Wut in Ihrem Stück, die den Dämon meiner Generation niederringt und mich und die Gesellschaft in den Staub wirft?"

Gekommen war ich in den Kirschgarten des Chefdramaturgen, um mit ihm mein erstes Stück zu besprechen, das sein Intendant aufzuführen beabsichtigte. Allerdings mußte der Chefdramaturg erst noch in letzter Instanz seine Zustimmung geben.

„Ach, wissen Sie", sagte ich, „mein Stück ist eher ein Stück mit einer Hoffnung am Ende. Zuerst wird eine Frau beschrieben, die es nicht schafft, die Vergangenheit loszulassen, aber am Ende schafft sie es dann doch, sie bekommt ihre Freiheit zurück, die Geister verschwinden, und auch die Sprache wird immer unverstellter."

Am Ende der Spielzeit 95/96, meiner letzten am Deutschen Theater, war es zu einer so wundersamen Serie von Begegnungen mit dem Propheten Jona und seinem Walfisch gekommen, dass mich die Häufung der Vorfälle glauben machte, hier wirke nicht mehr der Zufall, sondern eine Instanz, die mir so lange Zeichen schickt, bis ich die Botschaft begriffen habe.

Den Auftakt lieferte ein polnischer Frachtkahn, der über die Spree tuckerte, als ich auf dem Weg vom Deutschen Theater zur S-Bahn den Fluss überquerte, und der auf dem Bug ein verwittertes *Jona* stehen hatte. Es folgte der Schauspieler Rolf Boysen, der im Radio aus Melvilles *Moby Dick* die Predigt des Pastor Mapple vortrug, in der von einem mit Gott hadernden Jona die Rede ist. Auf Hiddensee geriet ich in eine Kirche, die ein Abbild von Melvilles Walfänger-Kirche war. Beim Weitergehen kam ich an einem Spielplatz vorbei, auf dem ein hölzerner Jona vor dem offenen Rachen eines aus Planken gefertigten Walfischs betend im Sand kniet. Auf einem Berliner Trödelmarkt fiel mir ein Exemplar der *Biblischen Geschichte* meiner Schulzeit in die Hände, die auf einem Holzschnitt den ausgespienen Jona zeigt, der am Strand kniet, während der Wal unter hoher Fontäne davonschwimmt. In der ZEIT erschien unter dem Titel *Ein Fisch namens W.* eine Kritik über Robert Wilsons *Time Rocker*, in der ein berauschter Kritiker der Inszenierung, die vom Walfisch mit seinem Furcht erregenden Bauch nur ein ästhetisch geformtes Skelett übrig ließ, gezählte siebenunddreißig Mal das Wort „schön" nachwarf. Bei einer Party im Haus von Freunden sah ich auf einem Tisch ein indianisches Tarot liegen, dessen Karten so ausgebreitet waren, dass die Gäste sich animiert fühlen sollten, eine zu nehmen, und griff nach der Karte, auf der ein Wal als Gestrandeter auf dem Rücken lag. Die Zeitschrift *LETTRE* präsentierte einen Aufsatz des Shakespeare-Lotsen Jan Kott, der unter dem Titel *Der neue Jona oder Die geplatzten Fundamente der Welt* von einem parallelen Mythos der Eskimos schreibt, in dem Jona in der Gestalt eines Raben in den Walfischbauch abtaucht. In meiner Irritation über die Flut der Zeichen griff ich nach dem Aufsatz *Parmenides und Jona* von Klaus Heinrich, in dem von Identitätszerfall, Sprachlosigkeit und Selbstzerstörung als Manifestationen des Gottverrates die Rede ist.

Die Offenbarung, die mir zugedacht war, erkannte ich in dem Text von Jan Kott: „Das Hinabsteigen von Jona/dem Raben in den Walfischbauch ist ein gebräuchliches Zeichen der Initiation, des Überschreitens der Todesschwelle, um wiedergeboren zu werden. Im Bauch des Walfischs findet der Rabe eine Lampe, in die Öl fließt. Im Mythos der Eskimos – wie in den *Midraschim* über Jona – verwandelt sich der Leviathan für einen Augenblick in einen wirklichen Walfisch. Er schlägt Feuer und zündet die Lampe an. In deren Licht findet er eine schöne Frau. Sie ist die Seele des Walfischweibchens. In der Arche Noah beleuchtet eine Perle den Patriarchen. Die Perle ist in der Gnosis das Bild der Seele. Der Jona der Eskimos fand im Bauch des Walfischweibchens – die Seele"._

Einen Steinwurf vom Haus meiner Eltern entfernt stand eine Villa am See, die in den Wirren des letzten Jahrhunderts in die Hände einer Gemeinschaft von siebenunddreißig über die Welt verstreuten Erben gefallen war, die sich mit der Hilfe von Anwälten gegenseitig daran hinderten, das Erbe zu nutzen. Uns Kindern aus der Umgebung bescherte der Streit einen Spielgrund, in dem wild wuchernde Sträucher und Brombeerbüsche, von Stürmen entwurzelte Bäume, abgebrochene Äste und vermoderndes Altholz ein Dickicht entstehen ließen, das sich in der sterilen Welt der fünfziger Jahre wie eine Wildnis aus paradiesischer Urzeit ausnahm. Die geisterhaft stille Villa selbst mit ihren bröckelnden Sandsteintreppen, dem eingestürzten Gartenpavillon, dem auf schiefen Pfählen im Wasser stehenden, mit Spinnweben überzogenen Badehaus und dem von Efeu überwachsenen Gewächshaus mit den zerbrochenen Scheiben und verrosteten Eisentüren beschwor in einer Zeit, in der jeder Blick ins Vergangene Schrecken auslöste, die Ahnung von einer verschwundenen Welt herauf, deren Akteure in Würde und Schönheit gelebt hatten.

Eines Nachmittags fand ich mein Paradies von einem Dutzend junger Frauen bevölkert, die dem Frevel der Eva, der das andre Geschlecht für immer beschämen wird, einen weiteren hinzufügten. Sie trugen Kopftücher, Schürzen und Lederhandschuhe und rückten mit der Hilfe von Sägen, Hecken- und Rosenscheren den Kletter-Rosen und Brombeerbüschen zu Leibe, die über die Mauern und Fenster der Villa gewuchert waren. Ich ließ den Blick von den Rodenden zu den abgeschnittenen Zweigen wandern, die sich auf den Kieswegen türmten, und fragte mich, wo die Frevlerinnen das Recht hernahmen, mein Paradies zu zerstören. Meine Spielkumpane, die nach und nach über den Zaun geklettert kamen, starrten die Außerirdischen nicht weniger fassungslos an. Wir kamen erst aus dem Staunen heraus, als eine der Frauen uns zurief, wir sollten herkommen und ihnen helfen.

Eine Woche lang widmeten wir uns an den Nachmittagen dem Roden und Feuermachen. In einer Pause, in der wir Kartoffeln an Stöcken ins Feuer hielten, fragte eine der Frauen, ob jemand von uns evangelisch sei, und gab denen, die ihre Hände hoben, ein hektographiertes Blatt mit, auf dem wir ab dem kommenden Sonntag zu einem Kindergottesdienst eingeladen wurden. Die Erben hatten sich darauf geeinigt, die Villa bis zum Ende des Rechtsstreits an die evangelische Kirche zu vermieten. Die Kirche hatte sich ausgedacht, junge Frauen drin auszubilden, die bereit waren, als Ehefrauen von Missionaren nach Neuguinea zu gehen, um den Kindern der Papuas beizubringen, wer Jesus war.

Da die künftigen Missionarinnen vor allem das Erzählen der biblischen Geschichten üben mussten, führten sie uns bei den Gottesdiensten nach einer Runde gemeinsamen Betens und Singens in Gruppen von Zweien und Dreien in ihre Schlafzimmer, setzten uns auf ihre Betten und weihten uns mit einer Sanftheit, die sich auf mein Frauenbild verheerend ausgewirkt hat, in eine biblische Geschichte ein, die wegen der Eindringlichkeit des Erzählens den Charakter eines Ereignisses aus der realen Vergangenheit annahm. Ich war neun oder zehn, wusste von den Papuas, dass sie Menschen fraßen, sah die Sanften gefesselt in dampfenden Kesseln hocken und überlegte mir, wie ich sie retten konnte. Wenn mich der Glanz der Verkündigung zu sehr blendete, ließ ich den Blick durch ein Fenster zum See wandern. Da ich den See im Blick hatte, als die Geschichte von Jona und seinem Walfisch sich meiner bemächtigte, konnte sie nirgends anders als dort passiert sein.

Seekinder sind mit dem Verschwinden von Menschen und Dingen im Wasser von klein auf vertraut. Sie halten den See für eine Schatztruhe, die alles Versunkene aufbewahrt. Die kleine Meerjungfrau, die es auf dem Weg zur Hexe in den Greifern der Polypen stecken sah, hat es bezeugt. Die Vorstellung, dass unter den mickrigen Fischen, die im See schwammen, vor Zeiten ein Wal gelebt haben könnte, ließ sich nicht lange halten. Dass der Prophet drunten war, wo das Verschwundene lag, diese Ahnung ist aber an aller Vernunft vorbei in mir hängen geblieben. Ich war zwei, als das Dritte Reich, das sich so mächtig aufgespielt hatte, von einem Moment auf den andren spurlos verschwand. Wer zwei ist, sieht alles, hört alles, kriegt aber nichts auf die Reihe. Das Erlebte brennt sich dadurch besonders tief ein. Als der Verstand erwachte, lag das Schweigen über dem Land. Als ich zehn oder elf war, suchte ich die Steine des Ufers nach dem Verschwundenen ab, wenn das Wasser des Sees im Herbst so niedrig stand, dass sie freilagen. Ich wollte wissen, was da so blitzschnell verschwinden musste, dass die Leute es in den See gekippt hatten. Da nichts mehr zu finden war, blieb die Last des Bezeugens an Jona hängen. Er war drunten. Er muss es drunten gesehen haben.

Rinkes Text über den *Blauwal im Kirschgarten* endet mit einer Passage, in der er mich mit dem Blauwal aus einer Rede von Christoph Ransmayr gleichsetzt, „der unter den schäumenden Fontänen seiner Atemluft an den turmhohen schwarzen Klippen von Baltimore vorbei dem offenen Atlantik einsam entgegenschwimmt." Ich kann in diesem Zitat nur ein weiteres Zeichen der ob meiner Verstocktheit besorgten Instanz erkennen. Im *Book of Indian Medicine*, das ich im Haus der Freunde neben den Tarot-Karten in einer Holzschale liegen sah, heißt es:

> Wenn du die Karte des Wals gezogen hast, bist du aufgefordert, in deine tiefste Erinnerung einzutauchen und sie von denen besingen zu lassen, die dafür eine Sprache haben. Wenn der Wal auf deiner Karte gestrandet ist, wird die Suche nach deiner Stimme von dem Geschwätz gestört, das dir im Kopf dröhnt. Der gestrandete Wal will dich daran erinnern, dass du die Antworten, die du zum Leben brauchst, in dir selbst findest. Du wirst sie nicht gleich erkennen. Wenn du dein Herz aber dem öffnest, was die Stimme des Wals

dir vorsingt, und dessen gedenkst, was vor dir war, wird dir das Singen des Wals zum Geschenk werden.

„Schöneres hätten sie nie gesehen, schworen die Begeisterten", schrieb der berauschte Kritiker über die Aufführung, in der vom Wal mit seinem dunklen Bauch nur noch das glänzend schön polierte Skelett übrig war:

Und die anderen starrten stumm und sauer vor sich hin. Sagten allenfalls, früher (ja früher!) sei alles wirklich schön gewesen, heute dagegen sei es nur noch verlogen schön. Wie bei einer einstmals schönen Frau, die früher bleich, schweigsam und mondsüchtig war, und die uns heute geschminkt, gepudert, geliftet – und unerträglich geschwätzig erscheint. Aber gefährdet nicht allzu viel Schönheit unsren Verstand?

Ich könnte jetzt vorschlagen, im Text des Berauschten „schön" mit „leicht" zu ersetzen. Das würde die Frage aufwerfen, ob das Leichte so schön wirkt, weil das Skelett dem Raben, der seine Seele sucht, den Abstieg ins Dunkle erspart, in dem die Geister der deutschen Gespensterbahn lauern.

„Das Scheitern der Kommunikation zwischen uns und den Walen kann genauso gut unsre wie deren Schuld sein", schrieb ich an Rinke, nachdem ich das Branchenbuch wieder zugeklappt hatte. Der Text stammt von Montaigne. Melville hat ihn als Motto in *Moby Dick* abgedruckt. Ich hatte den Roman in der Zeit der Zeichen nochmal gelesen. „Man sollte also bestimmen, woran es liegt, dass wir uns nicht verstehen können; denn wir begreifen sie nicht viel besser als sie uns, drum könnten sie mit genauso viel Grund annehmen, wir seien die Bestien, wie wir dies von ihnen annehmen."

Vor kurzem erschien Rinkes erster Roman. Einer der Kritiker schrieb, der Autor erreiche mit einem Rucksack voller schwerer Symbole japsend ein Ziel, das der Leser längst hinter sich habe. „Was jetzt?", dachte ich, als ich das las. Hat er die *Vorschläge* doch nicht gelesen? Oder ist das Schwere nur leicht, so lang man nicht genau hingeschaut hat?

Berlin, im April 2010

„Humor macht meistens einsam."

Ein Gespräch zwischen JOHN VON DÜFFEL und KAI BREMER

KAI BREMER: Es gibt, wenn ich es recht überschaue, keinen Dramaturgen, der häufiger mit Moritz Rinke zusammengearbeitet hat als Sie. Sie haben Rinke 1999 zum „Leibschreiben"-Projekt nach Bonn geholt, Sie haben die Uraufführungen von *Republik Vineta* und *Café Umberto* in Hamburg und die der *Nibelungen* in Worms betreut. Wie lässt sich diese Zusammenarbeit mit Rinke beschreiben. Ich nehme an, dass gegenseitige Wertschätzung dafür eine Voraussetzung ist. Aber woraus resultiert die?

JOHN VON DÜFFEL: Unsere erste Begegnung fand auf Veranlassung meines späteren Intendanten Ulrich Khuon auf den Autorentheatertagen in Hannover statt, das muss anno 1995 gewesen sein. Moritz Rinke war dort eingeladen mit seinem Erstlingswerk *Der Graue Engel*, ich hatte meine Autorentheatertage-Taufe im Jahr zuvor mit *Das schlechteste Theaterstück der Welt*. Aus irgendeinem Grund hatte Khuon den Verdacht, dass wir uns gut verstehen würden, und sein Instinkt war goldrichtig. Vielleicht hat es damit zu tun, dass wir beide – auf unterschiedliche Weise, aber doch immerhin – so etwas wie Humor haben. Das ist nicht weitverbreitet in der Theaterlandschaft. Im Gegenteil. Humor macht meistens einsam. Aber da standen wir dann, die beiden letzten Humor-Soldaten. Ich war damals bereits auch Dramaturg. Und wahrscheinlich sind wir über unsere Nähe als Dramatiker zu einem Vertrauensverhältnis zwischen Dramaturg und Dramatiker gekommen.

BREMER: Nimmt Rinke denn viel Anteil an der Inszenierungsarbeit?

VON DÜFFEL: Ja. Zumindest war das bei sämtlichen Uraufführungen so. Er hat eine große Liebe und Nähe zum Theater, auch das ist für Autoren keineswegs selbstverständlich. Und er hat auch eine Sprache im Umgang mit Schauspielern und Regisseuren. Es ist trotzdem nicht immer leicht für einen Autor, die Produktion zu erreichen, die ja anderen eigenen Zwängen und Gesetzmäßigkeiten folgt als die Arbeit des Schreibenden. Oft ist das der Punkt, wo dann der Dramaturg vermitteln muss. Sofern das überhaupt möglich ist.

BREMER: Und haben Sie im Gegenzug auch Anteil an seiner Arbeit? Diskutiert er unfertige Texte mit Ihnen?

VON DÜFFEL: Bei ‚Leibschreiben' gehörte diese Art der Zusammenarbeit gewissermaßen zum Konzept. *Republik Vineta* war ein Auftragswerk wie auch die *Nibelungen*, und insofern war ich jedes Mal offiziell zuständig. Doch auch darüber hinaus tauschen wir uns oft aus. Moritz ist ein sehr guter Zuhörer und kann Kritik für sich gut verwerten. Seltene Tugend!

BREMER: Wenn Sie an die Rinke-Aufführungen, die Sie betreut haben, zurückdenken: An welche erinnern Sie sich besonders gerne – und warum?

VON DÜFFEL: *Republik Vineta* war sicher das Highlight! Und die Version der *Nibelungen* mit Manfred Zappatka als Hagen und Maria Schrader als Kriemhild 2003.

BREMER: Gab es auch Situationen, in denen Ihr gutes Verhältnis, ihre Freundschaft zueinander auf die Probe gestellt wurde? Es ist bei den *Nibelungen* und bei *Café Umberto* gewiss von Vorteil gewesen, dass Sie seine früheren Dramen gut kannten, aber ich denke mir, dass verhältnismäßig große Nähe auch ein Hindernis sein kann.

VON DÜFFEL: Bei *Café Umberto* ist uns das Stück entglitten. Die Erwartungen an den „Neuen Rinke", der ja in Düsseldorf uraufgeführt und kurz darauf am Thalia Theater nachgespielt wurde, waren immens. Es sollte das Zeitstück zum Thema Arbeitslosigkeit werden – und wahrscheinlich hat das Laute, was von allen Seiten tönte, der Stille geschadet, die in jeder Rinke-Figur auch steckt. Auf einmal wurden sie auch laut – entgegen ihrer Stille und eigenweltlichen Bescheidenheit. Doch daran war mitten im Hype nicht mehr zu denken. Unsere Freundschaft hat darunter – denke ich – nicht gelitten. Aber es war, angesichts der aufrichtigen Arbeit aller Beteiligten, eine Enttäuschung. Bei den *Nibelungen* war es – rückblickend gesprochen – so, dass Rinkes Version immer mehr zu Wedels Version wurde. Ich meine das wertfrei. Aber der Regisseur und Intendant Dieter Wedel hat mit der ihm eigenen Beharrlichkeit immer mehr den Stoff und das Stück befragt und wollte auch die Antworten auf seine Fragen von Moritz. Unter dem Aspekt der Zusammenarbeit wurde das zunehmend schwierig, weil in dem Auftragsverhältnis die dichterische Freiheit immer mehr schwand. Wohlgemerkt. Die Fragen von Wedel waren allesamt berechtigt, aber sie waren eben nur zum Teil wirklich die Fragen, die Moritz sich stellte. Und die Art und Weise des Fragens bedingt natürlich die Antwort.

BREMER: Sie sind ein Dramaturg, der die Gegenwartsdramatik nicht nur sehr gut kennt, sondern auch vielfach gefördert hat und weiterhin fördert – das angesprochene „Leibschreiben"-Projekt verfolgte dieses Anliegen, in Hamburg am Thalia Theater war die Autorenförderung ein wesentlicher Bestandteil Ihrer Arbeit. Rinke war damals in Bonn einer der ersten Dramatiker, der von der Autorenförderung der zweiten Hälfte der 90er Jahre profitierte. Heute kann er als etablierte Größe gelten. Aber ist er auch für die jüngeren eine Bezugsgröße? Haben Sie den Eindruck, dass Rinkes große Wertschätzung des Dialogs und der Figuren bei den jüngeren Dramatikern auf Interesse stößt oder eher nicht?

VON DÜFFEL: Ich glaube, dass die Art und Weise wie Moritz seine Figuren behandelt, spielerisch, liebevoll, empathisch, aber auch mit einem klaren Blick für ihre Schwächen, durchaus Schule machen kann. Zumindest kann man viel von ihm lernen. Seine Haltung ähnelt am ehesten der Tschechows zu seinem Dramenpersonal. Allerdings ist diese Haltung eines nicht, was im Theater zusehends wichtiger wird: sie ist nicht spektakulär oder skandalträchtig. Ich glaube aber an die stille Beharrlichkeit.

BREMER: Und wie lässt sich Rinke im Spektrum der Gegenwartsdramatik insgesamt verorten? Welchen Dramatikern steht er nahe – formal, aber auch inhaltlich?

VON DÜFFEL: Wenn man unter den Gegenwartsdramatikern nach Ähnlichkeiten sucht, dann würde ich sagen: am ehesten der junge Botho Strauß. *Der Graue Engel* hat noch einen Thomas Bernhard'schen Zug, aber Moritz hat bei weitem nicht Bernhards Welt- und Menschenhass. Insofern also Botho Strauß – vor der Weltwehmütigkeitsphase.

BREMER: Wenn ich mir anschaue, wo Rinke schwerpunktmäßig gespielt wird, dann habe ich den Eindruck, dass es zwei Zentren gibt. Das eine ist die Schweiz. Auch sonst gibt es dort, so mein Eindruck, ein großes Interesse an seinen Arbeiten. Ich vermute, dass das an seiner formalen Nähe zur Schweizer Dramatik liegt (Dürrenmatt, Frisch). Sehen Sie das auch so?

VON DÜFFEL: Hm.

BREMER: ... vor allem aber scheint mir, dass Rinke in Norddeutschland gespielt wird. Und dafür finde ich nun kein Argument. Haben Sie eine Idee, warum das so ist? Ist Rinke ein norddeutscher Schriftsteller?

VON DÜFFEL: Ich vermute, es hat viel eher mit den Vorlieben der Theatermacher zu tun. Ein Publikum für Moritz Rinke findet sich vermutlich überall.

BREMER: Mich interessiert noch eine ganze andere Frage, eine an den Romanautor John von Düffel. Was mich an Ihren Romanen *Houwelandt*, *Hotel Angst* und *Beste Jahre* fasziniert hat, ist, dass Sie diesem ja so verminten Genre Familienroman eine neue Facette abgerungen haben, indem Sie auf die Frage des Erbes gerade nicht eingehen – Stichwort das Haus in der Mengstraße. Rinke dagegen setzt nun in seinem Roman ganz aufs Erbe – fanden Sie das nicht langweilig bei der Lektüre? Ich nehme mal an, dass Sie seinen Roman kennen.

VON DÜFFEL: Ich finde Moritz' Roman gerade wegen der Bilder, die er für dieses Erbe gefunden hat, grandios: ein im Sumpf versinkendes Haus, Gemälde und Leichen im Keller, ein Streuselkuchenstück, von dem Willy Brandt abgebissen hat ... In meinem Fall war das Auslassen des Erbes – wenn Sie mich so fragen –

weniger eine Stil-Entscheidung, es hat wohl eher damit zu tun, dass es in unserer Familie noch nie etwas zu erben gab.

BREMER: Sie haben vor einiger Zeit eine Dramatisierung der *Buddenbrooks* für das Thalia Theater erstellt. Haben Sie schon darüber nachgedacht, Rinkes Roman zu dramatisieren – oder soll er das lieber selbst machen?

VON DÜFFEL: Ich vermute mal, er arbeitet schon dran.

BREMER: Vielen Dank für das Gespräch!

Skizze zu einem Porträt des Autors als junger Mann

MICHAEL PROPFE

Rinke ist anders. Rinke ist wie Rilke mit Hasenscharte. Also komisch. Jedenfalls unernst. Oder jedenfalls ernst, aber heiter. Rinke ist ein Mauersegler. Oder Pfützenhüpfer. Auf keinen Fall einer wie Heiner Müller. Oder wie alle anderen. Er ist, hört, hört, ein Mythenzertrümmerer. Vielmehr Durchlöcherer. Er durchlöchert sie so, dass dahinter die Gegenwart aufleuchtet.

Ich mag auf dem Theater lieber Menschen sehen, die es gar nicht mehr gibt, als die, die es ohnehin schon gibt. Ich bewundere das zeitgenössische englische Drama wegen seiner Aktualität, daß es so schnell ist und so schnell all die bösen Menschen transportieren kann. Mich interessieren hingegen eher Dinge, die es gar nicht mehr gibt. Und wenn ich einen Menschen beschreibe, den es gar nicht mehr gibt, vielleicht kann ich ja dann eine Sehnsucht nach ihm vermitteln?[*]

Rinke ist ein Spieler. Ein spielerisch Schreibender. Ein Verspielter. Er blickt freundlich auf die Welt und auf die Menschen. Und genau. Und die Welt und die Menschen gucken nicht von vornherein unfreundlich zurück. Was er beobachtet, beschreibt er mit einer fast lässigen Kunstfertigkeit. Man blickt als Zuschauer gern auf das Beschriebene. Und kapiert doch etwas, eben wegen der Genauigkeit. Gewichte werden nicht gestemmt. Kein Tropfen Schweiß fließt, jedenfalls kein literarischer.

Ich sehne mich nach einem Theater, in dem ich die ganze Unruhe und das Chaos unserer Zeit spüren kann, aber ohne daß die Realität 1:1 abgebildet wird, auch weil man sie gar nicht so einfach abbilden kann. Ein Theater, in dem die Figuren trotzdem gegen das Chaos an Geschichten erzählen und behaupten wollen. Es muß Geschichten geben, in denen es erträumte Räume, Farben, eine Sehnsucht nach Schönem und Utopischem gibt, also vieles, was heute schnell als Kitsch bezeichnet wird. Sobald Hoffnung oder Poesie auftaucht, oder innerhalb einer aussichtslosen Geschichte zwei Menschen für einen Moment zusammenfinden, gibt es immer jemanden, der so abgefuckt ist und gleich sagt: „Kitsch!" Und warum? Weil seine Welt nur noch Zynismen zusammenhalten.

---

[*] Alle Zitate Moritz Rinkes stammen aus einem Gespräch mit Andreas Beck im Programmheft zur Uraufführung von *Der Mann, der noch keiner Frau Blöße entdeckte* am Staatstheater Stuttgart, Spielzeit 1998/99.

Wann gab es das schon, in der deutschen Literatur oder Dramatik? Ein Ereignis! Total undeutsch. Lag es an seiner Vorgeschichte als Journalist? Der muss ja die Dinge lieben, alle Dinge, auch die Dinge, die er nicht liebt, weil er sie nur so beschreiben kann. Er muss das Detail herauspulen, auch das nebensächlichste, es betrachten, in die Luft werfen, und wenn es Glück hat, fällt es an die richtige Stelle eines Textes, und bei noch etwas mehr Glück wird es zu genau jenem Sandkörnchen, um das sich die Perle der Erkenntnis auswächst.

So kann man auch auf Entdeckungsjagd in mythischer Landschaft gehen. Nicht erst bei den *Nibelungen*, die nur in der monumentalen Undurchschaubarkeit lokalpatriotisch-touristischen Provinzstolzes zu dem wurden, was sie eigentlich genau nicht hätten werden sollen: einer lokalen Nationalposse.[1] Da ist Rinkes Humor entschieden besser. Subtiler. Schon einige Stücke früher war das der produktive, animierende Ansatz — in einem Stück, das in Stuttgart uraufgeführt wurde und das wunderbare, von Andreas Beck initiierte Unternehmen „Dichter ans Theater" eröffnete (vorsichtshalber unter dem Logo eines Warnschildes zweier karambolierender Autos): *Der Mann, der noch keiner Frau Blöße entdeckte.*

Die Figur des Helmbrecht aus der mittelhochdeutschen Verserzählung des Wernher der Gartenaere taucht im ganz gegenwärtigen deutschen Regietheater und in der ganz gegenwärtigen gemeinen Beziehungskiste auf. Dass sich die letzteren beiden Komponenten durchdringen, kommt im deutschen Stadttheater häufiger vor. Dass sie es mit einer literarischen Gestalt des Mittelalters zu tun haben, gelegentlich. Dass sie es in das Zentrum eines Gegenwartsstückes

---

[1] Im Rahmen der Aufführungen von Rinkes *Nibelungen* durch Dieter Wedel für die Wormser Nibelungenfestspiele kam es zu Differenzen zwischen Autor und Regisseur.

schaffen, nie. Erst (und nur) bei Rinke. [Stop: Eine Generation früher konnte einem das bei Tankred Dorst widerfahren!] Nicht nur in diesem Stück sind Heiterkeit und Erkenntnis ein einzigartiges Amalgam eingegangen. Kann man mehr sagen? Sicherlich! Dies war in Stuttgart ja erst der Anfang.

Einen Meister hat er jedenfalls getroffen, der ist zwar schon lange tot, die Begegnung war aber dennoch bewegend: mit Anton Tschechow an seinem Grab auf dem Friedhof beim Neu-Jungfrauenkloster in Moskau, am Rande eines Festivals neuerer deutscher Dramatik.

„Theater lebt vom Dialog!"

Ein Gespräch zwischen SIBYLLE BROLL-PAPE und KAI BREMER

KAI BREMER: Frau Broll-Pape, als ich mich mit der Inszenierungsgeschichte von Rinkes Dramen befasst habe, ist mir die zeitliche Nähe ihrer beiden Rinke-Aufführungen am prinz regent theater in Bochum aufgefallen. Sie haben *Der Mann, der noch keiner Frau Blöße entdeckte* 1999 und *Männer und Frauen* 2001 aufgeführt. Damals stieg der Dramatiker-Stern Rinke rasant. Deswegen kann ich mir vorstellen, dass es bei den Inszenierungen ganz unterschiedliche Voraussetzungen gab. Bei *Blöße* war er vermutlich noch ein weitgehend unbekannter Autor.

SIBYLLE BROLL-PAPE: Ja, Moritz Rinke war für mich eine regelrechte Entdeckung. Ich erfuhr von ihm durch einen gemeinsamen Freund. Ich habe einfach ein Stück gesucht für kleine Besetzung und der gemeinsame Freund, der damals bei mir Schauspieler war, meinte: „Ich hab' da so ein Stück. Magst du das nicht einmal lesen?" So habe ich es bekommen und war sofort begeistert. Dann habe ich Rinke angerufen und mit ihm kurz geredet. Wir haben uns getroffen und dann war alles klar. Schon damals war ich so fasziniert von seiner Art zu schreiben, dass ich dachte: „Na, von dem will ich noch mehr machen." Wir hatten dann die Idee, dass wir das prinz regent theater ausbauen wollten zu einem Theater, das sich a. verstärkt um zeitgenössische Autoren kümmert und b. nicht nur Uraufführungen, sondern vor allem Zweit- und Drittaufführungen spielt. Denn das war und ist ja ein großes Problem, dass die jungen Autoren immer wieder dazu gebracht werden, was Neues zu produzieren, weil das Einzige, was das Feuilleton interessiert, die Uraufführung ist. Deswegen verschwinden die Stücke meistens nach der Uraufführung und werden nicht noch einmal gezeigt. Darüber habe ich auch mit Rinke geredet. Er hat auch zu anderen Autoren Kontakte genannt. Um 2000 war ja eine ganz spannende Zeit. Da kamen die Schimmelpfennings, Walsers – es war eine ganz besondere Zeit für die deutsche Gegenwartsdramatik. So wurde unser Kontakt ziemlich eng. Etwas später habe ich dann *Männer und Frauen* gelesen. Das habe ich mir zum 10-jährigen Jubiläum gewünscht.

BREMER: War das nicht ein Risiko für Sie? Ich muss doch damit rechnen, dass die Feuilletons einen Bogen um mich machen, wenn ich eine derartige Spielplankonzeption über einen längeren Zeitraum durchzuhalten versuche.

BROLL-PAPE: Ich habe das einfach getan. Aber Sie haben recht: Es hat sich dann herausgestellt, dass das Feuilleton an uns vorüberging. Letzten Endes hätten wir dafür unterstützt werden müssen, ist aber nicht geschehen. Ich denke, dass wir damit aber zumindest die Autoren unterstützt haben. Immerhin kamen dann hier und da noch einige Kritiker, die gesagt haben: „Wir vergleichen das jetzt mal." Eigentlich ist es ungemein wichtig, den Stücken eine zweite Chance zu geben.

BREMER: Kannten Sie die Rinke-Uraufführungen vor ihren Inszenierungen?

BROLL-PAPE: Nein. *Blöße* habe ich dann aber später in der Münsteraner Aufführung gesehen.

BREMER: Was war ihnen bei ihrer Inszenierung von *Blöße* wichtig? Das ist ja auch ein Stück über Sprache. Aber welche Bilder waren für Ihre Inszenierung wichtig?

BROLL-PAPE: Ganz viele. Wie sie sich drehen und küssen. Die Auerochsen, die ich als lauter kleine Kühe auf der Bühne hatte. Dieser Helmbrecht mit dem Föhn in der Hand. Gerade die Anfangssequenzen sind ganz großartig geschrieben. Dieser Moment, wo Helmbrecht in die Theaterwelt einbricht – in eine reale Welt, die aber gleichzeitig die künstliche Welt Theater ist. Das ist total geschickt gemacht, wie in dem Stück die Ebenen verschränkt sind. Dadurch wird es unheimlich witzig. Ich finde, *Blöße* ist absolut großartig geschrieben, diese Dialoge, insbesondere die Sprache, die Helmbrecht spricht. Und dann ist es eben ein wunderbares Stück über Theater und seine Beziehung zur Realität.

Szenenfoto aus Sibylle Broll-Papes Inszenierung von
Der Mann, der noch keiner Frau Blöße entdeckte; © bei Martin Kaufhold.

BREMER: Ihre *Blöße*-Inszenierung ist zum Impulse-Festival eingeladen worden. Das ist ein vergleichsweise experimentelles Festival. Wie ist die Aufführung aufgenommen worden? Ich kann mir vorstellen, dass dort alle ziemlich erstaunt waren. Ende der 90er hat man doch eigentlich ganz und gar auf die Schiene Performanz bzw. Diskurs gesetzt. Und auf einmal kommen Sie mit Rinkes Dialog-Renaissance.

BROLL-PAPE: Eigentlich war das ganz unproblematisch. Es gab auf dem Festival immer solche Stücke. Solange Dietmar Schmidt es geleitet hat jedenfalls. Es gab dort immer auch literarisches Theater und gleichzeitig wurde viel experimentiert, mit Video zum Beispiel. Klarerweise war die Inszenierung aber kein Preiskandidat.

BREMER: Zwei Jahre später haben sie dann *Männer und Frauen* inszeniert. War damals schon etwas vom Rinke-Hype zu spüren? Hat Sie das bei der Entscheidung in irgendeiner Weise beeinflusst?

BROLL-PAPE: Nein, ich habe das auch nicht so wahrgenommen. Das ging ja damals erst los. Vielmehr hat uns der 11. September beeinflusst. Am 13. September sollte die Premiere sein und Rinke sollte zur Hauptprobe am 11. in Bochum ankommen. Er saß aber in L.A. fest, weil kein Flieger mehr aus den USA herüberkam. Das war Wahnsinn. In dem Stück geht es auch um einen Flugkapitän und ich hatte diesen Song von Udo Jürgens *Ich war noch niemals in New York* eingebaut ...

BREMER: Haben sie den noch gestrichen?

BROLL-PAPE: Nein, habe ich nicht, aber ich habe vor der Aufführung eine Ansage gemacht.

BREMER: Da Rinke ursprünglich nach Bochum kommen wollte: Nimmt er sonst Anteil an der Inszenierung?

BROLL-PAPE: An der Inszenierungsarbeit selbst nicht, zumindest nicht bei mir, und das ist auch gut so, weil es einen sonst hemmt. Ich habe aber im Vorfeld der Proben und im Anschluss an die Premiere sehr gut mit ihm sprechen können. Das hilft unheimlich. Da merkt man, dass er jemand ist, der sehr viel Ahnung von Theater hat. Ich habe mich immer gefragt, warum er seine Texte nicht selbst inszeniert.

BREMER: Vor rund 10 Jahren und erst recht heute war bzw. ist es nicht selbstverständlich, einen Autor zu spielen, der derart vehement auf Figuren, auf Handlung, auf Dialog setzt. Was reizt sie daran? Ist das auch eine Art Kritik an der gegenwärtigen Entwicklung der Dramatik und an der Entliterarisierung von Theater, wenn sie Rinke inszenieren?

BROLL-PAPE: Ja, ein bisschen. Aber es ist weniger Kritik an der Entliterarisierung, sondern eher Kritik an der Entsinnlichung des Theaters. Rinke schreibt sehr sinnliche Dramatik, schöne Figuren und gleichzeitig starke Bilder. Das kann einem Regisseur Probleme machen, aber das kann auch wundervolle Theaterabende bereiten.

Szenenfoto aus Sibylle Broll-Papes Inszenierung von *Männer und Frauen*; © bei Martin Kaufhold.

BREMER: Das ist doch auch eine Frage des Theaterraums.

BROLL-PAPE: Auf jeden Fall, Rinke schreibt Kammerspiele. Auch wenn er inzwischen elendig lange Besetzungslisten hat. Seine Figuren sprechen Kammerton. Wenn ich Rinke-Texte allzu sehr stützen muss – das kann ich bei Shakespeare oder bei Schiller problemlos machen –, dann verlieren sie ihren Humor und ihre Feinheit. Rinke ist wunderbar im Dialog, er beherrscht den Dialog, und Theater lebt vom Dialog. Wenn man Rinkes Text verstanden hat, dann spielt er sich fast von allein. Deswegen würde ich gern mal seine *Nibelungen* in einem intimeren Raum sehen – ich glaube, dass sie dort weitaus besser funktionieren dürften als open air.

BREMER: So ein klassisch postmoderner Zweifel, ob es überhaupt möglich ist, etwas zu verstehen, beschleicht sie also nicht.

BROLL-PAPE: Nein, ich entscheide mich als Regisseur in Zusammenarbeit mit dem Schauspieler für eine Bedeutung und die transportiert der Schauspieler dann. Ganz klassisch. Natürlich gibt es in Rinkes Texten Nuancen, aber man sollte aus Rinke nicht etwas völlig anderes machen, das funktioniert nicht. Dafür gibt er mit dem Dialog die Handlung zu sehr vor. Das ist ähnlich wie bei britischen Kammerspiel-Autoren. Ich schätze das sehr. Er ist ja auch dem frühen Botho Strauß sehr ähnlich ...

BREMER: ... der Hinweis auf Strauß überrascht mich jetzt, weil John von Düffel mir gegenüber etwas ähnliches meinte ...

BROLL-PAPE: ... auch in der Beobachtungsgabe: Die Figuren sind bei beiden sehr in ihrem gesellschaftlichen Kontext verankert, keine Papiertiger. Und so wie Strauß früher hat Rinke in den letzten Jahren die gesellschaftlichen Stimmungen, die gerade virulent waren, auf den Punkt gebracht.

BREMER: Vielen Dank für das Gespräch!

Wenn einer eine Reise tut ... oder: *Die Optimisten*

ULRIKE MAACK

Eine Reisegruppe hat Buddha in Nepal, Globalisierungskonferenz in Bombay und zur anschließenden Erholung Kultstrand in Goa bei dem Reiseveranstalter Global Exchange gebucht. Eine scheinbar harmlose Buspanne zwingt die Gruppe, in einem abgelegenen Hotel in Lumbini länger als beabsichtigt zu bleiben. Die Situation beginnt, unheimlich zu werden, als die Reisenden feststellen müssen, dass das gesamte Personal das Hotel längst verlassen hat und außer Salznüsschen und Alkohol, keinerlei Lebensmittel aufzutreiben sind. Der mitgereiste Wirtschaftsethiker wird tot aufgefunden. Eine aus dem Bus mitgenommene Kiste enthält Kalaschnikows. Alle, die das Hotel verlassen, um Hilfe zu holen, kehren nicht mehr zurück, es sei denn als Leiche. Es drängt sich der Verdacht auf, dass man in die Hände maoistischer Rebellen geraten ist.

Klingt nach einer Räuberpistole aktuellen Inhalts, wäre da nicht Rinkes Begabung, politische Problematik, ironische, manchmal fast kabarettistische Dialoge und sehr genau beobachtete Verhaltensweisen genauso wie Gefühle und Leidenschaften zu einem intelligenten Ganzen zusammenzufügen.

Für mich als Regisseurin der *Optimisten* beginnt die Reise am Schreibtisch. Der Autor zwingt mich zur Beschäftigung mit unterschiedlichsten Themen wie Globalisierung, Maoismus in Nepal, Begegnung mit fremden Kulturen, Geschlechterbeziehungen, Gruppenpsychologie, Generationskonflikte und, und, und ... Was in den *Optimisten* so leicht daherzukommen scheint, zeugt bei näherem Hinsehen doch von einer sehr genauen Beschäftigung des Autors mit seinem Stoff. Die Dechiffrierung und Erarbeitung eines Textes ist immer spannend, in diesem Fall um so mehr, als das Stück mich schon bei der ersten Lektüre erwischt: in meinem Halbwissen eines durchschnittlich gebildeten Zeitgenossen und meiner westlichen Arroganz bin ich den Figuren nicht unähnlich. Je komplexer diese Nähe, je reicher das Material und das Zusammenspiel der einzelnen Erzählebenen, desto aufregender verspricht die Probenarbeit zu werden.

Für die Charakterisierung seiner Figuren gibt Rinke viele Hinweise. So könnte man z.B. Inkens Lektüre des Buches *Buddha für Gestresste* ausschließlich als ironischen Fingerzeig auf den Konsum von Ratgeberliteratur in Lightversion deuten, gleichzeitig schafft diese kleine Information jede Menge Assoziationsmöglichkeiten für Entwicklung einer vielschichtigen Figur – für ihre Einsamkeit, ihre Sehnsucht, ihre Verzweiflung.

Allein die Auswahl der Figuren zeugt von Rinkes raffinierter Gratwanderung zwischen Humor und Ernsthaftigkeit, zwischen Leichtigkeit und Tiefe. Es treten auf: ein 68er, den der Marsch durch die Institutionen bis in das Bildungsministerium gebracht hat und dessen alte Ideale neuen Schwung vertragen könnten; ein angehender Jungfilmer ohne Werk, der mit Lässigkeit und Erotik Rebellion massenmedial vermitteln möchte; eine Studentin, durch Theorie wie durch Männer leicht entflammbar für radikale Aktion; eine „Ärztin ohne Grenzen", die sich von den Schlachtfeldern der Erde bei einer optimistischeren Aktion erholen möchte, und eine vom Leben und den Männern enttäuschte Rundfunkjournalistin, die, um mal raus zu kommen, über die Globalisierungskonferenz in Bombay berichten will. Außerdem ein Reiseleiter mit mittelstarken Nerven, der lieber Rastalocken auf Jamaika vögeln würde und ein patenter Busfahrer, der schon Rudi Dutschke Richtung Krumme Lanke gefahren hat.

Rinke bedient mit den politischen wie privaten Auseinandersetzungen im Stück, dem Aufeinanderprallen unterschiedlicher Weltbilder und Erfahrungen die Komik, denunziert dennoch nicht seine Figuren. Alle haben ein bisschen Recht und ein bisschen Unrecht.

Zweiter Teil der Reise, die Umsetzung. Ich bin überzeugt: Der Zuschauer muss glauben, dass die Menschen wirklich eingesperrt sind und keinen Ausweg haben, dass das Stück eine gewisse Realität braucht, ohne naturalistisch zu wirken. Durch zu starke Abstraktion laufen die Figuren Gefahr, zu bedeutungsvoll zu werden, zu eng definierte Realität macht sie zu spießig. Und die Bühne braucht eine gewisse Leichtigkeit und Improvisiertheit. Das ungewisse, nicht einschätzbare Außen muss definiert werden. Die Bühne soll die Entwicklung vom Touristenparadies zur Hölle mitmachen und zwar nicht nur durch den von Szene zu Szene wachsenden Müllberg. Rinke fordert eine große Glasscheibe, auf die die Studentin gegen Ende des Stücks mit Rasierschaum die Wörter „WE WANT THE SAME" sprüht, um den vermeintlichen Rebellen zu signalisieren, dass sie keine Gegner, sondern Verbündete vor sich haben. Die gläserne Trennung des Innen und Außen, zeigt aber auch, besonders bei Nacht, die Schutzlosigkeit der Gruppe. Wenn innen Licht ist, wird sie von außen gesehen, sieht selbst aber nichts. Der undurchdringliche Wald, der hinter dem Hotel beginnt, bedeutet das gleiche: wer im Wald ist, kann die im Hotel sehen, aber in umgekehrter Blickrichtung bleibt der Wald undringlich. Ein sehr genaues Bild für die Situation westlicher Bildungsreisender. Jeder, der in exotische Länder gereist ist, weiß, wie wenig er hinter die touristischen Klischees blicken kann. Vor allem weiß man wenig über den Blick der anderen auf uns selbst.

Menschen, eingesperrt in einen Raum, durch eine Gefahr von außen bedroht, bilden ein explosives Gemisch und sind deshalb eine beliebte Grundidee für Film und Bühne. Man denke an Buñuels *Würgeengel* oder *Mord im Orientexpress* – der Mensch zeigt sein wahres Gesicht in unentrinnbaren Extremsituationen, wenn die Schutzschicht der Zivilisation zerbröselt. Diese Art von Stücken hat für mich als Regisseurin einen ganz besonderen Reiz. Zum einen, weil das Ensemble permanent gemeinsam probt, bestimmen alle, und nicht einzelne Schauspieler, die Atmosphäre des Stückes. Ich finde, gerade das Zusammenspiel der Darsteller macht die Qualität des dramatischen Geschehens in starkem Maße aus. Zum anderen bedeutet eine solche dramatische Konstruktion, dass jede Figur eine Entwicklung haben muss, dass sie anders aus der Situation herauskommt, als sie hineingegangen ist. Der Schauspieler darf und muss die Extreme seiner Figur ausloten. Umso besser, wenn der Autor diese Möglichkeit bereits im Text angelegt hat.

Hier sitzen die Beteiligten in dem verlassenen Hotel und je stärker die Bedrohung von außen wird, desto stärker werden hinter den theoretischen Debatten die Figuren als Menschen kenntlich. Die Gefühle drängen immer stärker an die Oberfläche, die eigentlichen Abgründe werden sichtbar. In dieser raffinierten Verknüpfung von politischen Inhalten mit seelischen und emotionalen Zuständen der Figuren besteht eine große Stärke dieses Stücks.

Rinke hat uns alle, die wir an der Produktion der *Optimisten* beteiligt waren, auf eine spannende Entdeckungsfahrt geschickt.

Von der Scheinhaftigkeit der Idylle

ULRICH KHUON

Moritz Rinke, dem einst das Etikett des „jungen Milden" angeheftet wurde, ist eher ein Autor zwischen allen Stühlen. Er macht sich gern angreifbar, weil er Ironie gepaart mit Beobachtungsgabe nach wie vor für ein Mittel der Literatur hält. Er will freilich nicht den Spaß gegen den Ernst ins Feld führen, sondern hält die Ironie für eine Möglichkeit, kritisch zu befragen, was er beobachtet. Natürlich ist dieser humorbegabte Autor ganz bei sich, wenn er in Glossen und Kurzgeschichten mit seinem fremden Blick voller Staunen auf die merkwürdigen Verhaltensweisen von uns Weltbewohnern schaut. Beispielsweise sein Besuch beim Groß-Dramaturgen aus der 68er Generation, die dort wahrgenommene Mischung aus selbstgefälliger Behaglichkeit und routiniertem Aufruf zum Widerstand ist ein Meisterstück böser Beobachtung, und in seinem Bericht über ein misslingendes Gespräch mit Bernhard Minetti formuliert er die luftigbissige Gegenposition zu den Minetti-trunkenen Elogen der Großfeuilletonisten. Rinke, der eine Zeitlang als *Everybody's Darling* unter den jungen Dramatikern galt, ist das Gegenteil davon. Einer, der es sich zumindest vorübergehend mit jedem verdarb.

Man könnte vermuten, seine Herkunft aus Worpswede habe ihm jene parzivalhafte Mischung aus Neugierde und Naivität mit auf den Weg gegeben. Und neugierig ist er in der Tat. Naiv wäre er gern, aber dafür ist er zu klug und auch zu erfahren. Worpswede hat wohl seinen Blick geschärft für beides, die Idylle und ihre Scheinhaftigkeit. Den unschuldigen Blick oder die Sehsucht nach zitatfreiem Leben probiert Rinke in seinem ersten Stück *Der Mann, der noch keiner Frau Blöße entdeckte* aus. Der mittelalterliche Germane Helmbrecht bricht in die gleichfalls weltferne Region des Theaters ein. Dieses nimmt sich vor allem selber wichtig, behauptet aber gleichzeitig größte Relevanz. Moritz Rinke findet hier seinen Ton und ein Thema: Wie entgeht man dem, was man kritisiert? Die Begegnung zweier Scheinwelten gelingt ihm fast traumwandlerisch. Aber die Wirklichkeit, die Revolte, die rund ums Theater angedeutet wird, die aus den Fugen geratene Außenwelt, bleibt fern und schemenhaft.

Auch in späteren Stücken setzt Moritz Rinke immer wieder an bei Paar- und Gruppenkonstellationen, die leicht typisierend doch getragen werden von einer subtilen psychologischen Kenntnis. Otto Grünmandls scharfsichtige Beobachtung könnte vielen der Rinke'schen Figuren gelten: „Politisch bin ich ein Depp aber privat kenn ich mich aus." Da sind die *Optimisten*, eine siebenköpfige deutsche Reisegruppe, die in Lumbini (Nepal) strandet, und, während sie über eine Petition zur Besserstellung indischer Kleinbürger streitet, in eine härtere, bösere und grundlosere Tiefe stürzt. Und da sind in *Café Umberto* mehrere Paare, die sich selbst kaum mehr aushalten, weil ihre Selbstachtung zusammengebrochen ist. „Kein Arbeitslosendrama, sondern drei Liebesgeschichten aus der Arbeitslosigkeit" hat John von Düffel das genannt. All diese Theaterstücke durchzieht das Rinke'sche Spezifikum, seine scharfe Beobachtungsgabe, die allen ideologischen Gruppenfixierungen misstraut und die Sehnsucht nach einer Welt, die ganz auf ein menschliches Maß abgestimmt ist. Vielleicht ist Rinke darin ein später Erbe der Realisten des 19. Jahrhunderts, die ja auch die gesellschaftliche Realität wahrnehmen wollten und sie gleichzeitig mit sanfter Ironie und schillernder Doppelbödigkeit umspielten.

In *Republik Vineta* ist der junge Architekt Sebastian Färber der Repräsentant dieser Rinke'schen Sehnsucht. Er bringt die ganze Projektgruppe durcheinander, die an einer neuen Erlebnisstadt Vineta und dem Themenpark der untergegangenen Träume arbeitet. All das soll auf einer unbewohnten Insel entstehen. Der Hintergrund des Projekts und zugleich geniale Schachzug des Autors ist, dass die Gruppe an einem virtuellen Projekt arbeitet, ohne dies selbst zu wissen, weil sie Opfer einer getarnten Beschäftigungstherapie ist. Dies gibt den realen Zerwürfnissen, Eifersüchteleien, ideologischen Streitigkeiten einen entscheidenden Dreh ins trostlos Vergebliche. Mit diesem, seinem bisher besten Stück gelingt es Rinke, das Poetische, Phantastische, das seine Figuren umspielt, so schmerzhaft an die Wirklichkeit anzubinden, dass daraus eine theatralische Recherche über die zerbrechliche Mitte unserer Gesellschaft entsteht, jener Schwebebalken, der jederzeit zur tödlichen Gefahr werden kann. Ich vermute, Moritz Rinke wird sich in Zukunft noch unnachgiebiger und weniger fürsorglich gegenüber seinen Figuren verhalten. Dennoch wird ihn der Impuls des Architekten Färber weiter begleiten: „Sie sind in Berlin, sie sind in Venedig, sie sind in Prag und sie sind schon unterwegs in Afrika. Aber hier werden wir sie stoppen."

„Aber nur unter der Bedingung, dass Sie den Hagen spielen!"

MARIO ADORF

Ich habe eigentlich wenige berühmte oder wichtige Zeitgenossen kennengelernt. Das mag einmal daran liegen, dass ich mich nie danach gedrängt habe, berühmte Leute kennenzulernen. Zu meiner Zeit schien es gerade in Deutschland – anders als zum Beispiel in Frankreich, d.h. natürlich Paris – viel schwieriger zu sein, die jungen Genies ausfindig zu machen. Wieso sind mir nie der junge Handke, der junge Walser, der junge Botho Strauß über den Weg gelaufen? Durch meine Filmarbeit hatte ich zwar das Glück, Rainer Werner Faßbinder, Heinrich Böll und Günter Grass kennenzulernen, aber ein Freundeskreis mit den Gleichaltrigen hat sich nie ergeben. Es hat sicher auch damit zu tun, dass nach dem 2. Weltkrieg Berlin als das große Zentrum nicht mehr existierte. Immer hoffte ich, einmal einem solch vielversprechenden jungen Maler oder Dichter zu begegnen.

Bis ich auf Moritz Rinke stieß. Er war Journalist beim Berliner *Tagespiegel*, und ich las mit Entzücken seine Kurzgeschichten, seine Portraits, seine Berliner Glossen. Ich mochte seinen genauen und doch etwas nachdenklich schrägen Blick auf die alltäglich scheinenden Dinge, aus denen er überraschend witzige oder ironische Funken schlagen konnte. Endlich also der junge Dichter, den ich auch bald persönlich kennenlernte. Ich sah damals einen stillen, sehr jungen schmalen Menschen vor mir mit flinken Augen und einem ständigen, amüsierten, manchmal etwas sarkastischen Lächeln um den schmalen Mund.

Dann erst hörte ich, dass er auch fürs Theater schrieb. Erfolgreich inzwischen und sich im Stil und der Thematik von den übrigen Dramatikern seiner Generation deutlich unterscheidend. Ich hatte anfangs das Gefühl, dass seine journalistische Begabung ihm auf seinem Weg zu einem ernsthaften Dramatiker eher peinlich war. Aber ich glaube, dass eine Ausbildung und die Praxis des Journalisten kein Handicap für einen Dramatiker sind. Im Gegenteil! Denken wir an Ödön von Horváth zum Beispiel. Wichtig scheint mir doch, dass ein Dramatiker lebendige, erfrischende Dialoge schreiben kann, und das kann Rinke eben: Er schreibt Dialoge, die bei aller Ernsthaftigkeit häufig zum Schmunzeln oder gar zum Lachen reizen. Und das ist bei unserem häufig bierernsten deutschen Theater eine erfrischende Besonderheit.

Als Initiatoren der Wormser Nibelungen-Festspiele konnten wir Moritz Rinke überreden, aus dem Nibelungenstoff einen neuen Stücktext zu destillieren. Er sagte damals zu mir: „Aber nur unter der Bedingung, dass Sie den Hagen spielen!" Nur damit er das neue Nibelungenstück überhaupt schreiben würde, hätte ich wahrscheinlich sogar zugesagt, die Kriemhild zu spielen. Ein Jahr lang, glaube ich, schrieb er an dem Stück. Eine gigantische Arbeit, diesen riesigen Stoff zu einem heutigen, modernen Theaterstück zu formen, mit viel Humor, manchmal frech und auch grausig, aber immer der Vorlage treu.

Ich darf sagen, dass ich ein wenig stolz bin darauf, dass ich dazu beitragen konnte, seine *Nibelungen* erfolgreich auf die Bühne vor dem Wormser Dom zu bringen, und dass ich seine Begabung nicht erst dann wahrgenommen habe, als er schon der gefeierte Dramatiker war.

Der aufhaltsame Einbruch der Realität

MAREN ZIMMERMANN

Das deutsche Stadttheater, ob es uns Theatermachern gefällt oder nicht, ist ein Ort, der hauptsächlich von der sogenannten bürgerlichen Mitte besucht und auch größtenteils von Menschen gemacht wird, die in eben diesem Kontext groß geworden sind. Aber diese bürgerliche Mitte mit ihren finanziellen Sicherheiten und eindeutigen gesellschaftlichen Zuordnungen löst sich zunehmend auf. Die Zeiten, in denen man aus einer sicheren Position heraus aufmerksam machen konnte auf die Probleme von Randgruppen unserer Gesellschaft, ist längst vorbei. Es gibt plötzlich ein ureigenes Thema: Die Auflösung einer Gesellschaftsstruktur, die man in den 80er Jahren noch für absolut krisenfest gehalten hat, inklusive einer felsenfesten Weltanschauung. Und diese wachsende Unsicherheit schlägt sich im Theater ästhetisch entweder in den Stilmitteln der Ironie und Distanzierung oder aber in extrem apokalyptischen Entwürfen nieder.

Moritz Rinke hat sich für einen anderen Weg entschieden. Er geht genau an die Orte, an denen diese Auflösung zu spüren ist. In seinen Theaterstücken gibt es immer mindestens einen „Helden", der geradezu penetrant überzeugt ist von seinem andersartigen Lebensentwurf – obwohl dieser in der Regel sowohl aller Lebenserfahrung als auch jeder gesellschaftstheoretischen Überlegung widerspricht. Eine moderne Parzival-Gestalt, die mit fremden Augen auf unsere Welt blickt und damit zum einen Dinge sieht, die sich unserem Alltagsblick schon längst entzogen haben. Und zum anderen daraus Schlüsse zieht, die keinem von uns noch in den Sinn kämen. Und sollten sie sich doch einmal in unseren Kopf verirren – kämen sie niemals ironiefrei über unsere Lippen. Moritz Rinke aber schleicht sich von Theatertext zu Theatertext näher an unsere Realität heran und warnt uns vor genau dieser Utopielosigkeit.

Der Mann, der noch keiner Frau Blöße entdeckte ist in erster Linie ein Text über den Theaterbetrieb selbst und die Gefühlsverirrungen seiner Macher. In diesem Betrieb erscheint mit der Figur des Helmbrecht ein Fremder aus einer anderen Welt, der die eingefahrenen Arbeits- und Liebesgewohnheiten einer Theatergruppe durcheinander bringt. Und das obwohl sich diese nicht einmal von einer draußen tobenden Katastrophe von der Probenarbeit abhalten lässt. Helmbrecht erfindet sich aus Liebe zu einer Schauspielerin immer wieder neu: vom Fremden über den idealen Liebhaber Romeo wird er zum modernen Alltagsmenschen, scheitert und verläst am Ende die hiesige Welt in einem großen Showdown als der, der er war, als er kam. So groß die Faszination war, die er zu Beginn auf die anderen ausübte, ziehen diese es doch vor, in ihrem eigenen

Weltbild zu verharren. Es macht sie zwar unglücklich, aber dieses Unglück scheint weniger anstrengend, als sich auf etwas Neues einzulassen.

Die selbstreflexive Theaterebene hat Moritz Rinke in seinen nächsten Stücken verlassen, doch seinen Helmbrecht hat er mitgenommen in die Welten, die er nun aufsuchte. Sei es eine Villa in Thüringer Wald, ein typisch deutsches Arbeitsamt oder ein Hotel in Nepal.

In *Republik Vineta* ahnen die Figuren nichts von der Sinnfreiheit ihres Handelns. Fünf gestandene Führungskräfte glauben, an einer geheimen Planungskonferenz zur Entstehung einer neuen Stadt auf einer unbewohnten Insel teilzunehmen. Und nur weil sie dieses größenwahnsinnige Projekt nie in Frage stellen, können sie ihre Utopien so ausgiebig entfalten. Doch dienen diese nur dazu, die eigenen beruflichen Pfründe zu sichern, einen imaginären Kuchen aufzuteilen und gewaltsam jeden innerhalb der Gruppe zu entsorgen, dessen Vision das vermeintliche eigene Fortkommen beschädigt. Und so geht auch Färber, der einsame Kämpfer gegen das rein zweckhafte und karriereorientierte Denken, mit der Gruppe unter. So unterhaltsam dieser Scheinarbeitsplatz für den Zuschauer ist, solche Orte für hochqualifizierte Akademiker sind längst bundesdeutsche Realität.

In *Cafe Umberto* geht Moritz Rinke noch weiter in die Mitte unserer Gesellschaft, er besucht die arbeitslosen Akademiker, die nicht einmal mehr in der Illusion von Erwerbsarbeit leben. Keine Villa mehr im Niemandsland, sondern ein bundesdeutsches Arbeitsamt ist der Ort der Handlung. Ein Ort, der für Utopien keinen Raum lässt, wo man schon eine hartnäckige Rinke-Figur sein muss, um sich noch gegen die Realität zu stellen. Doch auch hier findet sich mit Jaro ein Kämpfer für die Möglichkeiten des Lebens. Eine der anrührendsten Szenen des Stückes ist der Versuch Jaros, durch die Modenschau im Arbeitsamt Jules Traum einer eigenen Modekollektion zu retten. Aber seine arbeitslosen Helfer sind so gefangen in ihren eigenen Problemen, dass es ihnen nicht mehr möglich ist, wenigstens für einen kurzen Zeitraum etwas für einen anderen Menschen zu tun. Und damit lassen sie eine zauberhafte Liebeserklärung zur totalen Katastrophe werden.

Keiner von Rinkes Utopisten erreicht je sein Ziel. Deshalb scheint es sehr leicht zu sein, sich zu erheben über diese Möglichkeits-Figuren, sie als unrealistische Spinner zu entlarven, den Texten vorzuwerfen, dass sie zu leichtgewichtig seien und zu viel Wunschdenken enthalten im Vergleich zu den Realitäten, mit denen wir uns im Leben auseinanderzusetzen haben. Trotzdem tauchen sie unverdrossen immer wieder auf deutschsprachigen Spielplänen auf. Nicht mit ihrer Lautstärke, der Radikalität ihres Denkens oder der Herausforderung eines extremen ästhetischen Ansatzes erobern sie sich ihren Platz. Sie schleichen sich vielmehr leise in die Spielpläne, sie verführen mit ihren Zwischentönen, mit der Kraft, die ihrer Naivität innewohnt und dem Mut mehr zu wollen, als einfach nur ein Abbild unseres Niedergangs zu sein. Und sie weisen uns darauf hin, dass wir mit unserer inzwischen perfekt ausgebildeten Fähigkeit, die Vorkommnisse um uns herum mit ironischer Brechung und Distanzierung auf die Bühne zu bringen, häufig nur unsere eigene Ratlosigkeit kaschieren. Sie sind ein Appell an den Mut, Utopien zu entwickeln und es auszuhalten, dass man dafür vielleicht verlacht wird.

Es sind Texte, die von den Menschen erzählen, die das Theater besuchen und denen, die das Theater machen. Und das macht sie für uns Theaterleute gleichzeitig so reizvoll und so schwierig. Denn es ist allemal leichter, sich mit dem Junkie am Bahnhof auseinanderzusetzen als mit den eigenen Unsicherheiten und Zukunftsängsten.

Café Umberto
„Don't play what's there. Play what's not there." (Miles Davis)

MANFRED ORTMANN

Die Geschichte ist alltäglich. Ein Arbeitsamt, darin das Café Umberto mit seinem namensgleichen Besitzer, der Seele des Geschäfts, als dramaturgisches Zentrum; hier treffen wie zufällig Arbeitslose aufeinander. Im Verlauf der Handlung finden Veränderungen statt, aus dem Amt ist eine Agentur für Arbeit geworden, statt Mitarbeiter gibt es nun Automaten, einige Arbeitslose sind ‚auf der Strecke geblieben', am Ende scheint alles anders, aber irgendwie ist es doch wie am Anfang, kein Happy-End, zwischendurch aber eine ganze Welt.

Man täusche sich nicht. Moritz Rinke ist ein Fallensteller, „Theatermacher, Fallensteller, immer schon gewesen", wie es bei Thomas Bernhard heißt, ein Tretminenleger. Er lässt mit doppeltem Boden spielen, wer seinen Vereinfachungen, dem Banalen folgt, der wird betrogen werden um's Ganze, um das Doppelleben seiner Figuren nämlich, um deren Geheimnisse, die in ihren Wünschen liegen, in ihren Träumen. Nichts ist, wie es scheint, alles ist, wie es ist. Aber alles ist zugleich auch anders, oder, wie Anton in dem Stück sagt „Wir machen einfach mal Kopfstand und sehen uns die Welt andersherum an." Der Weg in die Phantasiewelten führt über einzelne, erratische Sätze, die im Widerspruch zu den Lebensumständen und Biographien der Figuren stehen.

Anton, der seiner Paula – das Tanzen, ein Leben als Tänzerin hat sie nie losgelassen – einen Tanzsaal bauen wollte, „aber jetzt, jetzt brennt der Saal", hat „... einen Tunnel unter sich selbst durch[ge]graben". Er hat sich mit seinem Tunnel einen Traum- und Übungsraum in seiner Phantasie geschaffen, in den er sich wie in einen Schutzraum zurückziehen kann, wenn seine Gedankenspiele der Wirklichkeit nicht mehr standhalten.

Oder Lukas, ehemaliger Erdkundelehrer, Selbstzahler, der anschreiben lässt, wird zum Welterklärer. „Ich war ein so leichter, gewinnender Mensch. Plötzlich alles voller Frost in den Gliedern." Was wie eine poetische Selbstzueignung klingt, erinnert an Büchners Woyzeck: „Herr Hauptmann, die Erd ist höllenheiß, mir ist eiskalt, eiskalt, die Hölle ist kalt, wollen wir wetten." Ein Bezug zu Büchner ist nicht zufällig, beachten wir zwei weitere Dialoge von Lukas: „Wenn einen die Erforschung der Erdkruste ruiniert, dann wird man auch ein paar Etagen darüber nicht glücklich werden." Und: „Ich kann nicht über die gewaltigen Hohlräume der Welt da einfach reingehen und mich von denen dann in einen Supermarkt schicken lassen, Regale umstellen, das ist absurd." Das hat etwas von der doppelten Natur bei Büchners *Woyzeck*, wer unter sich riesige Hohlräume weiß, dem ist darüber nichts mehr sicher. Woyzeck: „Die Erde schwankt unter unsern Sohln." Und in der Entwurfsfassung „Es pocht unter mir, unter mir *stampft auf den Boden* hohl, hörst du? Alles hohl da unten." Aber Lukas ist auch einer, der als Welterklärer das Endliche, gewissermaßen als das fortwährend Gewesene, dialektisch ins Leben, ins Lebendige zurückführt mit dem für einen arbeitslosen Erdkundelehrer unglaublichen Satz: „Es liegt ja noch alles vor dir! Wie viele Jahre man das mit sich herumträgt, daß alles vor einem liegt."

Jaro ist voller Geschichten und Ideen, will eine Akademie für Selbstachtung gründen: „Erst kommt die Würde, irgendwann meinetwegen der Erwerb." Er hat das Arbeitsamt in diesem Sinne umorganisiert zu der oben benannten Akademie, Jaro bei der Kunstbetrachtung: „Wir gehen jetzt hier Bild für Bild durch und geben den Werken ihre Würde wieder. Danach kommt die Musik. Dann die Literatur, sogar Drama. Am Ende haben wir auch die Würde." Er will Jule zu einem freien Geist erziehen, aber Jule, die voller Lebenslust war, stets Neues erfunden hat und nach jedem katastrophalen Scheitern neue Ideen hervorgebracht hat, eine Überlebenskünstlerin, sehen wir zum Schluss in der Psychiatrie. Hier scheint sie den Widerspruch zwischen dem Ich und der Gesellschaft aufgehoben zu haben. Sie hat sich von der Welt nicht getrennt: „Die ist da, in mir drin. Da drin. Nur hier merke ich sie nicht. Keine Blicke, keine Angst. Muß nicht rennen." In einer Art Wahnsystem sind hier erste und zweite Natur vereint, wer möchte wiederum nicht an Büchner denken.

Derart marginale Stellen, von denen sich zahlreiche in Moritz Rinkes Stück finden lassen, verdeutlichen, wie kompakt seine Figuren komponiert sind, wie reich und tiefgründig sie Geschichten über die Geschichte hinaus erzählen. Nichts! Nichts ist, wie es scheint! – Alles ist, wie es ist. Aber alles ist zugleich auch anders. That's it.

Mit Leichtigkeit über dem Abgrund tanzen

MICHAEL HEICKS

Ein mulmiges Gefühl am Premierenabend, das kennt jeder Regisseur. Egal, wie sicher man sich seiner Konzeption, des Ensemblespiels und der Konstruktion einer Inszenierung ist, wissen tut man es erst beim Applaus. Aber an jenem Abend war es selbst nach dem Applaus – und der war ganz gut – noch nicht vorbei mit diesem Gefühl. Die Premierenfeier sollte der Ort der Wahrheit werden. Dort traf ich auf Moritz Rinke, dessen Stück *Republik Vineta* wenige Minuten zuvor Premiere hatte, und mit dem das Ensemble und ich einiges angestellt hatten. Vom letzten Akt waren nur Rudimente übriggeblieben, die wir in den vorhergehenden Akt eingebaut hatten. Der Verlag war darüber in Kenntnis gesetzt, der Autor auch. Aber was heißt das schon? Im Fußball sagt man: Die Wahrheit liegt auf dem Platz. Im Theater gilt dasselbe für die Bühne. Dort und nur dort entscheidet sich alles – außer, der Autor kommt zur Premiere, dann kann es auf der Premierenfeier in die Nachspielzeit gehen.

Moritz Rinke war damals einer der jungen, aufstrebenden Autoren in der deutschsprachigen Theaterlandschaft. Aber er war kein Anfänger mehr. Er hatte sich bereits ein *standing* erarbeitet und war so in der komfortablen Lage, nicht alles abnicken zu müssen, was ein Regisseur mit seinem Text anstellte. Rinke reagierte erstaunlich entspannt: „Hm, das ist doch eine Variante."

Er fand die „Bielefelder Lösung" für das Stück „gar nicht so blöd" und im folgenden Gespräch ergab sich ein Gedankenaustausch, der für die Inszenierung von *Café Umberto* sehr wichtig werden sollte. Ich versuchte Rinke zu erklären, warum ich den Abend so angelegt hatte, wie er war, und begründete den Versuch mit der eigentümlichen Verquickung von Tragik und Komik, die Rinke in seinem Stück sowohl auf der Handlungs- als auch auf der Figurenebene erschaffen hatte. Eine Verquickung von zwei Prinzipien, die auch eigentlich immer meinen Inszenierungen zugrunde liegt: Die Suche nach dem Tragischen im Komischen und dem Komischen im Tragischen.

Auch wenn das nun so klingt, als passten seine Stücke und ihr Personal zu meinem Inszenierungsansatz wie die Faust aufs Auge, so bedeutet das noch lange nicht, dass dieser Umstand die Arbeit vereinfachen würde, wie meine zweite Rinke-Produktion *Café Umberto* mir unmissverständlich klar machte.

Die Proben zu *Café Umberto* gestalteten sich extrem kompliziert. Das Ensemble war kurz vor der Premiere total am Ende. Immer wieder entglitten den Spielern ihre Figuren, weil sie entweder zu realistisch oder zu absurd wurden und dadurch das Stück jede Brisanz verlor – eine unschöne Erfahrung für jeden Regisseur! Und ich, ich konnte mich nicht mehr begreiflich machen, mein Wollen nicht mehr auf den Punkt bringen, weil auch ich mich in den Figuren verlor. Dabei war die Lösung ganz einfach und im Nachhinein lacht man über die Verzweiflung, die im Ensemble und bei mir herrschte. Der Punkt an dem alles hängt, wenn man Stücke von Rinke inszeniert, ist meiner Meinung nach folgender: Man darf dem ersten Eindruck, den man von seinen Stücken hat niemals trauen. Dieser Eindruck, das Gelesene sei ja eindeutig und realistisch und vom Blatt weg inszenierbar – von diesem Eindruck muss man sich genauso schnell verabschieden, wie er einem in den Sinn gekommen ist. Rinke schreibt für den zweiten und dritten Blick. Nur auf den zweiten, den dritten Blick tut sich ein großer Abgrund unter dem Text auf, der wiederum die Gefahr in sich birgt, dass man nur noch diesen sieht. Dann aber geht die Leichtigkeit und das Offensichtliche am Stück verloren und die Figuren bekommen eine falsche Tragik.

Ein Beispiel: Stefan Imholz, damals neu in unserem Ensemble, verzweifelte schier an der Rolle des Musikers Jaro. Er verzweifelte, obwohl die Besetzung passte wie gespuckt. Und spätestens bei der Premiere war das auch allen klar. Doch der Weg zum richtigen Ergebnis war lang, steil, steinig. Imholz spielte Jaro, einen verpeilten Musiker, dem vom Arbeitsamt ein Auftritt auf einem Neo-Nazi-Parteitag vermittelt wird, damit „am Ende Erwerb dabei herauskommt"; schon alleine diese Idee von Rinke muss man sich auf der Zunge zergehen lassen: das Arbeitsamt vermittelt einem feinfühligen Künstler einen Auftritt bei diesen Dummköpfen. Das ist so wunderbar an den Haaren herbeigezogen, dass es schon wieder realistisch ist. (Später erst kam mir zu Ohren, dass in Berlin eine Arbeitsagentur eine Kellnerin in die Prostitution vermitteln wollte und bei Ablehnung des Jobangebots mit Leistungskürzungen drohte – vielleicht wird durch dieses Beispiel ja klar, was ich mit der Gleichzeitigkeit von Leichtigkeit, Witz und Unterhaltung auf der einen Seite und diesem bösen Abgrund, der darunter wabert, meine.) Imholz legte seinen Jaro jedenfalls sehr melancholisch an. Das war auf der einen Seite wunderbar und richtig, stimmte auf der anderen Seite aber überhaupt nicht. Also sagte ich Imholz, dass die Figur auch was Abgezocktes habe und er das bedienen solle. Gesagt getan, aber es stimmte wieder nicht. Plötzlich war die Melancholie, die doch so essentiell für die Figur ist, weg. Jaro hatte, wie alle anderen Figuren auch, neben der Melancholie noch ganz andere Facetten, die alle im Spiel und Konzept aufgehoben sein mussten, um eben zu einer stimmigen Inszenierung zu kommen.

Letztlich ist Stefan Imholz nur ein Beispiel für acht verschiedene Spieler und ihre Suche nach der passenden Spielweise – einer Suche, die erst mit der Premiere ihr Ende fand.

Die Regie stand aber vor derselben Aufgabe: Legte man den Abend allein realistisch an, dann stellte sich sofort die Frage: Was erzählen uns Autor und Regisseur eigentlich? Drängte sich aber die Farce zu sehr in den Vordergrund, verloren die Figuren ihren Grund und wurden zu einem künstlichen Irgendwas, deren Anbindung an die Realität verloren ging.

Szenenfoto aus Michael Heicks' Inszenierung von *Café Umberto*;
Fotografie: Philipp Ottendörfer; © Theater Bielefeld.

Der Spieler musste in eine Balance gebracht werden, in der er immer wieder die Fähigkeit und den Raum hatte, sowohl den Realismus, als auch die Überhöhung, die Farce, bedienen und darstellen zu können, um so Oberfläche und Tiefe zu vereinen. Erst kurz vor der Premiere bekamen wir das Stück „geknackt". Den Schlüssel bot uns ein Angebot, das Rinke in seinen Texten selbst macht, indem der Text selbst sagt: Vertraue mir und meiner Sprache und schau, wie weit du mit den Figuren gehen kannst, denn sie halten viel aus und gehen weite Wege mit. Es stimmt: Rinkes Figuren muss man strapazieren und sie permanent brechen. Sie müssen ohne Netz und doppelten Boden am Rande des Abgrunds wandeln und dabei alles riskieren. Aber sie müssen es mit einer Leichtigkeit tun, als handle es sich beim Tanz über dem Abgrund um einen Werbespot für Joghurette.

Beide Inszenierungen von Rinkes Stücken haben mich und mein Ensemble und, wie ich denke, auch das Publikum weitergebracht, weil dieser auf den ersten Blick gefällig anmutende Autor die Widersprüchlichkeit unserer Gesellschaft, Institutionen, ja unseres Lebens mit viel Heiterkeit und bösem Witz aufs Korn nimmt. Moritz Rinke ist für mich einer der interessanten und wichtigen Gegenwartsautoren, weil eben die beschriebene Doppelbödigkeit eine Herausforderung an jedes Theater darstellt.

Darauf erstmal einen Latte Macchiato

Utopie und Wirklichkeit in Rinkes *Café Umberto*

HARALD WOLFF, Mitarbeit: DAGMAR KANN-COOMANN

Durch den technischen Fortschritt wird immer weniger gearbeitet werden müssen. In den hochproduktiven Zonen der Industrieländer wird eine Zeit anbrechen, in der wir befriedigt unsere Energie anderen Zielen zuwenden können: Zum ersten Mal seit seiner Erschaffung wird also der Mensch vor seine wirklich beständige Aufgabe gestellt sein: wie er seine Freiheit von drückenden wirtschaftlichen Sorgen nutzen soll. Wir müssen uns bemühen, die übrig gebliebene Arbeit auf alle Schultern zu verteilen. Drei Stunden am Tag werden genügen. *John Maynard Keynes, 1930*[1]

In seiner 1930 verfassten Abhandlung lag John Maynard Keynes richtig im Hinblick auf die Möglichkeiten der Rationalisierung, irrte sich aber leider in Bezug auf die Organisation der gesellschaftlichen Verteilung von Arbeit. Und so werden strukturell bedingt immer weiter „überflüssige Menschen" produziert: Wir kämen mit 20% der heutigen Arbeitszeit aus, würden alle Möglichkeiten der Rationalisierung voll ausgeschöpft. Ein „Bekämpfen" der Arbeitslosigkeit ist politische Augenwischerei.

In deren Folge allerdings werden die Arbeitslosen selbst bekämpft, indem so getan wird, als seien nicht strukturelle Probleme, sondern individuelle Defizite die Ursache der fehlenden Anstellung. Einen derart realitätsfernen Ansatz als *communis opinio* zu etablieren, ist angesichts einer stabilen Bugwelle von 3 bis 5 Millionen Arbeitslosen eine erstaunliche politische Leistung. Sie folgt dem Narrativ vom Opfer, dem die Verantwortung für seine Situation zugeschoben wird, weil nicht sein darf, was nicht sein soll. Sie operiert damit argumentativ auf demselben Niveau wie der in den 1960er Jahren beliebte Vorwurf, Frauen, die kurze Röcke tragen, seien selbst schuld, wenn sie vergewaltigt würden.

Aufgabe einer politischen Dramaturgie ist es, zentrale Themen einer Stadt aufzugreifen und Stücke stadtbezogen zu verorten. Als *Café Umberto* Anfang 2008 am Rheinischen Landestheater Neuss Premiere hatte, haben wir das zum Anlass genommen, die Situation der Arbeitslosen in Neuss von der Freien Journalistin Dagmar Kann-Coomann recherchieren zu lassen. Ihre umfangreiche

---

[1] John Maynard Keynes: Economic Possibilities for our Grandchildren, in: The Collected Writings of John M. Keynes. Vol. IX. London u.a. 1972, S. 321-332; dt. Übers.: ders.: Wirtschaftliche Möglichkeiten für unsere Enkelkinder, in: Eduard Rosenbaum (Hg.): Politik und Wirtschaft – Männer und Probleme. Ausgewählte Abhandlungen von John Maynard Keynes. Tübingen 1956, S. 263ff.

Reportage haben wir im Programmheft abgedruckt und so das Bühnengeschehen mit einer dokumentarischen Darstellung der Stadtrealität kontrastiert. Unter ausführlicher Verwendung ihrer Arbeit wiederhole ich das Verfahren für diesen Beitrag: Ich stelle Rinkes Stück konkrete Zahlen und Schicksale aus einer konkreten Stadt gegenüber.[2] Man kann das redundant finden. Über Arbeitslosigkeit wird ausführlich berichtet, und Moritz Rinke hat bestritten, dass man für das Theater überhaupt noch auf die herkömmliche, „gutgemeint sozialkritische Weise" über Arbeitslosigkeit schreiben könne.[3]

Doch konkrete Zahlen und Schicksale sind die Folie, vor der Rinkes Stück entstanden ist und auf die es reagiert. Die Frage dabei ist nur, wie die Realität den Zusammenprall mit gerade diesem Autor und mit gerade diesem Text verkraftet. Wie liest sich Rinke, wenn man ihn politisch lesen *will*? So ein Verfahren ist spätestens dann nicht mehr redundant, wenn ein Stadttheater im Sinne einer Gegenöffentlichkeit den in kleinen Städten häufigen Schulterschluss zwischen Politik und Presse aufbrechen kann. Und wenn die Stadtmarketing-Fassade, der sich Lokalzeitungen zu oft verschreiben, im Diskurs der Stadt für einen Moment durchlässig wird, weil autarkes Kunstwerk und gutgemeinte sozialkritische Reportage ineinandergreifen. Drehen wir Rinkes Text also durch den Bloch-Wolf(f) und schauen wir, wie sich aus der gegenseitigen Überprüfung von Theorie und Praxis eine konkrete Utopie gewinnen lässt.

Leben auf dem Bench-Markt

Zum Zeitpunkt der Neusser Inszenierung waren 10.025 Menschen in der Stadt ohne Arbeit. „Leistungsbezieher" heißen sie im Behördendeutsch der „ARGE", der Arbeitsgemeinschaften zwischen der Bundesagentur für Arbeit und den lokalen Verwaltungseinheiten. Nur 996 offene Stellen waren zum gleichen Zeitpunkt der ARGE gemeldet. Das Motto „Fordern und Fördern" wirkt da wie Hohn. Jenseits der Statistik stehen hinter diesen Zahlen immer Einzelschicksale, häufig sind auch ganze Familien betroffen. Dagmar Kann-Coomann hat sich nicht nur mit Arbeitslosen unterhalten, sondern auch die mittelbaren Folgen der Arbeitslosigkeit dargestellt, hat mit Schuldenberatern und Obdachlosen-

---

[2] In diesen Beitrag sind folgende Artikel von Dagmar Kann-Coomann eingeflossen: Arbeitslos in Neuss / Einstieg in die Schuldenspirale / Menschen, die es gar nicht gibt – Obdachlose Jugendliche in Neuss / Kaum zu glauben – Fakten zu Hartz IV / Furchtbar geschämt – Immer mehr Geringverdiener können von ihrem Einkommen nicht leben – die Neusser Tafel stößt an die Grenzen ihrer Kapazität. Alle veröffentlicht in: Das Rheinische Landestheater Neuss, Intendantin: Ulrike Schanko, Spielzeit 2007/2008, Heft 8: Moritz Rinke: Café Umberto.

[3] Franz Wille: Neue Arbeit. Ein Gespräch mit Moritz Rinke über *Café Umberto* und zwei Arten kein Geld zu haben, in: Theater heute 08/09 2005, S. 68-70.

Helfern gesprochen. Die Geschichten, die sie gefunden hat, sind bewegend, die Ergebnisse der Recherche ernüchternd, die Reaktionen auf die Recherche waren erstaunlich.

Eines der Rechercheergebnisse war, dass die Zielvorgabe der ARGEs keineswegs ist, Arbeitslose zu vermitteln. Die Zielvorgabe ist, Geld zu sparen. Die ARGEs stehen also selbst unter Leistungsdruck. In einer perversen Downsizing-Spirale wird von Ihnen erwartet, jedes Jahr weniger Leistungen auszuzahlen.

Wie sieht diese Spirale konkret aus? Die Arbeitsgemeinschaften werden bei einem bundesweiten Benchmarking regelmäßig evaluiert. „Unsere" ARGE lag dabei zum Beispiel in der „Vergleichsgruppe 10", das heißt: Sie wird zu den ländlichen Gebieten im Westen mit sehr guter Arbeitsmarktlage und niedrigem Anteil an Langzeitarbeitslosen gerechnet. Das ist nicht unbedingt ein Glücksfall: Fast alle anderen ARGEs in dieser Gruppe liegen in Baden-Württemberg, also in Regionen mit einer weit besseren Arbeitsmarktsituation als der in Nordrhein-Westfalen. Das bedeutet, dass die ARGE Rhein-Kreis Neuss an sehr ambitionierten Zielen gemessen werde, wie Wendelin Gilles, die Geschäftsführerin der ARGE, uns gegenüber ausführte. Mit 67 Millionen Euro, die 2007 an Arbeitslosengeld II und Sozialgeld ausgezahlt wurden, gelang es gegenüber dem Vorjahr zwar, 5% der Ausgaben einzusparen. Andere ARGEs in dieser Vergleichsgruppe konnten nach Aussage von Gilles aber bis zu 10% einsparen. Zielvorgabe des Bundes für 2008 war es, die Ausgaben erneut um mindestens 4% zu verringern.

Das systemlogische Problem für die gebenchmarkten ARGEs ist aber: Bei gleichbleibender oder sogar ansteigender Zahl von Leistungsberechtigten ist das Einhalten der Zielvorgaben des Bundes nur möglich, wenn Leistungen, auf die ein Anspruch besteht, verweigert werden.

Um das in relevantem Maßstab zu erreichen, müsste man systematisch vorgehen. Man müsste Antragstellern Informationen verweigern, ihnen Steine in den Weg legen, die Auszahlung von Leistungen hinauszögern. Unser Eindruck war, dass genau das passiert. „Alles, was die Menschen bei der ARGE nicht fragen, erfahren sie auch nicht", erklärte uns Angela Stein-Ulrich von der Arbeitslosenberatung der Diakonie in Neuss, die seit 23 Jahren Arbeitslose berät. Was sie richtig wütend macht, ist, wenn jemand verächtlich über Arbeitslose redet, sie gar als „Faulenzer und Schnorrer" beschimpft: „Es gibt Menschen, die reden groß daher, dass sie mit 347 Euro im Monat jeden Tag Lachs und Filet auf den Tisch bringen könnten", erzählte die engagierte Sozialarbeiterin und schüttelt fassungslos den Kopf. „Dabei irren die Leute schon, wenn sie glauben, dass dieser Betrag allein für Lebensmittel zur Verfügung steht."

Die allzu knappen Regelsätze, die den Langzeitarbeitslosen und ihren Familien zustehen, machen den Alltag von Stein-Ulrichs Kunden ohnehin zur tristen Mangelverwaltung. Noch schlimmer aber ist es für die erfahrene Beraterin, dass die Bedürftigen oft nicht einmal das bekommen, was ihnen zusteht: „Vor kurzem erhielt ich den Hilferuf einer alleinerziehenden Mutter zweier Kinder, deren Einkommen von etwa 1000 Euro netto einfach nicht ausreicht. Bei der ARGE hatte man sie weggeschickt, weil sie angeblich keinerlei Ansprüche habe." Angela Stein-Ulrich setzte sich mit der ratlosen Frau hin, gab die Zahlen in ihr Computerprogramm ein und errechnete einen Anspruch der dreiköpfigen Familie auf 380 Euro Unterstützung im Monat. „Als sie damit wieder zur ARGE ging, erklärten die ihr, ich hätte mich schlicht verrechnet, gaben ihr aber einen Antrag mit", erzählt die energische Sozialarbeiterin, die in zweieinhalb Jahrzehnten als Beraterin schon allerhand erlebt hat. „Ich habe ihr dann Mut gemacht, auf ihren Ansprüchen zu bestehen, und sie war fit genug, sich nicht wegschicken zu lassen, sondern sich durchzusetzen."

Offenbar gibt es bei der Verweigerung von Leistungen, auf die ein Anspruch besteht, kaum moralische Grenzen. Selbst schwersten Schicksalen wird nicht mit mehr Mitmenschlichkeit begegnet: „Gerade erst habe ich eine Frau beraten, die hatte Brustkrebs und Diabetes. Obwohl sie das bei der ARGE angegeben hatte, hatte man sie dort nicht darauf hingewiesen, dass sie in diesem Fall mehr Geld für die nötige Diät erhalten kann. Davon hat sie erst hier erfahren."
Oft ist die Klage der letzte Schritt für die ARGE-Kunden: Von Januar bis September 2007 entschieden sich dafür im Rhein-Kreis immerhin 248 Betroffene aus insgesamt 14.729 sogenannten Bedarfsgemeinschaften, also Haushalten, die von der ARGE unterstützt werden. Zum Vergleich: Im gleichen Zeitraum klagten in der Nachbarstadt Düsseldorf nur 230 Menschen gegen Entscheidungen der ARGE, obwohl es dort mit 34.314 mehr als doppelt so viele Bedarfsgemeinschaften gibt. Man darf also annehmen, dass die ARGE Neuss wenig zimperlich bei der Umsetzung der Zielvorgaben des Bundes war.

Um sich die katastrophale Dimension vor Augen zu halten, die das im Einzelfall annimmt, muss man sich klarmachen, dass selbst die 2008 angestrebten 4% jährlicher Ausgabenkürzung bei weitem nicht die einzigen Einbußen sind, die Langzeitarbeitslose haben. Seit 2005 mussten sie allein durch Inflation weitere 6% in Kauf nehmen. Bei einer stagnierenden Zahl von Bedarfsgemeinschaften und Erreichen der Sparvorgaben in Höhe von 4% hatten die Langzeitarbeitslosen in Neuss Ende 2008 also rechnerisch insgesamt über 14% weniger Kaufkraft zur Verfügung als zu Beginn 2005.

Längst nicht alle Langzeitarbeitslosen aber haben genügend Mut und Selbstvertrauen, um ihre Ansprüche gegenüber der ARGE zu behaupten. Und nicht nur finanzieller Druck wird weitergegeben. „Immer wieder brechen Menschen dort weinend zusammen, weil sie Fragen der Berater als demütigend erleben", berichtete Stein-Ulrich von ihren Erfahrungen. Schuld an der Arbeitslosigkeit ist in den Augen der meisten Menschen – und eben auch der ARGE-Mitarbeiter – immer der Betroffene, das strukturelle Problem wird zu einem individuellen umgedeutet. „Man muss sich nur anstrengen, dann findet man auch was – dieses Klischee sitzt fest in den Köpfen", erklärte uns die Sozialarbeiterin, „und es führt dazu, dass Arbeitslose sich stigmatisiert fühlen, beschämt, abgestempelt als Schmarotzer."

Ohnehin erleben die Betroffenen den Verlust ihres Arbeitsplatzes als tiefe persönliche Krise, das weiß Stein-Ulrich aus ihrer langen Beratungspraxis: „Die Betroffenen werden in eine Situation hineingestoßen, auf die sie in keiner Weise vorbereitet sind. Neben finanziellen Einbußen verlieren sie mit der Stelle auch eine wichtige Quelle der Bestätigung und sozialen Wertschätzung", erläuterte sie. „Sie erleben den Verlust der sozialen Kontakte am Arbeitsplatz und meiden häufig obendrein das Zusammentreffen mit Bekannten, weil sie sich ihrer Situation schämen oder befürchten, mit negativen Reaktionen konfrontiert zu werden." Materielle, seelische, soziale und sogar gesundheitliche Beeinträchtigungen sind die Folge.

In solcher Krise reicht manchmal schon eine kleine, schnöde Bemerkung der ARGE-Berater, um die Antragsteller unter Scham und Demütigung zusammenbrechen zu lassen: „Eine junge Frau, die einen Antrag auf Wohngeld und Hartz IV gestellt hatte, musste sich fragen lassen, ob sie etwa doppelt abzocken wolle. Die Mutter eines zwölf- und eines fünfjährigen Kindes, die 30 Stunden pro Woche arbeitet, wurde salopp gefragt, wie es denn mal mit 40 Stunden pro Woche wäre. Als wäre sie einfach nur zu faul, mehr zu arbeiten, " erzählte Angela Stein-Ulrich.

Latte Macchiato Roadkill

Die ARGE-Mitarbeiter sehen ihre Aufgabe nicht darin, wirtschaftlich in Not Geratene zu unterstützen, sondern sie unter zusätzlichen Druck zu setzen, nicht vorhandene Arbeitsplätze zu finden. Die irreführende politische Rede vom „Fordern und Fördern" prägt also unmittelbar ihr Verhalten. Will man das ändern, muss man den gesellschaftlichen Diskurs über Arbeitslosigkeit ändern. Moritz Rinke hat in einem ZEIT-Interview beklagt, dass Politiker bei dieser Debatte praktisch ausfallen.[4] Andererseits liegt das utopische Potential von Dichtung gerade darin, jenseits von tatsächlichen oder vermeintlichen Handlungszwängen alternative Denkansätze und Gesellschaftsentwürfe anzubieten – also in ihrer Kraft, Diskurse zu setzen.

Das Bemerkenswerte an Rinkes Ansatz in *Café Umberto* ist deshalb, dass er dem falschen Narrativ, das aller Aktion der realen Arbeitsämter zugrunde liegt, nicht auf den Leim geht. Kai Bremer sieht in seinem Beitrag für das vorliegende Buch die Ursache für den großen Erfolg des Stückes gerade darin begründet, dass es diese Wahrheit offen ausspricht: Es gibt nicht genug bezahlte Arbeit für

---

[4] Vgl. Elisabeth Niejahr, Kolja Rudzio: Leben mit der Arbeitslosigkeit, in: Die Zeit 15.9.2005.

alle. Und es wird auch nicht genug bezahlte Arbeit für alle geben. Ein „Bekämpfen" der Arbeitslosigkeit ist kein Thema mehr in Rinkes Stück.

Das Arbeitsamt ist bei Rinke der Ort des Wartens, des zweckfreien Aufenthaltes. Das entspricht zwar der tatsächlichen Funktion, erscheint hier aber komödiantisch zu Ende gedacht. Rinke schlägt vor, diesen Ort, der funktionslos ist, mit einem möglichen Sinn zu füllen. Dienen reale Arbeitsämter vor allem der Disziplinierung der Beschäftigungslosen, befinden wir uns bei Rinke an einem Ort der größtmöglichen Freiheit, dessen Zweck es ist, die zufällige Begegnung von Figuren zu ermöglichen. Er ähnelt darin dramaturgisch dem Platz in Handkes *Die Stunde, da wir nichts voneinander wussten* und funktional jedem beliebigen Straßencafé.

Die Formel „Wartezone für den akademischen Bereich", die Anton in der ersten Szene verwendet, charakterisiert den (Bühnen-)Raum zutreffend. Denn die Menschen, die wir dort treffen, sind Intellektuelle: Akademiker wie Anton, Lukas und Herzberg oder Kreative wie Jaro, Jule, Sonia und Paula, die ebenfalls einen akademischen Diskurs pflegen. Lediglich der Landwirt August Kück und Umberto fallen aus dieser Aufzählung heraus – und folgerichtig sind sie stumm oder so gut wie stumm: Sie spielen keine Rolle. August Kück („Der Mann mit dem Papierstapel") ist der einzige,[5] dessen Figurenbezeichnung nicht aus seinem Namen besteht, sondern aus einer Beschreibung, die gerade seine intellektuelle Überforderung mit der Verwaltungswelt thematisiert. Das „Café Umberto" ist dann eine doppelte Utopie: der Nicht-Ort eines Un-Definierten, in dem sich die Menschen gegenseitig mit den Geschichten ihrer hoffnungslosen Lebensumstände unterhalten.

Die Kommunikation funktioniert dabei wie ein Gespräch von Gästen auf einer entspannten Berlin-Mitte-Party zu Beginn des 21. Jahrhunderts. Alle reden expositionslos miteinander wie alte Bekannte. Weshalb die Dialoge häufig dysfunktional sind, mit umstandslosen Themenwechseln vom Wetter zum Psychiatrieaufenthalt.

Entsprechend definiert Lukas in der 6. Szene die neue Funktion des Amtes als den „Ort einer sozialen Party". Was wie eine federleichte Komödie daherkommt, beansprucht mit dem vorangestellten Kirkegaard-Zitat aber, ironisch gebrochener Ausdruck eines großen Schmerzes zu sein. Denn es ist eine Party, bei der immer wieder Gäste aus der Rolle fallen, weil der Druck zu groß wird: Ständig verliert jemand die Fassung, Tränen fließen, jemand schlitzt sich mit einer Heckenschere die Pulsadern auf, Jule zündet sogar erst eine Nebenbuhlerin und später Paula an, um sich für Demütigungen zu rächen. Und gleich anschließend geht die harmlos vor sich hin plappernde Konversation weiter.

---

[5] Einmal abgesehen vom „Jungen Mann", auf den in seiner einzigen Szene aber dasselbe zutrifft: Er fungiert lediglich als Stichwortgeber.

Rinke gibt mit den Akademikern genau jenen eine Stimme, die im Arbeitslosendiskurs kaum vorkommen und die im System der Arbeitsämter gar nicht erst vorgesehen sind. Diese nämlich sind für die Vermittlung von Geisteswissenschaftlern oder Kreativen schlicht nicht ausgerichtet. Jeder Dramaturg kennt Geschichten von Kollegen oder ehemaligen Theaterintendanten, die von Arbeitsämtern in Bewerbungstrainings gesteckt werden, jeder Germanist hat Studienkollegen, die ähnliches berichten. Wie dringend es ist, gerade ihnen eine Stimme zu geben, hat sich in der Vorbereitung dieses Artikels gezeigt: Während es vergleichsweise einfach war, für das Programmheft Langzeitarbeitslose zu finden, die bereit waren, mit ihrem Namen für ihre Geschichten einzustehen, haben ausnahmslos alle, die wir zum Thema Akademiker-Arbeitslosigkeit befragten, darum gebeten, dass ihre Geschichten anonymisiert werden. Der Grund ist immer derselbe: Die Angst vor Repressalien.

Bleiben wir also notgedrungen vage: Michaela S. war Fachbereichsleiterin einer VHS. Als ihr arbeitsloser Mann am anderen Ende der Republik eine neue Arbeitsstelle bekam, zog die Familie dorthin. Michaela S. meldete sich Anfang 2010 beim Arbeitsamt, konnte sich dort aber nicht als Führungskraft eintragen, weil sie weder „kaufmännisch" noch „technisch" tätig gewesen war und das System andere Möglichkeiten nicht vorsieht. Weitere Hilfestellung ist nicht vorgesehen: Auf ihre Frage, was sie denn nun machen solle, wurde ihr entgegnet: „Wenn sie sich beschweren wollen, werfen sie einen Brief in den Kasten vor der Tür!"

Der springende Punkt ist, dass einer Arbeitslosen, die nicht in das System passt, auch keine Stelle vermittelt werden kann. Statt das Problem aber in der Ausrichtung der Arbeitsämter auf Ausbildungsberufe zu sehen, wurde auch in diesem Fall auf die systematische Demütigung der Arbeitsuchenden gesetzt: „Sie haben ja keinen Beruf!", wurde ihr vorgehalten, und sie wurde in ein Bewerbungstraining für Ungelernte gesteckt. Sie entkam dieser „Weiterqualifizierungsmaßnahme" erst, als ein Lagerist gehen durfte, weil er „überqualifiziert" für den Kurs sei – und sie hatte Glück: Am Tag ihrer Beschwerde war ihr zuständiger Sachbearbeiter krank, seine Kollegin hat den Unsinn gestoppt.

Um Geisteswissenschaftler zu vermitteln, wären Menschen nötig, die sich in den Arbeitsmärkten vor Ort auskennen und Lücken erkennen können. Das wiederum bedeutet einen hohen persönlichen Aufwand und eine Störung des Verwaltungssystems. Denn Menschen in Weiterbildungsmaßnahmen verschwinden aus der Arbeitslosen-Statistik, die Ämter schönen also ihre Zahlen, wenn sie solche Maßnahmen durchführen lassen, unabhängig davon, ob die Maßnahmen sinnvoll sind oder nicht. Und diese Weiterbildungsmaßnahmen sind ein gewaltiger Markt. Wer dieses System nicht bedient, wird schnell unschädlich gemacht. In einer anderen Stadt hat die Arbeitsamtsmitarbeiterin Anna D. über Jahre mit hohem persönlichen Einsatz ein breites Netzwerk zur

Vermittlung von Geisteswissenschaftlern aufgebaut. Sie hat sich aber geweigert, Akademiker in Bewerbungstrainings zu stecken, die nicht für sie konzipiert sind. Anfang 2010 wurde sie deshalb mit der Begründung, sie sei „zu kundenorientiert", in den Bereich Pflegeberufe versetzt. Unser Angebot, Öffentlichkeit herzustellen, hat sie aus Sorge um ihre Arbeitsbedingungen abgelehnt. Inzwischen arbeitet sie in der Schulung von Arbeitsamt-Mitarbeitern und hofft, diesen langfristig einen anderen Denkansatz vermitteln zu können. Sie sagt aber ebenso eindeutig: „Das wird nicht leicht. Denn bislang ist das nicht der Fall. Die meisten meiner Kollegen sehen die Vorgänge vor allem als Verwaltungsakte. Sie sind selbst keine Akademiker und verstehen die Bedingungen dieses Bereichs kaum."

Michaela S. beschreibt das Problem genauso: „Es sind überhaupt nur 3 Mitarbeiter für Akademiker vorgesehen, davon ist eine im Mutterschutz und die andere seit einiger Zeit krankgeschrieben. Mein Sachbearbeiter hat schlicht keine Lust, weil er weiß, dass er für Akademiker sowieso nichts tun kann. Das ist schon bei Ingenieuren so, aber noch schlimmer ist, dass ich Geisteswissenschaftlerin bin. Das wäre ja okay, wenn er mich dann in Ruhe ließe. Statt einfach zuzugeben, dass er mir nicht helfen kann, oder statt mich zu unterstützen, was ich im Bewerbungsprozess gut brauchen könnte, greift er permanent mein Selbstbewusstsein an, was einem nicht gerade Mut macht."

Da sie daran gemessen werden, wie viele Menschen sie aus ihrer Statistik löschen können, sind die Mitarbeiter auch bei denen, die gerade erst arbeitslos geworden sind, wenig zimperlich, was deren Würde angeht. Obwohl Michaela S. im Schnitt 20 Bewerbungen im Monat auf Stellen schreibt, die bis zu 170 Kilometer von ihrem Wohnort entfernt liegen, sieht ihr Sachbearbeiter „kein Engagement", ihre Lage zu ändern. Er forderte, dass sie bereit sein müsse, sich bundesweit zu bewerben und umzuziehen, um eine Stelle zu finden. Sie wies darauf hin, dass sie und ihre Familie eben das gerade getan hatten. Sie könne nicht hunderte Kilometer weit weg arbeiten, weil sie ein Kind habe. Die Antwort des Sachbearbeiters, „Das hätten sie sich überlegen müssen, bevor sie ein Kind bekommen!", spricht Menschen, die das System stören, in erstaunlicher Offenheit die Existenzberechtigung ab. – Man muss an dieser Stelle daran erinnern, dass Michaela S. lediglich eine Versicherungsleistung in Anspruch nimmt, auf die sie ein Recht hat und für die sie viele Jahre hohe Beiträge bezahlt hat.

Aber das systematische Problem des falschen Arbeitslosen-Diskurses prägt eben nicht nur die Sachbearbeiter für Langzeitarbeitslose in den ARGEs, sondern auch die Organisationsstruktur und Denk- und Arbeitsweise der Mitarbeiter der Arbeitsämter.

Mentalitätswandel sind schwierig, wie Anna D. dargestellt hat. Sehr viel einfacher ist es, Begriffe auszutauschen und „Ämter" „Agenturen" zu nennen. Aber sie treten weder als handelnde Kraft noch als Interessenvertreter in Erscheinung. Sie dienen der Verwaltung und Erhaltung des Gegenwärtigen. Von „Agenturen für Arbeit" zu sprechen, ist Augenwischerei, der ich in diesem Artikel nicht folge.

Martin Skoda, der in der Neusser Inszenierung der „Umberto" war, zwischen den beiden wichtigsten Bezugsgrößen für Arbeitslose. Das Arbeitsamt heißt heute „Agentur für Arbeit" und aus „Premiere" wurde „Sky". Funktionieren tun beide Geschäftsmodelle trotzdem nicht, die Arbeitslosen bleiben geparkt in der Warteschleife; © Harald Wolff.

Café Umberto persifliert vom ersten Satz an gerade solche Neuerungen, die eingeführt werden, ohne das Problem der Arbeitslosigkeit auch nur ansatzweise im Fokus zu haben, etwa wenn Jaro meint: „Das ist neu! Das ist doch neu? Das war gestern noch nicht. – Guten Tag."

Trotz einer Recherchephase Rinkes in Berliner Arbeitsämtern ist das Stück aber sehr weit von jeder Form des Dokumentarischen entfernt. Der poetische Kniff in *Café Umberto* besteht vor allem darin, dass die Wirklichkeit gerade nicht abgebildet wird. Stattdessen begegnen uns die Rinke-typischen versponnenen Tagträumer. Rinke findet aber präzise poetische Bilder für gesellschaftliche Zustände, und zwar nicht nur mit dem Gesamtsetting – das Arbeitsamt als Ort des organisierten Stillstands –, sondern auch mit einzelnen Szenen. So wird die reale Downsizing-Spirale in der Figur des sich selbst abschaffenden Arbeitsamtsleiters Herzberg zu Ende gedacht: Führte man den Benchmarking-Prozess nur lange genug fort, käme man zwangsläufig dort an. Es handelt sich also um keine Persiflage der Wirklichkeit; es *ist* die Wirklichkeit, in ein griffiges Bild gefasst.

Bei Rinke trinken die Arbeitslosen angesichts dieses ganzen Elends erstmal einen Latte Macchiato – also jenes Getränk, das der Erzähler in Rinkes Roman *Der Mann, der durch das Jahrhundert fiel* als Inbegriff eines überflüssigen Getränkes und einer dekadenten, städtischen Lebensweise beschreibt. Die Gescheiterten halten an ihrer Mittelklasse-Lebensweise fest und verhalten sich im weiteren Verlauf des Stückes wie WG-Bewohner aus der Berliner Hausbesetzer-Szene der 1990er Jahre: Sie nehmen in Besitz, was niemand für sich reklamiert – mit dem Ziel, die Welt menschlicher zu machen. Jule schleppt Farbe an, und umstandslos beginnen sie, die Wände zu streichen, als wäre das völlig normal. Lukas zieht gleich ganz ein.

Die Figuren unterscheiden sich vor allem in einem zentralen Aspekt von ihren realen Pendants: Sie haben kein Geldproblem. Zwar taucht das Thema gelegentlich abstrakt auf, es beeinflusst die konkreten Handlungsweisen aber kaum. So ist *Café Umberto* vor allem ein Stück über Abstiegsängste der Mittelschicht. Die prekäre Lage von Menschen, deren Zuwendungen zur Deckung des täglichen Kalorienbedarfs sich an den Essensmengen von 70jährigen orientiert, spielt in *Café Umberto* keine Rolle. Rinke geht es nicht um Sozialkritik. Warum auch? Die können Reportagen, Programmhefte und Sammelbandbeiträge besser leisten.

Befreit von dem Ballast der ökonomischen Diskussion, der den politischen Diskurs über Arbeitslosigkeit fast vollständig bestimmt, rückt *Café Umberto* jenen anderen zentralen Aspekt der Arbeitslosigkeit ins Bewusstsein, der in der öffentlichen Diskussion bislang keine Rolle spielt, gerade weil er das eigentliche Problem darstellt. Mit seiner Utopie vom Arbeitsamt als gemütlichem Lebensmittelpunkt des Stillstandes findet er ein poetisches Bild für die einfache Wahrheit, dass wir längst kein Arbeitslosenproblem mehr haben, sondern ein Zeitproblem.

Café Umberto unternimmt also eine Wahrnehmungsverschiebung. Das Stück will die bestehenden Verhältnisse nicht verändern. Es geht darin nicht um das Bekämpfen eines Mangels, sondern um den Umgang mit einem Überfluss. Es stellt die Frage: Wie gehen wir mit ihm um? Konkret gefragt: Was tun mit all der Zeit?

Und es gibt eine Antwort: Tapezieren! Richten wir uns neu in der Wirklichkeit ein, die wir nicht verändern können. Bauen wir die Welt zur Heimat um. Trinken wir einen Latte Macchiato und machen wir es uns gemütlich. Kümmern wir uns um diejenigen, denen wir täglich begegnen. Geben wir einander das Gefühl, wichtig zu sein, egal, wie lächerlich das wirkt. Das ist, wie jede Utopie, naiv.

Tagträumereien für eine konkrete Utopie

Im Umbertos Café versuchen die Akteure, unter- und miteinander einen Zustand herzustellen, der Vorbild für einen gesellschaftlichen Zusammenhang sein könnte. Rinke aktualisiert dabei nicht zufällig Ernst Blochs Rückgriff auf die Gemeinschaft:

> Zu ihr (der Gemeinschaft) gehen in Zeiten, wo sie bedroht ist, ebenso heiße Wünsche wie zur Einsamkeit. Wünsche der Geborgenheit, die dann nicht einmal im Widerspruch zur Einsamkeit zu stehen brauchen, sondern sie einbeziehen mindestens in den kleinen warmen Kreis von Freundschaft. [...] Auch das Individuum, das sich gegen die großen sozialen Körper gewehrt hat, feierte und vergoldete ein Kollektives im näheren Kreis. Wo die Gesellschaft zweifelhaft geworden, tauchte gleichzeitig mit dem Wunschbild Einsamkeit das der Freundschaft auf: nicht als Flucht, sondern als Ersatz der Gesellschaft, als ihre bessere Gartenform.[6]

Nicht zufällig sind Rinkes Figuren Tagträumer. Nur sie können nach Bloch über sich selbst hinausdenken, nur als solche können sie aus dem Überschuss an Zeit eine soziale Utopie entwickeln. In *Café Umberto* zeigt sich durchaus der „Vorschein" auf jene „bessere Welt", welche Bloch als „Heimat" bezeichnet hat – einen Begriff, den er eng mit dem arbeitenden, schaffenden, die Gegebenheiten umbildenden und überholenden Menschen verknüpft: „Es geht um den Umbau der Welt zur Heimat, ein Ort, der allen in der Kindheit scheint und worin noch niemand war."[7]

Die von Rinke entworfene alternative Sichtweise und sein neues Bild vom Umgang miteinander sind dabei durchaus konkret, sie wären realisierbar. Das bedingungslose Grundeinkommen wäre alles, was die Figuren aus *Café Umberto* bräuchten, um unter realen Bedingungen so leben zu können, wie Rinke es vorschlägt.

Dabei ginge es nicht darum, die tatsächliche Höhe der Transferleistungen zu verändern, es wäre vor allem eine Änderung des Blickwinkels: Statt die Menschen gegen etwas zu versichern, was sie ohnehin nicht vermeiden können, statt Milliarden in ein System zu stecken, das den Zustand erhält, den es zu bekämpfen vorgibt, würden die Menschen mit dem ausgestattet, was sie brauchen. Kurz: Sie bekämen ihre Würde zurück. Nicht alle Vorschläge der FDP sind brauchbar, aber der Vorschlag, die Arbeitsämter abzuschaffen, war brillant. An die Stelle von Arbeitslosen, die zu bekämpfen oder gar in Zwangsdienste zu stecken sind, träten Menschen, die frei von drückenden wirtschaftlichen Sor-

---

[6] Ernst Bloch: Das Prinzip Hoffnung. Frankfurt/Main 1959, S. 1129f.
[7] Ebd., S. 1628.

gen selbst entscheiden könnten, ob sie Arbeitsämter tapezieren, vereiste Kommunen vom Schnee befreien, ihre kranken Angehörigen pflegen oder, falls möglich, gar einem Erwerbsleben nachgehen.

Eine WG der zufriedenen Überflüssigkeit

Aber selbst wenn man dies eher für Tagträumerei als für eine objektiv-reale Möglichkeit hält, lässt sich Rinkes Utopie der Menschenfreundlichkeit doch als konkrete Aufgabe begreifen. Liefert das Stück die Vision und unterfüttert die Dramaturgie sie mit konkreter Information, kann im Zusammenspiel von Inszenierung und deren Einbettung in einer Stadt die Kraft entwickelt werden, den Diskurs vor Ort zu verändern, wenn nicht die Realität.

Uns gelang das an einer eher unerwarteten Stelle. Denn ein Randergebnis unserer Recherche war eine erschreckende Zahl. In Neuss, einer Stadt mit rund 150.000 Einwohnern, gibt es, je nach Jahreszeit, offenbar zwischen 70 bis 100 obdachlose Jugendliche. Das schätzte Rebecca Schuh, die Vorsitzende der *Neusser Tafel*: „Im Dezember 2007 haben wir eine Weihnachtsfeier ausgerichtet für obdachlose junge Leute und es kamen etwa 70. Wir statten sie aus mit Schuhen und Garderobe und versorgen sie mit Essen, so gut es geht." – „Diese jungen Obdachlosen fallen aus allem raus. Das sind junge Leute zwischen 16 und 22, für meine Begriffe eigentlich noch Kinder." Andere Streetworker bestätigten diese Zahlen sofort.

Der damalige Sozialdezernent der Stadt, Peter Söhngen (CDU), leugnete auf unsere Anfrage zum Umgang der Stadt mit den obdachlosen Jugendlichen schlicht deren Existenz: „Zur Zeit sind weder den Neusser Streetworkern noch den Mitarbeitern im Jugendamt Minderjährige bekannt, die sich in Neuss aufhalten und dauerhaft wohnungslos sind", ließ er in einer Stellungnahme der Stadt zu diesem Thema mitteilen: „Bei den kurzfristig wohnungslosen Minderjährigen handelt es sich in der Regel um ‚Trebegänger', die aus einer Einrichtung entwichen sind bzw. sich nicht an Regeln im elterlichen Haushalt halten wollen oder können."

Für einen Sozialdezernenten eine erstaunliche Haltung. Diesem ungebrochen gutbürgerlichen Familienbild der Adenauerzeit steht die Realität von Jugendlichen gegenüber, die aus zerrütteten Familien stammen und für die nach Erfahrungen von Missbrauch oder Misshandlungen eine Rückkehr ins Elternhaus nicht in Frage kommt, sofern überhaupt ein Elternhaus vorhanden ist.

Peter Söhngen stellte außerdem fest, dass niemand unsere Zahlen bestätigen würde. Und tatsächlich: Kurz nach unserer Anfrage beim Sozialdezernenten riefen uns die Streetworker an, die zuvor noch bereitwillig Auskunft gegeben hatten, und baten nachdrücklich, im Programmheft nicht namentlich zitiert zu werden. Sie befürchteten, im Kampf um zukünftige städtische Gelder leer auszugehen. Was war geschehen? Man darf vermuten, dass politischer Druck auf sie ausgeübt wurde. Wir fanden außer der mutigen Vorsitzenden der Neusser Tafel niemanden mehr, der die Zahl weiterhin öffentlich nennen wollte. Es war auch nicht leicht, jemanden zu finden, der sie druckt: Redakteure von Lokalzeitungen rufen in solchen Fällen gerne den zuständigen Sozialdezernenten an, um sich die Zahlen bestätigen zu lassen – nach einer entsprechenden Anfrage wäre das Thema tot gewesen. Wir haben stattdessen Kulturredakteure gefunden, die über unsere Reportage berichteten, und auf diesem Umweg die Zahl in die lokale Presse gebracht. So hat unsere Spielplanentscheidung für *Café Umberto* schließlich einen Niederschlag in der politischen Tagesordnung der Stadt gefunden: Ein Vierteljahr nach unserer Premiere gab es, ohne direkte Referenz auf unsere Arbeit, eine Stadtratsdiskussion über den Umgang der Stadt mit obdachlosen Jugendlichen.

Mit der Reaktion des Sozialdezernenten sind wir aber mitten im Kern des Problems, um das es in *Café Umberto* geht: Wie umgehen mit den Menschen, die wir nicht mehr brauchen? – Kai Bremer hält in seinem Artikel fest, dass Moritz Rinke dafür plädiert, sich gegenseitig nicht allein zu lassen, unabhängig davon, ob man eine bezahlte Arbeit hat oder nicht. Man muss kein Utopist sein, um Leugnung, Ausgrenzung und Verdrängung für ebenso ungeeignete politische Strategien zur Lösung gravierender Probleme eines Gemeinwesens zu halten wie die systematische Umdefinierung eines strukturellen Problems zu einer Frage von individuellen Defiziten.

Die ironisch gebrochene Vision Jaros von der zu gründenden „Akademie der Selbstachtung" ist zugleich das politische Programm des Stückes. Jaro wird aktiv und lässt seine Utopie konkret werden, indem er mit seinen Leidensgenossen verabredet, sich dem Verwaltungssystem zu entziehen und sich stattdessen gegenseitig die Würde zurückgeben: Er hält Kück davon ab, den Automaten zu bedienen und organisiert für Jule eine Modenschau. Mit militantem Optimismus tragen die Arbeitsamtbewohner schließlich ihre harmlosen Subversionen so weit, das Amt neu zu streichen: ein höflicher Akt des Widerstands. Und hier treffen sich Stück und Reportage in dem, was Theater kann: Menschen ihre Würde zurückgeben, indem es ihre Geschichten erzählt.

Das Stück endet, ganz im Sinne Blochs, in einer Art Optimismus mit Trauerflor. Zwei der Figuren sind im Zuge dieses Latte-Macchiato-Roadkills auf der Strecke geblieben: Anton, der Dozent, hat sich vor den Zug geworfen, Paula lebt in der Psychiatrie. Der Rest hat sich im Arbeitsamt eingerichtet, sogar Bauer Kück ist Teil der Gemeinschaft geworden und stellt Bäume auf. Wir sehen eine Zukunftsvision: die Hoffnung auf ein Miteinander in einer WG der zufriedenen Überflüssigkeit.

Bilder einer verrutschten Welt

MICHAELA REINHARDT

Moritz Rinkes Kunst, durch Sprache Bilder zu evozieren, scheint in seinen Theatertexten durch, sie gelangt aber in seinem Roman[1] erst richtig zur Entfaltung. Ständig entsteht beim Lesen der Eindruck, einen Film zu sehen. An die Stelle von langen Situationsbeschreibungen und inneren Monologen setzt Rinke kleine und große Bilder, Schilderungen im eigentlichen Wortsinn, die sich nachhaltig einprägen. Dabei sind die Übergänge von realistischen Skizzen zu Sinnbildern fließend.

Bereits der Prolog liefert ein gewaltiges Bild: Pauls Erbe, das Haus seiner Kindheit, versinkt wie der Rumpf eines Schiffes im Teufelsmoor und zerbricht in zwei Teile. Die Metapher des Grundbruchs bildet den Rahmen für das gesamte Geschehen, dessen Ort wiederum übergeordnetes Sinnbild wird: das Moor. Einem gierigen Tier gleich verschluckt und konserviert es Dinge, um sie später wieder hervorzubringen.[2] Vor diesem Hintergrund entwirft Rinke ganz unterschiedliche, eindrucksvolle Szenarien. Es gelingt ihm, anhand weniger markanter Sätze sehr deutliche Bilder in unserer Vorstellung zu erzeugen. So sehen wir Pauls Familie Anfang der 70er Jahre im idyllischen Garten ihres Künstlerlebens sitzen und den Butterkuchen der Großmutter essen. Pauls Mutter blättert im Schneidersitz in ihren Brahma-Schriften, während Pauls Vater unter der „heiligen Glocke" seiner „Schöpfertage" seine „Hasenmenschen im Zeitalter der Angst" zeichnet: „manchmal klopften die Menschentage an die Glocke, doch es kam keine Antwort."[3] Pauls Großvater ist stets mit einer Bockflinte bewaffnet und schießt vom Gartentisch aus auf Maulwürfe, während die Großmutter eifrig mit Kuchenblechen hin- und herläuft. „Der Butterkuchen war wie eine zusammenhaltende Kraft in diesen Zeiten, wo die Generationen so aneinanderstießen, dass sich alles neu ordnen musste."[4] Rundherum im Garten stehen des Großvaters „ruhmreiche" Bronzefiguren. Als Paul nach Jahren in seine Heimat zurückkehrt, findet er sie an die scheinbar standfeste alte Eiche gebunden, einem Kettenkarussell ähnlich. Die schwerste Skulptur, Martin Luther, droht als erste im Moor zu versinken. Aber noch halten sich alle Figuren, auch die Skulpturen von Marie und der Großmutter, gegenseitig im Gleichgewicht. Die Kon-

---

[1] Moritz Rinke: Der Mann, der durch das Jahrhundert fiel. Köln 2010.
[2] Die Metapher erinnert an Großstadt-Metaphorisierungen des 19. und 20. Jahrhunderts: die Stadt, die „verschluckt", „gebiert", „lockt" und „droht": vgl. Antje Wischmann: Verdichtete Stadtwahrnehmung. Berlin 2003, bes. S. 147.
[3] Rinke (Anm. 1), S. 36.
[4] Ebd., S. 37f.

stellation der beiden Frauenfiguren verweist bereits auf ihr Verhältnis als Antagonistinnen, das zuvor schon angedeutet wurde, aber erst später in seinem ganzen Ausmaß dargelegt wird. In Bezug auf Überlebensstrategien im Moor erhält der hier gezeigte Schwebezustand einen exemplarischen Charakter. Der Erzähler kommentiert: „Die beiden Frauen mussten nun zusammenhalten. Sie waren gegenüber an der alten Eiche festgebunden, um gemeinsam für ein Gleichgewicht zu sorgen und einander im Moor zu stabilisieren [...]."[5]

Pauls Fall durch das Jahrhundert erreicht einen Tiefpunkt, als das Moor die erste Nazi-Skulptur seines Großvaters zum Vorschein bringt. Sogar sein Verhältnis zur deutschen Vergangenheit fasst der Erzähler mit einer Synästhesie: Immer wenn Paul an die Zeit des ‚Dritten Reiches' dachte (was bis dahin in erster Linie Schulstoff für ihn war), „beschlich ihn dieses linienförmige, gleichförmige und abgestumpfte Denken, das sich in so eckigen und kantigen schwarzweißen Bewegungen äußerte".[6] Doch als des Großvaters gigantische Bronzestatue von Hitlers Reichsbauernführer unmittelbar vor ihm steht, wird Paul persönlich herausgefordert. Seine Auseinandersetzung mit der Skulptur wird in einer Sequenz eindrucksvoller Bilder erzählt. Zunächst versuchen Nullkück und Paul, den schweren Reichsbauernführer mit vereinten Kräften bis zum Graben zu rollen, um ihn wieder verschwinden zu lassen. Doch sein zum Hitler-Gruß erhobener Arm bohrt sich wie ein Widerhaken ins Moor, so dass sie ihn schließlich wieder aufstellen müssen. Die übrigen an eine Eiche gebundenen Statuen blicken stumm zu ihm herüber, wie „wenn ein Fremder in einem Dorf ankommt".[7] In der Nacht treibt es Paul wieder ins Freie. Im Mondlicht kann er nur das eine Auge der Statue sehen, das andere ist noch mit Torf verklebt. Er bespuckt die Skulptur, paradoxerweise „für die Öffentlichkeit",[8] und schon tut es ihm leid für seinen Großvater. Bei der dritten Begegnung steht ihm der Reichsbauernführer als sprechendes Ungeheuer in der Seelenscheune gegenüber. Inzwischen ist sein Gesicht frei, Torf und Bleichmoose sind heruntergeflossen, und die einfallende Sonne erhellt seine Augen. Bei dieser vis-à-vis-Begegnung fallen zentrale Worte des Romans, die das allgemeine Mitschwimmen im Zeitstrom, im Leben wie in der Kunst, zum Inhalt haben: „Heben Sie Ihre Hand zum Gruße", sagt die Geisterstimme, „diese Ihre formende Hand, mit der der Künstler nach Ruhm und Anerkennung strebt. Ach, wie könnte sie nicht zur Hure werden."[9] Diese Metonymie fasst ein Leitmotiv des Romans: die Nähe von Kunst und Prostitution. Als Paul und Nullkück die Skulptur schließlich mit

---

[5] Ebd., S. 67.
[6] Ebd., S. 228.
[7] Ebd., S. 213.
[8] Ebd., S. 223.
[9] Ebd., S. 321.

dem Trecker entsorgen wollen, steht der Reichsbauernführer noch einmal „geisterbahnhaft [...] im roten Bremslicht"[10] vor ihnen.

Pauls ambivalentes Verhältnis zu den Funden zeigt sich noch im Versuch, den Großvater zu rehabilitieren. Auch hier spielt die Anschauung eine entscheidende Rolle: Paul sieht, dass die übrigen Skulpturen mit ihren menschlichen Maßstäben plötzlich wie Kleinkinder neben den „neuen, überzeichneten, völlig kück-untypischen" Nazi-Figuren erscheinen. Daher vermutet er, sein Großvater habe sich im Grunde geweigert, wirkliche Menschen aus den Nazis zu machen und stattdessen Überzeichnungen geschaffen, „Übermenschen, Unmenschen".[11]

So kommt sich Paul als „Geschichtsmüllmann"[12] vor, der wegräumen muss, was die vorigen Generationen haben stehen lassen. Konsequenterweise findet der Roman auch Bilder für die 68er Generation und deren Vergangenheitsbewältigung. Zentrale Figur ist hier Pauls Mutter, die viel zu sehr an ihrem Vater hängt, als dass sie diesen mit Abstand betrachten könnte. Sie hat sich aus allem herausgezogen und längst „ihr Leben aus den für sie nützlichen Einzelteilen" auf Lanzarote neu zusammengesetzt. Darin ähnelt sie paradoxerweise Kovac, der aus Teilen geklauter Autos neue zusammenbaut. Jetzt schwimmt sie ganz oben auf der Zeitgeistwelle mit ihren NLP-Seminaren im Bewusstseinsstudio. Eindrucksvoller als mit den „Gefühlsankern", die sie ihre Teilnehmer auswerfen lässt, kann ihre geschäftstüchtige Art der Vergangenheitsbewältigung nicht umschrieben werden. Ein weiterer 68er, Pauls angeblicher Vater, wird mit Hilfe seiner Zeichnungen besonders satirisch porträtiert. Wir sehen die kuriosesten Varianten der „Hasenmenschen im Zeitalter der Angst", bis Ulrich Wendland plötzlich von der Bildfläche verschwindet, um sich dem Kapitalismus unterzuordnen, den er zuvor offiziel bekämpfte. Der Bremer Zeithistoriker Anton Rudolph hingegen, der eine zeitlang wütende Recherchen betrieb, erweist sich in Pauls Augen als eitler Vertreter der 68er, die sich „in irgendwelche Weltzusammenhänge hineinerzählten, [...] um den Glanz einer Zeit in ihr Leben hineinleuchten zu lassen."[13] Für Paul entsteht das Bild einer Generation, die „tausende von Geschichten an die Geschichte anbaute, so dass sich bald aus einem Dorf eine Stadt, aus einer Stadt ein ganzer Moloch aus Legenden und Wahrheiten erhob!"[14] Eine Ausnahme bildet nur Ohlrogge. Bevor dieser aber wirklich beginnt, sich für die Kück'sche Vergangenheit zu interessieren, ist er jahrelang frustriertes Opfer und hat keine Kraft, sich an den Protestbewegungen seiner

---

[10] Ebd., S. 324.
[11] Ebd., S. 373.
[12] Ebd., S. 223.
[13] Ebd., S. 298.
[14] Ebd.

Generation zu beteiligen. Stattdessen läuft er mit einem riesigen Stofftaschentuch durchs Moor, „das er sich wie alle Männer hier zugelegt hat". Er schlägt es gegen Zaunpfähle und manchmal auch gegen Kühe und weiß selbst nicht warum. Solche Taschentücher, mit denen in Norddeutschland dem Erzähler nach alles so wundervoll weggeschnäuzt wird, ziehen sich leitmotivisch durch den Roman und verweisen auf eine ganz eigene Sprache bzw. Art der Problembewältigung. Am Ende findet sogar Paul zu seiner Überraschung eins in seiner Hosentasche. So bildet der Roman häufig auf der Mikroebene seine ganz spezifische Zeichensprache aus. Typische Elemente hiervon sind außer den Taschentüchern z.b. die „moortypischen Weberknechte", welche oft parallel zu Pauls Gefühlssituation gezeigt werden. Ein anderes symbolisches Motiv, das wiederholt verwandt wird, ist der Lichteinfall auf ein Objekt. Er besitzt eine ähnliche Wirkung wie die einer Kamera-Naheinstellung.

Wie bereits gesehen, zeugen Rinkes Bilder stets von dem Bemühen, nicht platt zu urteilen, sondern vielmehr Lebenskonflikte darzustellen. Zum Ausdruck kommt dies auch in den Worten des Großvaters, welche wieder ein Bild enthalten: „Die Lebenswege, Paul, sind nicht weiß und sie sind nicht schwarz. Schau mich an, ich bin grau. Die Menschen, die durch die Zeit gehen, werden grau."[15] Auch Pauls Großmutter mit ihrem lächerlichen Rilketopf und dem erschütternden Schweigen zu Maries Schicksal ist keineswegs eine negative Figur: ihr Butterkuchen wird zum Symbol für die Nestwärme, die Pauls Eltern dem Sohn nicht zu geben vermögen.

Der Mikrokosmos Worpswede – die „Künstlerdeponie" – erweist sich als idealer Schauplatz für die Lebenswege der verschiedenen Generationen durch die Geschichte und in der Kunst. Und in der zentralen Metapher des Moors kommt eine sumpfige Welt zum Ausdruck, die alle Generationen umfasst, gleich an welchem Ort, ob in Berlin, Spanien oder Petersburg. Diese sumpfige Welt spiegelt sich im Leben wie im Kunstschaffen und der Kunstrezeption, wo alle gefallen wollen, „vorne schwimmen in der Zeitbrühe" und sich dann „auflösen wie Brausetabletten". Rinkes Bildsprache arbeitet dabei immer wieder mit einprägsamen, originellen Vergleichen, wie z.B. Johanna Kücks Vergötterung der indischen Kühe und ihrer Aversion gegen die „Nordkühe", oder wie der Sicht auf die Berliner Brunnenstraße mit dem „besseren Osten" und dem „schlechteren Westen", und wie dem Gegenüber von Latte Macchiato und Filterkaffee – einem Leitmotiv, das Rinkes gesamtes Werk durchzieht.

Auch dass sich die Menschen an „Funktionen" klammern, wird in vielen Facetten dargestellt. Sogar Paul spielt in seinem Verhältnis zu Christina zunächst erfolgreich die Karte seiner „Funktion" als Galerist aus. Als originelle Metapher hierfür sehen wir seine Visitenkarte in einer Fleischtomate. Allgemeines Halt-

---

[15] Ebd., S. 304.

Suchen der Menschen umschreibt Rinke auch mit der Verbildlichung ihrer verplanten Zeit, die „aus dem Rahmen, der Umschlossenheit hervorleuchtete wie Freiheit, ja wie Glück".[16] Diesen Halt hat Paul von Anfang an nicht, und er fühlt sich dadurch ausgeschlossen. Besonders deutlich wird die grundsätzliche Haltlosigkeit im Blick auf den Kunstmarkt. Hier sind die Bilder, die Rinke liefert, vornehmlich fiktive Kunstwerke. „Die Welt ist verrutscht!", ruft Kovac entgeistert aus, als er hört, dass ein Osama-Bin-Laden-Foto, das von einem Künstler an der Oberfläche mit der Samenflüssigkeit des Künstlers bearbeitet wurde, umgerechnet circa acht Mercedesse kostet. Paul selbst schämt sich für sein „Pornoprojekt", den Handel mit Bildern für Hotelzimmer, für die Rinke exemplarisch ein Gemälde mit einem kakaobraunen Hund schildert. Paul hatte es vom Bett aus betrachtet und den Anblick nicht ertragen. Eine parallel gestaltete Szene, in der Paul ein Bild vom Bett aus ansieht, spielt sich bei seiner Rückkehr nach Worpswede ab. Hier liegt Paul in seinem Jugendbett und sieht auf Ohlrogges „Herbststurm über deiner Moorkate". Es ist ein Gemälde aus Pauls Geburtsjahr, das das Haus der Familie darstellt. „Ihm war es früher nie aufgefallen, aber das Haus war plötzlich ganz klein unter einem Himmel, der wie eine unendlich große Macht über das Land hinwegeilte. Paul richtete sich auf, weil er dachte, die Wolken würden sich bewegen."[17] Ein anderes Beispiel für Kunst, die im Rezipienten etwas auszulösen vermag, ist ausgerechnet Mackensens Marie-Porträt. Der Kolonievater wird zwar im Roman als überzeugter Nationalsozialist mit süffisantem Gehabe sehr negativ dargestellt. Doch seinem Gemälde schenkt Rinke besonders viel Raum. Zunächst lässt er es in Mackensens Phantasie entstehen. Als Leser können wir miterleben, wie die Leidenschaft für Marie in kräftige Farben umgesetzt wird. Im weiteren Verlauf scheinen dem Porträt dieser „Lichtgestalt"[18] magische Kräfte anzuhaften. Maries Ausstrahlung wirkt aus dem Gemälde heraus fort. In Pauls Traum steigt sie sogar aus dem Bild, und ein anderes Mal hebt sie leicht die Hand.

Vorwiegend aber zeigt der Roman Karikaturen haltlosen Kunstschaffens: Wendlands Hasenmenschen, den Malwettbewerb der Osterholzer Volksbank oder den russischen Stipendien-Schnorrer, der nicht einmal einen Keilrahmen bespannen kann. Ein besonders amüsantes Sinnbild der Beliebigkeit des Kunstbetriebs liefert des Großvaters Figurengruppe „Bauern von Tarmstedt", die ein zweites Mal existiert – allerdings mit dem Titel „Bürger von Worpswede". Dass haltlose Kunstrezeption nichts Neues ist, wird ebenfalls vorgeführt. Schon das blutige Duell zwischen Ohlrogge und Johannas Vater hatte die anwesende Bremer High Society für ein Happening gehalten. So fällt es dann auch schwer,

---

[16] Ebd., S. 16.
[17] Ebd., S. 106.
[18] Ebd., S. 133.

die Grenze zwischen Ohlrogges Gülle-Aktion und einer künstlerischen Performance zu ziehen. Und ist nicht auch das Bild der Möbel, die nach einer fürchterlichen Explosion in den Bäumen hängen, ein wunderbares Kunstwerk? Die verrutschte Welt kulminiert schließlich in der Wahl eines Künstlers mit Nazi-Vergangenheit zum „Künstler des Jahrhunderts". Dem Nebeneinander von Kunstschaffen und Prostitution, das in der Figur Ana sogar explizit wird, hält Rinke also ein anderes, vielleicht romantisch zu nennendes Kunstverständnis entgegen, so wie es auch Musil vertritt: wahre Kunst wie alles würdevolle Handeln kann nur aus dem Inneren heraus entstehen. Und nur dann transportiert sie ein Stück Wahrheit, wie hier im Roman Ohlrogges Sturmbilder, Mackensens Marie-Porträt und auch die Halmer-Bilder.

Mit einer Welt, in der alle versuchen, im Sumpf zu bestehen, könnte auch Paul sich irgendwie arrangieren. Sein wahrer ‚Fall' aber erfolgt durch die Vergewaltigungsgeschichte und die Entdeckung, dass man ihm sein Leben lang den wirklichen Vater verschwiegen hat. Erst an dieser Stelle kommt es endgültig zu dem im Prolog angekündigten „Grundbruch". Als Paul mit dem Raupenfahrzeug die Scheune niederreißt, ist es ihm, als zersplittere er gleichzeitig seine „Kindheitsvitrinen", in denen bis dahin kleine Dinge und Szenen aus jener Zeit aufbewahrt gewesen waren. Paul fährt alles kurz und klein und stapft schließlich durch die Trümmer seiner ganzen Familiengeschichte. Auf einem Suppenteller irren Weberknechte herum. „LÜGENWELT!", schreit es aus ihm heraus. Später fügt er in Gedanken hinzu: „Und so blieben Enkel und Söhne ohne Antworten und irrten ahnungslos durch die Welt. Und wenn sie etwas finden wollten, dann mussten sie graben und graben und zu graben aufhören, wenn sie es nicht mehr ertragen konnten und ihr Leben ohne die Wahrheit für ruhiger und sicherer hielten."[19]

Die Bilder, die das Finale des Romans beschreiben, gestalten sich dann geradezu surrealistisch, so als wäre das Geschehen kaum mehr fassbar. Wie im Prolog sieht man das sinkende Haus, zum größten Teil ohne Wände. Merkwürdiger Dampf steigt auf. Rundherum stehen die Halmer-Bilder, irgendwo liegt ein Paket mit Salat, – Symbole für Pauls Berlin-Leben, das ihn hier eingeholt hat. Die Erde unter der Eiche und die Bronzestatuen sind in Bewegung geraten. Willy Brandt scheint Paul zu mustern; die Marie-Skulptur ist an der Naht aufgeplatzt, um ihr grausiges Geheimnis preiszugeben. Paul, endlich mit einem norddeutschen Stofftaschentuch gewappnet, zieht mit einem Ruck die Füße aus dem gierig zischenden Moor. Seine beiden Familiennamen hat er abgelegt. „Jetzt heiße ich nur noch Paul", notiert er. „Nasse, sumpfige Füße" aber wird er sein Leben lang behalten. Zuletzt sieht man ihn als Heimatlosen und Befreiten mit seiner Tasche und Andersens *Schneekönigin* in die Wiesen hinein laufen. Sie

---

[19] Ebd., S. 465.

fließen wie auf unzähligen Gemälden Worpsweder Künstler am Horizont mit dem Himmel zusammen.

Das Thema der haltlosen und verlogenen Welt durchzieht bereits Rinkes Dramenwerk. In den vielfältigen Bildern des Romans wird es nun eindrucksvoll aufgefächert und ausdifferenziert. Dabei entzieht sich die Bildlichkeit allzu simplen (rein strukturalistischen) Analyseverfahren. Im Text sind zwar Isotopieebenen angelegt (wie z.B. die des ‚Moors'). Doch der Autor führt ständig neue Einzelmetaphern und Symbole aus weiteren Bildbereichen ein, so dass ein komplexes Geflecht aus sich überlagernden Bildfeldern entsteht.[20] Die Reihung realistischer und surrealistischer Skizzen erzeugt dabei den oben erwähnten Filmeffekt. Die Welt Pauls zerbricht bereits in ihrem „Grund", nämlich an der Unfähigkeit der vorhergehenden Generationen, Halt zu finden und diesen auch den Nachkommen zu vermitteln. Dass es Paul gelingt, die Füße aus dem Moor zu ziehen und das zerbrochene Haus seiner Kindheit hinter sich zu lassen, bleibt als Bild der Hoffnung auf einen Neubeginn am Ende des Romans stehen.

---

[20] Für die Untersuchung dieser komplexen Struktur eignet sich m.E. das von Hans Georg Coenen entwickelte Kozept von Analogie und Metapher: vgl. Hans Georg Coenen: Analogie und Metapher. Grundlegung einer Theorie der bildlichen Rede. Berlin, New York 2002.

Unglaubliche Wahrheiten jenseits der Coolness

SABINE CARBON

Die Idee, einen Film über Moritz Rinke zu drehen, war plötzlich da. Alles begann wohl, so kann ich rückblickend nur mutmaßen, an einem verregneten Tag, an dem das fahle Licht von draußen gerade noch reichte zum Lesen des Berliner *Tagesspiegels*. Damals stieß ich auf diesen Text, in dem ein Autor nach Marzahn fuhr und dort statt Neonazis und Stadtrandödnis, Idyllen und liebenswerte Menschen fand, mit denen er schließlich auf ein Bier in einer lauschigen Kneipe landete – oder so ähnlich. Ich kann mich nicht mehr genau an alle Einzelheiten erinnern, wohl aber an die generelle Umwertung der vorschnellen Bewertungen und die Atmosphäre, die dieser Artikel erzeugte. Sofort wurde es heller im Raum. Es gab also wirklich einen vorurteilslosen und staunenden Menschen in dieser abgeklärten Stadt, jemanden mit dem Talent für glückliche Erlebnisse in einer gewöhnlichen Welt, eine Art Alexander von Humboldt, der selbst in der Vorstadt noch seltene, wunderbare Pflanzen entdeckte. Der Autor hieß Moritz Rinke. Das klang wie Rilke, führte aber nicht weiter.

Das nächste Mal begegnete ich ihm auf der Buchmesse, während ich versuchte, von einer Halle in die nächste zu gelangen, was mir wegen erheblicher Menschenmassen, die sich vor einem blauen Sofa stauten, nicht gelang. Auf dem Sofa saß ein Mann, der mit freundlicher Stimme lustige und durchaus sinnvolle Dinge sagte und damit den anwesenden Damen gerötete Wangen bescherte. Eingequetscht zwischen Menschen mit riesigen Büchertüten fragte ich eine ergriffen lauschende Buchhändlerin neben mir, wer das sei. „Moritz Rinke!", zischelte sie schroff, so als störte ich ihre Zweisamkeit mit dem Dichter auf der Couch.

Zwei Jahre später stehe ich mit Moritz Rinke im Teufelsmoor nahe der legendären Künstlerkolonie Worpswede, wo Rinke geboren ist. Der Boden trieft vor Geschichte, Geschichten und Nässe. Hier traf Rilke für eine kurze Ehe auf Clara Westhoff und auf Paula Modersohn-Becker. Das alles ist Legende, Rilke längst modrige Vergangenheit, und Rinke steht da in Gummistiefeln, mit einem eigenartig belustigten Grinsen um den Mund und erzählt von nassen Füßen und vom Sterben im Moor. Es sei ein langsamer, grausamer Tod, bei dem das ganze Leben noch einmal an einem vorbeiziehe, berichtet er eindringlich fröhlich und ich frage mich, ob man mit Rinkes fabulierender Vergnügungskraft ausgestattet nicht vielleicht auch den Tod als eine amüsante Veranstaltung begreifen kann. Es fängt an zu regnen. Das Teufelmoor wird noch düsterer und mystischer, so als wolle es gegen Rinkes Heiterkeit aufbegehren, aber es gelingt nicht. Nur wir müssen das Interview im Regen abbrechen, bevor die Technik streikt.

Alles andere bei diesem Filmprojekt erscheint so unkompliziert, dass man acht geben muss, nicht über allzu viel Lässigkeit zu stolpern. Drei Monate vorher hatte ich Rinke einfach angerufen. „Hallo? Ich würde gerne einen Film über Sie drehen, für arte, für die Reihe *Ma Vie – Mein Leben* ... eigentlich sind Sie ja noch ein bisschen jung für so eine filmische Biographie, aber ..." Moritz Rinke braucht gar nicht „ja" zu sagen, er erzählt, dass gerade auch ein Buch über ihn geschrieben werde und macht sofort Vorschläge: Fußball muss rein, unbedingt! Fußball? Ich bin ein wenig verwirrt, Fußball scheint so gar nicht zu passen. Fußball, das ist doch laut und roh, kein Sport für dichtende Individuen. Doch Fußball, auf jeden Fall!

Nun wird es doch kompliziert. Ich muss darauf achten, dass sich das filmische Porträt eines Schriftstellers nicht in einen Fußballfilm verwandelt. Ich will keinen Fußballfilm. Rinke aber doch und seine Begeisterung wirkt ansteckend. Er nimmt uns mit ins Stadion nach Bremen. Umhüllt von Testosteron- und Bierdunst, betäubt von der allgemeinen Euphorie der Fans versuche ich, das Porträt im Auge zu behalten. Wir drehen nicht das Spiel, nicht das Fußballfeld, sondern lediglich seine Auswirkungen auf die Autorenpsyche. Wir drehen also einen Autor, der sich gemeinsam mit einem Freund, dem Schauspieler Matthias Brandt, ein Fußballspiel seiner Mannschaft ansieht. Das ist durchaus reif für die documenta. „Fußball ist das wahre Drama", meint der Dramatiker. Und wirklich! Was kann man nicht alles erkennen auf dem Gesicht des Fans: Begeisterung, Anteilnahme, Empathie, enttäuschte Hoffnungen auf eine eigene Profifußballerkarriere, Enttäuschung über die Mannschaft, den Ball an sich, Zerknirschung ... Rinkes ganzes Leben scheint sich beim Blick auf den Ball zu archaischen Emotionen zu verdichten. Bremen verliert, hat die Aussichten auf den Titel verspielt.

Der Autor atmet tief durch und geht mit eiserner Disziplin weiter zum nächsten Kapitel. Noch am gleichen Abend bringt er 150 Bremer Bürger bei einer Ausstellungseröffnung zum Lachen. Er liest ihnen einfach seinen Text über Bayreuth und Siegfrieds Glied vor. Die Fallhöhe zwischen Wagnerianern und Sexshops hat er darin gutgelaunt eliminiert. Nun tummeln sich Siegfried, der Zug aus Kulmbach, mit dem der Autor angereist ist, die Menschen mit Opernticket, und diejenigen, die noch flehentlich eines suchen, alle ganz demokratisch nebeneinander, alle auf Augenhöhe. Rinke ist, wie ich an diesem Abend lerne, ein Meister der Kopfbälle und der literarischen Relativitätslehre. Er reist vom Mikrokosmos in den Makrokosmos und wieder zurück, zwischendurch nimmt er ein paar Abkürzungen über herumliegende Wurmlöcher, trifft Dramaturgen, Erdbeermarmelade, was auch immer, vernichtet Vorurteile in einem schwarzen Loch und landet auf beiden Füßen wieder sicher auf der Erde. Der zweite Text, den er an diesem Abend liest, handelt von Worpswede und seinen Malern. Ja, Paula Modersohn-Becker hätte lieber nach Paris gehen und sich in Rodin oder

Maillol verlieben sollen, als bei den eintönigen Worpswedern im Moor zu bleiben. Der sture Worpsweder Sumpf wird mit einem Mal ein klein wenig frivol. Rinke treibt die Frechheiten über Bayreuth und Worpswede und Rilke genau so weit, dass sie auch für wohl gesittete Bürger noch partytauglich, geistreich, leicht erotisiert, aber nicht geschmacklos sind. Rinke ist kein *enfant terrible*. Er zertrümmert nichts, im Gegenteil: er verbindet, fügt zusammen, was bisher noch nie zusammen zu gehören schien und kitzelt aus dem Normalen das Besondere heraus. Er spricht nicht nur *über* Personen, Orte, Absurditäten und auch existentielle Probleme, sondern immer auch über sich selbst: Im Mittelpunkt fühlt man jederzeit den Autor, der mit solchen Zeilen vielleicht auch sagen will: Welch ein Glück, dass ich aus Worpswede raus gekommen bin.

Was wäre auch aus Moritz im Moor geworden? Vor über 20 Jahren verließ er Worpswede, ging zum Studium nach Gießen und landete schließlich in Berlin. Worpswede fühlt sich aus dieser Distanz fremd an. Vielleicht gerade fremd genug, um jetzt darüber zu schreiben. Rinkes erster Roman, der während unserer Filmaufnahmen entsteht, spielt in Worpswede und Rinke verarbeitet darin, was ihm seit seiner Kindheit auf die Nerven ging: Die ganze Landschaftsmalerei, die deutschnationalen Töne, die diese Malerei zum Klingen brachte, die Musealisierung des eigenen Lebens in einem Mooridyll wie Worpswede. Er hat die Touristen, die sich die Nasen platt drückten an den Fensterscheiben der berühmten Künstlerhäuser schon als Kind mit Fliegenklatschen bekämpft! Bis heute kratzt er unablässig am Worpsweder Zuckerguss, den tausende Touristen über das Künstlerdorf im Moor kleckern ließen.

Es war gar nicht so leicht, Rinke davon zu überzeugen, einen Teil des Filmes in Worpswede zu drehen. Er hatte Angst vor der engen Schublade „Sohn aus Künstlerfamilie!" Schließlich ließ er sich doch breit schlagen und nun untersucht er den Ort seiner Kindheit wie ein Arzt das Mordopfer auf letzte Reste von Lebendigkeit. Wir stehen vor dem Museum gewordenen Haus von Heinrich Vogeler: Abgestürzte Utopien hinter weißem Gartenzaun. Vogeler, der wegen einer jungen Aktivistin dem Stalinismus auf den Leim ging, interessiert Rinke als romantischer Überzeugungstäter. Und Rinke interessiert Vogelers Schlafzimmer, das man besichtigen kann. Eine gänzlich erotikfreie Zone mit zwei ordentlichen, kleinen, an gegenüberliegende Wände gerückten Betten. Das Bild einer eingeschlafenen Ehe. Rinke lässt sich auf die dicke Matratze von Vogelers Bett fallen: „Kein Wunder, dass diese Ehe nicht funktioniert hat", stöhnt er, „das sind ja auch Matratzen!" Der Muff der Geschichte und die Harmlosigkeit der Worpsweder Zwergenwelt mit ihren perfekten reetgedeckten Bilderbuchhäuschen wirken offensichtlich bedrückend. Vor den Bildern der Worpsweder Maler erinnert Rinke sich plötzlich an die Eishockeyspiele seiner Kindheit auf dem wunderbaren Teich vor der Tür. Er ringt nach frischer Luft und nach Gegenwart! Vergesst Rilke!

Und doch ist Moritz Rinke gerne in dieser Bilderbuchwelt aufgewachsen. Er erlebte eine behütete Kindheit. Nicht im bürgerlichen Sinne natürlich – seine Eltern sind Künstler! – aber in der Art, wie auch Pippi Langstrumpf eine behütete Kindheit weit weg vom zwanghaften Realitätswahn der Städte erlebte. In dieser hübschen Welt, die vielleicht gerade wegen ihrer Begrenztheit alle Möglichkeiten der Phantasieentfaltung barg, gab es, so erzählt er, ab und zu großes Theater. Immer dann, wenn Johann Kresnik mit seinen Tänzern zur Erholung aus Bremen nach Worpswede kam. „Diese Erwachsenen, diese Tänzer und Schauspieler waren wie Kinder", erinnert sich Rinke. Diese Begegnungen hatten weitreichende Folgen für die theatralische Sendung des Heranwachsenden: „Theater war eine Verheißung, dass es nie ernst werden würde mit dem Leben." Rinke sagt einen solchen Satz vollkommen unironisch. Natürlich wollte auch er zum Theater, in die Zone permanenter Kindheit und er gründete auf diese windige Verheißung schließlich eine solide Karriere als Dramatiker. Von Kresnik kommend landete er bei den *Nibelungen*.

Wir drehen in Worms. Nibelungenfestspiele. Rinke, Garant für zeitgemäße Stoffe und Charaktere bei gleichzeitig traditioneller Figuren- und Plot-Entwicklung hat gerade sein zweites Nibelungendrama für das Festival geschrieben. Überall hängen Plakate, die Kriemhild als dunklen Racheengel mit blitzendem Schwert zeigen. So würde man auch für ein Mittelalterfestival oder für die Winnetou-Saison in Bad Segeberg werben, wenn es dort um Dschingis Khan ginge. Moritz Rinkes Name fehlt auf dem Plakat. Eigentlich könnte er froh darüber sein, denn die Werbebotschaft geht in eine ganz andere Richtung als die seines Dramas. Auf der Treppe des Doms jedenfalls führt er uns in seine Sicht der Dinge ein. Hier, am historischen Ort, wo Kriemhild und Brünhild aneinander geraten sein sollen, spielt der Autor Moritz Rinke uns den Kampf zweier großer Frauen vor: Kriemhild gegen Brünhild und zwischendrin ein zerknirschter Siegfried, der sich um die Kinder und beide Frauen gleichzeitig kümmern soll – ein überforderter Mann, zwischen zwei um ihren Status ringenden Dramaqueens, die wirklich zwei tragische Figuren sind. Geben die *Nibelungen* das her? Moritz Rinke saust die Treppe rauf und saust die Treppe runter. Er inszeniert sein Drama und er inszeniert sich selbst mittendrin. Er ist Kriemhild und Brunhild zugleich und Siegfried sowieso. Das Ganze hat hohen Unterhaltungswert, aber Kasperletheater ist es trotzdem nicht. Da hat sich nur jemand wirklich mit den Figuren, ihren Bedürfnissen und Gefühlen beschäftigt und den staatstragenden Talmi samt der nationalen Vereinnahmung einfach über Bord geworfen. Naiv könnte man das nennen, wenn Rinkes *Nibelungen* nicht gleichzeitig klug analysiert und raffiniert gebaut wären und die Schlinge zwischen Staatsräson, Emotionen und jugendlichem Aufbegehren sich nicht so erbarmungslos zuziehen würde. Leider macht Dieter Wedel, der Regisseur, aus der Tragödie um jugendlich-idealistische, fast Schillersche Figuren, wie sie Rinke erschaffen hat, am Ende fernsehtaugliche Hausmannskost mit alten Säcken und jungen Mädchen.

Tragödie des Dramatikers, der immer wieder erleben muss, wie seine Figuren unter den Händen der Regisseure andere werden! Moritz Rinke steht bei der Generalprobe im Zuschauerraum auf der Treppe mit versteinertem Gesicht. Und fast scheint es, als sähe er gleichzeitig eine Inszenierung, die er schon vor Monaten in seinem Kopf entworfen hat: seine Inszenierung. Die so oft erlebte Diskrepanz zwischen Stück und Inszenierung ist ein grundsätzliches Problem.

Ein paar Wochen vorher in Worpswede hatte Rinke seine Arbeit als Theaterautor einmal mit der seines Vaters, eines Goldschmiedes, verglichen. Oft fühle er sich, als habe er mit seinen Stücken gar nichts Bleibendes geschaffen, sondern nur viele Gussformen, die von den Regisseuren dann zerschlagen würden. Rinke hängt an seinen Stücken, vor allem wohl an den Figuren. Er scheint sie regelrecht zu lieben und leidet dementsprechend, wenn sie nicht mehr als seine Geschöpfe erkennbar sind.

In einem seiner Essays erzählt er, wie uncool er sich manchmal fühle. Allerdings macht er nicht den Eindruck, als würde er sich dafür schämen. Gut so. Genau diese sehr unzeitgemäße Eigenschaft ist seine große Stärke. Sie bewahrt ihn vor eingefrorenem Denken und allzu großer Distanz. So dringt er vor zu den wirklich interessanten Geschichten, die überall herumliegen, aber nur von wenigen gesehen werden.

Mein Film über Moritz Rinke hat keinen Untertitel. Gäbe es einen, so könnte er heißen: Unglaubliche Wahrheiten jenseits der Coolness.

der lorax
STEPHAN KIMMIG

ist moritz der lorax?
denn, wer moritz genau ist, das weiß doch niemand.
vielleicht wissen es die witze oder die steine oder die tausendfüssler?
vor 10 jahren schrieb moritz eine figur wie helmbrecht, der es liebte sonnenuntergänge zu umarmen. das war noch eine zeit, in der man das konnte. heute bekommt man hautkrebs davon und lässt es lieber.
vor 10 jahren schrieb er über das abhandenkommen von weltdingen, deren verschwinden nicht mit wedelnder kreditkarte gelöst werden kann. moritz behauptete damals kein ich-bin-doch-überhaupt-nicht-ein-trauriger-welt-umarmungs-clown zu sein. dennoch wollte er unbedingt, trotz blutiger nase und knie, die grazie der dinge bewahren helfen.
ist moritz also der lorax?
die geschichte vom lorax geht so:

> ganz am rande der stadt, wo das grenkelgras steht und der wind so schwülsauer riecht, wenn er weht, wo kein vogel singt, nur die krähe mal kräht ...
> liegt der weg des gelupften lorax.
> halb versteckt dort im grenkelgras, sagen die leute, sieht jeder, der augen im kopf hat, noch heute, wo der lorax einst stand bis er kurzerhand weggelupft wurde, als opfer, als beute.
> was für ein lorax?
> was suchte er dort
> und wer hat den lorax gelupft von dem ort, vom rande der stadt, wo das grenkelgras steht?
> der einstler, der weiß es.
> ob er's dir verrät?
> also laß dir erzählen, was den lorax weglupfte, das weiß ich genau ...
> lang, lang ist's her ...
> schon sehr, sehr lang her ...
> ach, damals, da wogte das gras noch gras-grün, der teich war noch nass, man sah wolken weiß blühn.
> als damals der sang der schrumm-schwäne erklang, führte mich meine reise eines morgens hier lang.
> und da sah ich die bäume!
> die bonbolla-bäume!
> die bauschbunten bommel der bonbolla-bäume!
> sie winkten mir fröhlich wie lustige träume.

unter bonbolla-bäumen tollten bar-baka-luten,
drollige tierchen, die emsig die schnuten stopften mit bonbolla-früchten, den guten.
und am plätschrigen teich in der himmlischen ruh, planschten singfische rum und summten dazu.
aber die bäume! die bäume!
die bonbolla-bäume!
sie waren die erfüllung all meiner träume.
die bäume so flauschig, viel weicher als seide, und ihr duft frisch wie butterblummilch von der weide.
das herz hüpfte mir vor freude im leibe. und ich wusste: hier schaff ich mir eine bleibe.
in nixkommanull war ein stand hingestellt, war ein bonbolla-baum gleich auf anhieb gefällt. und geschwind wie der wind mit geschicktem geschick wurde aus bonbolla-bausch hochmodischer schick.
kaum war ich fertig, macht es kra-wumpf!
ich staunte –
da kletterte was aus dem stumpf, der vom baum übrig war. so ein komischer mann. beschreiben? ... schwierig. ich weiß nicht, ob ich's kann. er war klein und bemoost. und sein ton, als er sprach, war scharf und erbost.
he da! er nieste holzstaubgekitzelt,
wieso hast du bloß meinen baum so zerfitzelt?
der lorax bin ich, ich sprech für die bäume.
denn die bäume sind stumm, ich aber schäume!
– er war ganz aufgebracht –
was hast du da nur für ein DING draus gemacht?
aber lorax, sagte ich, was ist schon dabei?
ein einziger baum, und so ein geschrei?
ich mache mich nützlich. das ding ist ein schnauch.
und ein schnauch ist ein so-was-braucht-jeder-du-auch.
der lorax darauf:
nichts als maßlose gier. deinen schnauch will kein mensch auf der welt, glaube mir.

(nach dr. seuss, *der lorax*)

der lorax hatte sich natürlich getäuscht. die leute wollten den schnauch, und haben den wie blöd gekauft. daraufhin wurden selbstverständlich fabrik nach fabrik gebaut, um der nachfrage nach den schnauchs hinterherzukommen. bis kein bonbolla-baum mehr stand. und erde, wasser und luft verdreckt waren, und schließlich verreckten.
und da verschwand der lorax, traurig, schweigend.

ist moritz also der lorax?
oder kennt er ihn einfach nur gut und erzählt von ihm, mit scharfem, blühendem witz?
moritz, träum weiter!

II. Notizen zu Werkgenese, Rezeption und Werdegang

2. Lebensläufe

Fast ein Sohn

JOHANN KRESNIK

Moritz Rinke, statt als Torwart von Werder Bremen auf dem Platz zu stehen, ist heute ein ganz besonderer Autor und Dramatiker, dessen Werke auf vielen deutschsprachigen Bühnen zu sehen sind. Seine Eltern Hadfried und Rosel sind sehr gute Freunde von mir. Wann immer ich nach Worpswede zu Besuch kam, stand Moritz schon zwischen zwei Bäumen im Garten und brüllte, wenn er mich erblickte: „Schieß!" Ich trat gegen den Ball, und Moritz flog durch die Gegend. Höllische Freude, wenn er einen Schuss hielt. Wir unternahmen viel zusammen. Die ganze Jugend war von seinem Wunsch geprägt, Torwart zu werden. Oft gingen wir gemeinsam ins Weserstadion zu Heimspielen von Werder Bremen, durch die Bekanntschaft mit Otto Rehhagel waren wir willkommene Gäste. Bei jedem Angriff schrie Moritz aus vollem Halse und fiel mir um den Hals, wenn Werder ein Tor schoss. Einige Male besuchten Moritz und ich Speedwayrennen am Arsterdamm. Oder aber Hadfried und ich fuhren gemeinsam mit unseren Kindern, nebst einem riesigen Anhang von persönlichen Freunden, in die Kärntner Berge in den Urlaub.

Bei einer Inszenierung von mir in Sao Paulo, *(ZERO)*[2], war er anwesend, um über das Stück zu berichten. Anschließend verbrachten wir noch gemeinsam einige Urlaubstage in Pantanal, wo er sich in eine wunderschöne Brasilianerin verliebte. Was soll man sonst in Brasilien tun?

Es gibt viele Rezensionen von ihm über meine Stücke, die Moritz, Gott sei Dank, sehr kritisch sah. Der ihm gemachte Vorwurf, voreingenommen über einen Freund zu schreiben, war nie berechtigt. Bei einer Probe in Bremen saß er breitbeinig auf einem Stuhl und gab wichtige Kommentare über die Inszenierung oder Choreographie. Alle Anwesenden fragten sich, wer ist das, denn seine Einwürfe waren alle berechtigt und genau.

Der von Moritz eingeschlagene Weg freut mich sehr, da unsere Beziehung einer Vater-und-Sohn-Verbindung ähnelte. Ein Chaot, wie ich es bin, ist leider unfähig, seine durchdachten und exakten Stücke zu inszenieren, was aber weder für Moritz noch mich ein Problem darstellt. Ich bin glücklich einen Freund, fast Sohn zu haben, der einen wichtigen Beitrag zur deutschen Literatur beisteuert.

Mach weiter so Moritz, zeige den Menschen den Weg auf, der richtig sein muss. Ich umarme dich und deine Arbeit, als Torwart wärst du inzwischen ein alter Mann zwischen den Pfosten, als Dramatiker bleibst du ewig jung.

Den Widerstand studieren
Moritz Rinke und der Zufall des Schreibens

Das vorliegende Interview mit MORITZ RINKE *führte die Gießener Theaterwissenschaftlerin* PETRA BOLTE-PICKER *am 24. Januar 2010 im Café Hardenberg in Berlin im Beisein von fünfzehn Studierenden des Instituts für Angewandte Theaterwissenschaft der Justus-Liebig-Universität Gießen. Petra Bolte-Picker und Moritz Rinke waren zwischen 1989 und 1992 Kommilitonen am Institut, das in dieser Zeit von Prof. Andrzej Wirth geführt wurde.*

PETRA BOLTE-PICKER: Die meisten Studierenden, die du hier siehst, befinden sich in ihrem ersten Semester. Erinnerst du dich an deine Erstsemesterzeit?

MORITZ RINKE: Ja.

BOLTE-PICKER: ... und an deine Aufnahmeprüfung?

RINKE: Nur noch ganz schwach. Christel Weiler, damals wissenschaftliche Mitarbeiterin des Instituts, saß in dem kleinen Büro, und es ging irgendwie um Postmoderne und Robert Wilson. Und da saß so ein seltsamer Mann mit einem Strohhut, den kennt ihr alle nicht mehr, und seinem weißen Anzug, er hatte auch einen roten Läufer in seinem Büro, so einen Gala-Teppich. Den Mann habe ich überhaupt nicht verstanden – er sprach zwar deutsch, war aber Dialektiker, das merkte man sofort. Das war Andrzej Wirth. Den habe ich die nächsten vier Jahre eigentlich auch nicht verstanden. Aber ich habe eine Menge von ihm gelernt: über Auftritte, die Selbstverständlichkeit des Auftritts von Theaterleuten, die keine Ahnung haben, was sie jetzt machen werden, was sie erzählen werden. Diese Selbstverständlichkeit hatte er selbst sehr gut drauf.

BOLTE-PICKER: Ja, ich erinnere mich noch sehr gut an diese auch öffentlich wirksame Art der Gesprächsführung im wissenschaftlichen Raum. Wir haben soeben im Rahmen der *Berliner Lektionen* dein Gespräch mit dem ostdeutschen Fußballtrainer Hans Meyer im Renaissancetheater gesehen und gehört. Gegenüber dem Theater befindet sich die Technische Universität, dort hat jemand ein Transparent aufgehängt, auf dem zu lesen ist: „TU-PhysikerInnen gegen Kurzsicht." Offenbar hat der „Bildungsstreik" in Berlin seine Spuren hinterlassen – kann deiner Meinung nach „Bildung streiken"? So wie es der Begriff impliziert?

RINKE: Na ja, das Bild ist natürlich schwierig, aber wenn es so weitergeht in dieser Stadt, streikt die Bildung vielleicht dann wirklich, weil es sie gar nicht mehr gibt. Ich bin auch froh, wenn überhaupt junge Menschen auf die Straße gehen. Bildung ist ein sehr großes Thema, das hat dieses Land ja wirklich noch nicht begriffen, wie sehr man um Bildung kämpfen muss, und wenn das die Politiker schon nicht tun, dann müssen das eben die Studenten tun. Ich finde, die Studenten können sich noch für andere Dinge mobilisieren und auf die Straße gehen. Jetzt würde ich fast anfangen: Damals sind wir noch wegen des Irak-Kriegs in Gießen auf die Straße gegangen, ...

BOLTE-PICKER: ... Na klar, ich auch ...

RINKE: ... aber da klingen wir jetzt ja schon wie Veteranen.

BOLTE-PICKER: Wenn Bildung streiken kann, dann deswegen, weil die Strukturen, die Bildung ermöglichen sollen, nicht mehr zum Wissenserwerb taugen. Es ist erstaunlich: die Misere, die daraus entsteht, erweist sich als eine riesige Wortmaschine: in den universitären Diskussionen um die Modularisierung werden einfache „Aufnahmeprüfungen" plötzlich zu „Eignungsprüfungen", es ist die Rede von „Reibungsverlusten" und „Diplomleichen" in „schwundstufigen Studiengängen" ...

RINKE: ... wie heißt das?

BOLTE-PICKER: ... „schwundstufige Studiengänge" ...

RINKE: Wow. Ich bin momentan am deutschen Literaturinstitut in Leipzig, das ist vergleichbar mit den Theaterwissenschaften in Gießen, da werden auch nur zwanzig Leute aufgenommen, die dort eben das Schreiben lernen, soweit man das überhaupt lehren kann. Dort ist natürlich auch auf den Bachelor umgestellt worden wie überall, und was mir an diesem Bachelor auffällt, ist die Verschulung von allem, dass alles unheimlich verschult wird von außen. Ich befürchte, dass manche Studenten einfach durch diesen Druck, ständig Punktzahlen irgendwo zu erreichen, viele Dinge nicht mehr freiwillig machen können. Also Seminare besuchen können, die sie wirklich interessieren, weil sie eigentlich dafür keine Zeit haben – dass sie dadurch total eingeengt werden, was in einem akademisch-künstlerischen Studiengang natürlich traurig ist. In Leipzig versuche ich immer Wege zu finden, wie man aus diesen ganzen Modulengen herauskommt, wie man Freiräume schafft für Studenten einfach ohne dieses ständige Punkteabliefern.

BOLTE-PICKER: Wir versuchen in Gießen ebenfalls die neuen Studiengänge zu flexibilisieren, aber vermutlich kann man die Vielfalt und Offenheit, mit der wir studiert haben, in dem Ausmaß nicht mehr erreichen. Ich habe zurückgeblickt und geschaut, wer damals am Institut rumlief: Da war zum Beispiel Tim Staffel, der auf der institutseigenen Probebühne in künstlerischen Projekten skandieren übte; Oliver Hardt hatte Erfolg mit stilisierter Schönheit auf der Bühne; Nils Tabert ist heute Leiter der Theaterabteilung von Rowohlt und damit dein Theaterverleger; René Pollesch hat stundenlang in der Cafeteria über alternative Welten philosophiert, in denen Ekel Alfred (seinerseits eigentlich ein Cyborg) als Kapitän von Raumschiff Enterprise versoffen durch das Weltall fliegt und dafür einen Oscar bekommt; Jens Roselt hat sich durch Fleiß und Witz wissenschaftlich sensibilisiert ...[1] In dieser Zeit und im Hinblick auf das, was sich avantgardistisch nannte, galt deine Hinwendung zum Dialog und zum Drama unter Kommilitonen schon fast als reaktionär ...

Rinke: So ein Initiationserlebnis war eigentlich eine Aufführung von Oliver Hardt in Gießen auf der Probebühne. Man sah ein Mikrophon, eine Schauspielerin, die kaum mehr als Stimme vorhanden war, sondern nur noch eine Projektion. Ich hörte Texte; sah Lichteffekte; wir waren die Erstsemester und haben aber kein Wort und keinen Effekt verstanden oder um was es eigentlich ging. Dann wurde uns in den abschließenden Seminaren erklärt: Wir hätten auch nichts verstehen können, wenn wir nicht Lyotard und Derrida gelesen hätten. Dann habe ich gesagt: Okay! Ich bin nach Gießen-Wieseck gefahren, wo ich damals wohnte, und habe Derrida und Lyotard gelesen. Im nächsten Projekt auf der Bühne habe ich aber immer noch nichts verstanden. Dann hab ich mir gedacht: Offenbar gibt es hier wohl so eine ganz bestimmte Tendenz am Institut in Gießen. Ich gehe aber immer automatisch in die andere Ecke, wenn alles nach da rennt. In *Der graue Engel* spielt der postdramatische Einfluss aus Gießen zwar noch eine Rolle ...

Bolte-Picker: ... Andrzej Wirth schrieb denn auch das Nachwort zu diesem Stück ...

Rinke: ... aber im Prinzip war für mich die Entscheidung, Dialoge zu schreiben, eine Bewegung gegen Gießen. Wenn ich das von heute aus betrachte, hat die postdramatische Theorie – die ja nichts anderes war, als der Versuch der Theaterwissenschaft, endlich wichtiger zu werden – für eine große Verunsicherung gesorgt. Zehn Jahre haben die Regisseure in den Neunzigern die Texte dekonstruiert und die Phantasie der Autoren entleert, bis sie irgendwann gemerkt habe, dass sie vielleicht doch nicht so ganz ohne Handlung leben können und der dramatischen Vorarbeit. Und nun müssen sich Theater und Drama auf der Hälfte wieder treffen.

Bolte-Picker: Aber es schien für dich eine gute Anregung gewesen zu sein, den Widerstand gegen ein Studium zu nutzen für eigene künstlerische Zwecke.

Rinke: Ja, Reibungen sind notwendig, gerade unter Studenten. Man sieht etwas von jemandem und empfindet sich als antipodisch. Oder man schärft durch den

---

[1] Tim Staffel ist heute Schriftsteller und Theaterregisseur in Berlin; Oliver Hardt ist Filmregisseur (Dokumentar- und Imagefilm) und erarbeitet mediale Eventkonzepte; René Pollesch ist Regisseur und Dramatiker und leitete von 2001 bis 2007 den Prater der Volksbühne Berlin, Jens Roselt ist Professor für Theorie und Praxis des Theaters an der Universität Hildesheim.

Blick sein eigenes ästhetisches Wollen – und zwar durch die Arbeit der anderen.

BOLTE-PICKER: ... so gegen den Strom laufen – lass uns mal kurz über Thorsten Frings reden. In einem anderen Interview hast du gesagt, als Autor würdest du dich in der Welt des Fußballs auf der Position von Thorsten Frings positionieren. Jetzt ist er nicht mehr nominiert für den WM-Kader ...

RINKE: Na ja, der ist ein bisschen älter geworden. Zu Unrecht nicht-nominiert übrigens, den hätte man mitnehmen müssen. Wir haben nicht so viele auf der Sechser-Position. Frings ist immer so'n Unangepasster geblieben, hat sich nicht gemein gemacht mit den herrschenden, immer braveren Kräften im Fußball. Ich verscherze mir ja sehr viel mit den Theaterleuten, ich bin jemand, der wohl mittlerweile gemieden wird von Karriere-Feuilleton-Regisseuren, weil ich denen immer Probleme und eine schlechte Presse mache. Weil ich denen sage: Ich finde das ganz furchtbar und präpotent, was ihr da macht. Ich denke, der schöne Beruf des Regisseurs entwickelt sich immer mehr zum Dramaseur, dem es nicht mehr reicht, Texte zu interpretieren, zu beleben, die Geschichten von Autoren zu erzählen, was ja schon schwer genug ist. Ich bin kein Autor, der da sitzt wie früher Hochhuth oder Grass, die immer grün wurden, wenn denen ein Wort gestrichen wurde – ganz im Gegenteil. Man kann natürlich streichen, man kann viel machen mit einem Text. Nur: es muss Gemeinsamkeiten geben, einen gemeinsamen Atem, ein inneres Band – und das alles sehe ich oft im Theater überhaupt nicht. Da werden Texte als Vorlage benutzt oder als Sprungbrett, um sich möglichst weit davon zu entfernen, möglichst weit hochzuspringen und natürlich auch – und das ist ganz entscheidend – um als Regisseur möglichst sichtbar zu werden. Der Druck auf Regisseure ist offenbar so groß, dass es nicht mehr reicht, einen Gegenwartstext zu verlebendigen, den man ja eigentlich in anderen Städten gar nicht kennt, sondern der Druck ist so groß unbedingt aufzufallen. Und das kann man am Besten mit Klassikern, wo man den Abstand zeigen kann und dadurch die eigene Regie-Leistung einfach deutlicher macht, weil ein Publikum das eher einsehen kann. Der Abstand, den ein Regisseur vom Original zur heutigen Zeit schafft, ist sichtbarer, als eine Interpretation von einem neuen Stück. Und darum werden Stücke natürlich immer nur einmal gespielt: beim ersten Mal kommt die Presse, beim zweiten Mal gibt es für die Presse diese Erotik zu kommen schon nicht mehr. Und so gibt es einfach nicht mehr die Anreize für ein Theater, ein Stück ein zweites Mal zu spielen. Deshalb ist das Uraufführungstheater in Deutschland natürlich sehr gefährdet, weil es immer mehr nur B-, C- oder D-Uraufführungen auf die Bühne bringen wird, aber die guten Stücke wenig gespielt werden und so nicht in ein Gegenwarts-Repertoire übergehen, von Kanon will ich schon gar nicht sprechen. Eigentlich läuft das Gegenwartstheater in eine Sackgasse.

BOLTE-PICKER: Ein Autor braucht eine gewisse sichere Form, in der er sich schriftlich ausdrücken kann. Ist diese Form für dich der Dialog?

RINKE: Na ja, mittlerweile ist es der Roman geworden.

BOLTE-PICKER: ... nun doch ein Ressentiment gegen den Dialog?

RINKE: Nein, der Roman ist auch sehr dialogisch. Aber es ist ein Ressentiment gegen den Theaterbetrieb. Das ist natürlich etwas, was ich in Gießen gut lernen konnte: sich über den Betrieb zu erheben. Das Studium der Angewandten Theaterwissenschaft befähigt zu ganz vielem, nicht nur zum Theater machen, sondern man kann ja auch Journalist werden. Hab ich auch eine Zeit lang gemacht, man kann in die Wissenschaft gehen, wie man an dir sieht ...

BOLTE-PICKER: Diese Diskrepanz, die es früher tatsächlich gab zwischen der Theorie und der künstlerischen Praxis – vielleicht war es ein großes Loch, das sich damals auftat, weil einfach nicht klar war, wie man die beiden Bereiche wirklich zu verbinden hatte. Heute ist es allerdings in Gießen anders institutionalisiert, es gibt für die Angewandte Theaterwissenschaft eine künstlerische Professur (Heiner Goebbels) und eine Professur für die Theorie (Helga Finter), in beiden Bereichen wird geforscht, auch untereinander, künstlerisch-wissenschaftlich. Es wird daher möglich die Verbindung von Theorie und Praxis anders zu denken, eher in Form von Diskursen, von Interdisziplinarität und gegenseitiger Befruchtung: ein neues künstlerisches Schaffen stellt sich dann ein, wenn ich auch in der Lage bin, auf eine bestimmte wissenschaftlich-theoretische Art zu denken. So gestaltet sich die künstlerische Produktion weniger an den Theoretikern selber (Derrida auf der Bühne), sondern eher in Bezug auf Wissensformen und Denkstrukturen.

RINKE: Ja.

BOLTE-PICKER: Du hast gerade Hans Meyer über Fußball interviewt. Wo liegt für dich der Unterschied zwischen dem Theaterdialog und so einer dialogischen Konversation vor einem Publikum?

RINKE: Das ist ein enormer Unterschied für mich. Der Theaterdialog ist immer künstlich, weil er hergestellt wird, strukturiert, wirklich gearbeitet ist. Ein Gespräch unter zwei Menschen, die sich zuhören, ist immer lebendig, da fliegen ständig neue Bälle hinein ins Spiel. Es ist auch vom Zufall bestimmt. Sich das Zufällige im Schreiben zu bewahren, ist vielleicht ganz interessant. Also, dass man versucht, sehr wach zu bleiben für Figuren, für die Reaktionen von Figuren, das kann man auch lernen, indem man Figuren nicht am Reißbrett konzipiert. Es gibt Theaterautoren, die haben Stücke wirklich konzipiert. Das merkt man den Stücken auch an, z.B. Max Frisch, Brecht, Dürrenmatt. Das sind Autoren, die haben ihre Stücke vorher auf dem Bierdeckel skizzieren können, die wussten die Exposition, die Peripetie, die Parabel des Ganzen. Diese Skelettierung des Stückes sieht man dem Stück immer auch an. Das Skelett scheint immer durch das Fleisch durch. Das ist eine sehr dünne Haut. Im lebendigen Dialog kann man natürlich lernen: Ist es wirklich eine Unterhaltung? Bin ich wach? Oder konzentriere ich mich schon auf meine nächste Frage und höre gegenwärtig nicht wirklich zu? Das kann man in Talkshow-Dialogen lernen, das sind alles tote Dialoge. Zuhören ist sehr wichtig fürs Schreiben, für die Wachheit von Figuren. Wenn du an einer bestimmten Stelle des Dialogs bist und der Dialog rennt plötzlich in eine andere Richtung – erst sagt die eine Figur dies, dann sagt die andere das –, aber du wolltest eigentlich dort hin und nicht da hin. Dann sollte man ruhig weiter rennen in die andere Richtung. Stücke schreiben sich, wenn die Figuren wirklich lebendig sind, ab einem bestimmten Moment von selbst. Das ist dann wirklich Dramatik, weder narrativ, episch oder postdramatisch oder sonst was, nur lebendig. Das ist immer das überraschende Moment für einen Autor, wenn ein Stück sich selbst schreibt, wenn Figuren plötzlich auch eine Reibung zum Autor entwickeln. In *Der graue Engel* ging mir diese Figur zum Teil so auf die Nerven – und dann sagt man sich als Autor: Okay, offenbar ist die jetzt so. Und dann muss man mit der leben, dann mag man sie nicht. Ich mag sie auch heute nicht, ich mag eigentlich das ganze Stück nicht, es nervt mich, wird aber ständig irgendwo gespielt. Am liebsten würde ich es heute überarbeiten. Ja, es ist so, dass ich denke, ich müsste von außen als Autor irgendwie mehr in Erscheinung treten und etwas von mir dazuschreiben, wie einen epischen Kommentar. Aber das wäre zutiefst undramatisch, es wäre eitel, ich würde der Figur meinen Stil verpassen wollen. Also, vermutlich ist es dramatischer, bescheiden zu bleiben. Vielleicht muss man als Dramatiker wie dieser Philosoph in die Mülltonne, man muss in die Verkleidung, in die Tonne, in das Diogenes-Prinzip. Das In-die-Tonne-Springen ist eben ein unnarratives Verfahren, wenn wir von Figuren sprechen, von dreidimensionalen Figuren. Wir können uns übrigens auch über gebrochene Textträger unterhalten, wir können Handlung auch von außen beschreiben, wie es andere Theatertexte tun, aber dann sind es keine von innen motivierten Handlungen, dann gibt es keinen Körpergestus von Sprache, aber vielleicht eine andere Vielfalt. Ich sage ja nicht, dass das eine falsch ist und das andere richtig. Es sind nur unterschiedliche Auffassungen von Leben auf der Bühne. Und wenn jemand sagt, eine Figur könne es heute nicht mehr geben, weil heute die Welt globalisiert ist und der Mensch in undurchschaubaren Systemen gefangen ist und manipuliert oder simuliert wird, dann muss ich allerdings etwas lächeln, weil wir doch im Prinzip alle fünf Minuten vor lauter Affekten losbrüllen könnten. Und dabei ähneln wir doch meistens eher einer Figur als einer Textfläche ...

BOLTE-PICKER: Nach Anne Uebersfeld gibt es den dramatischen Dialog nicht, denn er tritt immer schon als Trialog in Doppelrolle auf, in dem in den inszenierten Worten einerseits der Prozess Autor-Figur-Schauspieler und andererseits Figur-Schauspieler-Publikum hindurch klingt. So scheint dann nicht nur das Skelett der Struktur oder des Konzepts durch den dramatischen Text hindurch, sondern du als Autor ebenfalls.

RINKE: Wir müssen das trennen. Ich weiß, dass es die semiotische Theaterwissenschaft nicht gerne mag, den Schreibprozess von der Aufführung zu trennen. Aber ich als Literat muss das tun, weil ich die Theaterliteratur oder Literatur überhaupt als eigenständig begreife. Wenn ich im Schreiben des Stücks schon an die Umsetzung, an die Schauspieler oder an den Regisseur denke oder die Kostüme, dann werde ich ja wahnsinnig. Natürlich muss man das auch tun, rein pragmatisch: Schreibe ich sechzehn Figuren oder lieber doch mal zwei, damit wird es wahrscheinlich eher auf das Theater kommen. Aber letztendlich möchte ich eigentlich nicht darüber nachdenken, was das Theater damit macht. Nicht beim Schreiben, die Sorgen kommen schon früh genug, wenn die Proben beginnen.

BOLTE-PICKER: Kein Interesse am Publikum?

RINKE: Ans Publikum denke ich noch eher als an den Regisseur, aber eigentlich möchte ich erst einmal bei mir bleiben, bei dem Dialog mit den Figuren oder dem Dialog zwischen dem Autor und den Figuren. Das Dritte wäre dann ein bisschen viel beim Schreiben. Es sei denn, man schreibt sehr für die Produktion, diese Produktionsautoren gibt es ja auch, da reichen oft zehn bis zwanzig Seiten Material.

BOLTE-PICKER: Wann fehlten dir zum letzten Mal die Worte?

RINKE: *lange Pause* Das ist eine schöne Frage ... Mir fehlten die Worte bei einer Aufführung der *Optimisten* im Bochumer Schauspielhaus. Ich hatte ein Stück geschrieben über eine Reisegruppe, in der sich unterschiedliche Leute zusammen tun, ähnlich wie in Studienreisen, in denen merkwürdige Menschen zusammenkommen. Das ist eine Gruppe aus Bildungsbürgern und jungen Attac-Leuten, die zu einer Globalisierungskonferenz wollen und in Lumbini, dem Ort, in dem Buddha geboren wurde, von Maoisten festgesetzt werden in einem Hotel, und es gibt nur noch Salznüsschen und Whiskey. Die sitzen also tagelang in diesem Hotel und essen Salznüsschen und trinken Whiskey und werden immer wahnsinniger, arbeiten aber an einer Petition, die sie dem indischen Premierminister in Bombay auf der Globalisierungskonferenz übergeben wollen, um sich für die indischen Reisbauern stark zu machen. Und sie fangen an *Das Kapital* von Karl Marx zu lesen, mit Whiskey, Salznüsschen und Maoisten außen rum. Während der Proben trennte sich die Hauptdarstellerin von dem Hauptdarsteller – die Produktion wurde nicht umbesetzt, sondern so weiterprobiert. Das Bühnenbild war von einem Schwerstalkoholiker entworfen worden, vermutlich hatte er es aus der Schublade gezogen für bisher ungenutzte Bühnenbilder, auf jeden Fall war es ein Bühnenbild, das er eigentlich für eine Oper hätte verwenden müssen, für Richard Wagner – aber nicht für mich! Man sah die Schauspieler auf der Bühne gar nicht. Man musste immer ein Fernglas nehmen oder eine SMS an die Schauspieler schicken, wenn man sie irgendwie erreichen wollte. Und dann standen diese beiden Schauspieler in der Mitte dieses Wagnerischen Bühnenbildes und zofften sich privat, stundenlang und das auch noch kurz vor der Premiere. Alles aus dieser privaten Beziehung haben sie in das Stück getragen – aber im Stück hatten sie wirklich eine Liebesbeziehung. Die Rolle von der jungen Frau, Carla, das war meine Lieblingsfigur, die politische Figur, die Revolutionsfigur in dem Stück. Diese Schauspielerin zickte aber so rum mit diesem Mann, dass sie immer schrecklicher wurde und auch die Figur im Stück immer schrecklicher wurde. Und nun war Premiere, und es war am Tag des SPD-Parteitages und die gesamte Spitze der SPD – Schröder, Steinbrück, Steinmeier – alle waren sie da. Und gleichzeitig zum SPD-Parteitag fand die Attac-Konferenz NRW statt und die dachten sich: Oh, das ist doch ein Stück für uns, das passt doch, da gehen wir rein. Nun saßen unten die SPD und oben im Rang die ganzen Attac-Leute und sahen sozusagen ihre Protagonistin auf der Bühne, die alles andere war als die Sympathieträgerin der Aufführung. Die Attac-Gruppe dachte also, das Ganze sei eine Kritik an ihrer Bewegung. Dann kam der Schlussapplaus, ich kam auf die Bühne – für den Regisseur gab es noch großen Applaus, aber bei mir flogen Gegenstände, Attac-Leute haben wohl immer Wurfgegenstände dabei. Ich bin am Inspizienten vorbei, habe irgendeine Tür aufgemacht und stand auf der Straße. Ich war so geschockt, dass ich vermutlich nicht mehr wusste, wie ich heiße. Dann wollte ich eigentlich zurück auf die Bühne, man muss ja zurückkommen, das habe ich von Kroetz gelernt, wenn sie schreien, muss man wieder raus – ging aber nicht, die Tür war zu. Danach habe ich mich in der Kantine versteckt.

BOLTE-PICKER: Danke, Moritz, für dieses Gespräch.

Römische Elegie (für Moritz Rinke)
ULRICH HORSTMANN

In Rom kamen wir uns einmal ziemlich nahe.
Auf der Spanischen Treppe, um genau zu sein,
die er buchstäblich und mit Schwung
nachgebaut hatte für meine Sprechstunde
in der akademischen Platte zu Gießen.
„Unverstolperte Prosa", sagte ich, „aber
passen Sie auf, wenn sie ins Laufen,
ins Rollen kommt, die Treppe."
Ruckzuck sitze ich auf der Tribüne
in Worms. Freigekartet
für den Festspiel-Comic von Mario MoRi.
Das Buffet geht ins Kameraauge.
„Was halten Sie ...?"
„Bin Kostgänger, sehen Sie doch",
teile ich vollmundig mit,
während etwas den Magen umdreht.
Das war Nibelungentreue.
Genau wie jetzt in den frischgekalkten
Stallungen der Sekundärliteratur,
wo ich, geladen auf die Leiter,
als gerupftes Huhn
das Unmögliche in Angriff nehme
und dreimal zu krähen versuche,
dem römischen Rinke zu Ehren.

Rinke? Rinke kenne ich nicht!

GÜNTHER RÜHLE

Man kommt nicht umhin, Moritz Rinke nicht kennenzulernen. Bei mir war es im Frankfurter Theater. Schaupielproben im neu hergerichteten alten, ausrangierten Straßenbahndepot, weil wir wegen des Opernbrandes aus dem eigenen Haus ausziehen mussten. Dunkel, muffig. Robert Wilson probierte den *Lear* von Shakespeare, wohl Ende 1989, aufgeregte Wendezeit. Lear: Marianne Hoppe! Wir waren alle etwas gespannt, weil die Besetzung verrückt schien. Da gab es einen flinken Kerl, schmal, schwarzes Schlotterzeug, lustiges Gesicht, anscheinend immer fröhlich, ein luftiger Vogel, wie es schien, treppauf, treppab, alle Leute ansprechend, husch hier, husch da ... Wer ist das? Was will der hier? Wo kommt der her? Als Hausherr muss man so fragen. Ein Assistent? Nein, Praktikant aus Gießen. – Gießen angewandte Theaterwissenschaft??? Um Gottes Willen! Gewächs von Andrej Wirth??? Die waren scharf auf Wilson. Und auf alles, was anders war, als es sonst war, und wenn es nicht so war, lernten sie alles mischen, bis es anders war, als es war, und so war, wie es dann war.

Einmal kam der Junge auf mich zu, er hatte wohl nachgefragt, wann ich da wäre und wer, wenn ich da wäre, ich wäre? Er fragte – kleine Verbeugung, trotz Wirth also brav erzogen –, ob wir – er hatte ein neugieriges Lächeln im Gesicht – mal miteinander, kleines Interview und so. Ich weiß nicht mehr, wie wir verblieben, ob es ein Gespräch gab. Rinke wird es wissen. Es blieb etwas anderes: Figur, Gesicht, die frischbrennende Neugier, die Bewegung, sogar der Tonfall und die apart-verschmitzte Schürzung des Mundes – dankbar, verlegen, freundlich mit sich anschließenden Gedanken. Es war, von heute her gesehen, ein Auftritt, eine Erscheinung. Ich bin geübt im Vergessen und Verdrängen.

Es vergingen gut zwei Jahre. Ich hatte das Theater verlassen, war in Berlin, nach der Wende, wohl 1992, wieder Zeitung machen. Aber immer noch abends im Theater. Einmal war ich in der Schaubühne am Lehniner Platz. Die Aufführung? Ich weiß nicht mehr. Aber plötzlich saß neben mir wer? Moritz Rinke. Er erinnerte sich, ich erinnerte mich, der Junge vom *Lear*, Gießen. Er war noch so frisch und jung wie vor zwei Jahren. Selbst das Lächeln saß ihm noch so eckenstark in den Winkeln des Mundes. Was haben Sie gemacht, was treibt Sie nach Berlin? Er erzählte, Studium beendet, Diplom geschafft! Und jetzt? Was wollen Sie werden? Was will einer werden, wenn er aus Gießen kommt? Regisseur. Rinke sagte: „Regisseur." Regisseur? Was wollen Sie als Regisseur? Meine Frage war rhetorisch, ich sah den zarten, springenden Burschen zerfetzt von den Ansprüchen der Schauspieler und Dramaturgen, nervös, zerrieben vom Betrieb und tausenderlei Zwischenfällen. Da sagte ich, väterlich – ich war ihm ja ein paar Jahre voraus – „Können Sie schreiben?" Ich weiß nicht mehr, wie ich auf die Frage kam, vielleicht war's nur Neugier, oder eine Ahnung? Ich suchte damals neue Schreiber fürs Feuilleton des *Tagesspiegel* in Berlin. Ich brauchte frischen Blick, Lebendigkeit. Der Kerl war lebendig, er hatte flitzende Augen und ein gewitztes Mundwerk, immer nahe an der Ironie, wo der Humor noch nicht aufgehört hat. Das heißt: Menschliches war spürbar. Und das Schlaksige des Flaneurs hatte er auch, um ihn war flatternde Phantasie. Ich sagte. „Wie wär's mit der Zeitung? Sie sollten schreiben." Ich hab die Worte noch immer im Mund: „Kommen Sie zu mir in die Zeitung?" Da wurde es dunkel und es begann welche Vorstellung? Ich wunderte mich, wie eben aus Zufall, Erinnerung, Ahnung, Zukunftsgedanken in getrennten Menschen eine Spur sich legte ... Moritz Rinke kam. Er begann zu schreiben. Schnell sah man: Er hatte das Schreiben im Leib. Bald sagte er stolz: „Ich schreibe ein Stück ..." Als er *Der graue Engel* brachte, wusste ich, er war auf der Spur in sein Leben.

Das vorenthaltene Video

TOM STROMBERG

Mit meinem Freund Moritz Rinke teile ich viele Interessen, auch wenn wir uns leider nicht sehr häufig sehen – Fußball, Tennis, Theater, Lesen. Aus zwei Gründen ist diese Freundschaft jedoch etwas getrübt ... Seit Jahren verzehre ich mich nach einem Tennis-Video, das Rinke mir vorenthält. Ja und dann trennt uns noch – ich will ehrlich sein: ein klitzekleines bisschen Neid, denn Rinke ist ein Fußballstar. Langsam kann ich es nicht mehr hören: Moritz Rinke streicht 1000 Komplimente ein für seine Leistungen in der Schriftsteller-Elf, der deutschen Nationalmannschaft der Fußball spielenden Autoren. Rinke sei der stärkste Spieler der Mannschaft, soll der Trainer Hans Meyer gesagt haben. Fotos von Rinke im Trikot am Pool der deutschen Nationalmannschaft und von Rinkes Siegertor gegen Italien machen mich ebenso ungnädig wie die Tatsache, dass Meyer seine Schriftsteller-Mannschaft zur Vizeweltmeisterschaft führen konnte ... Fußball, Fußball, Fußball. Und wer interessiert sich für Tennis?

Moritz Rinke und ich führten bisher zwei legendäre Tennismatches. Rinke, der ja eine Zeitlang im Bundeskanzleramt ein und aus ging, dort las, berat und guten Wein trank, berichtete mir vor einigen Jahren, dass der Bundeskanzler ihn zu einem Tennismatch herausgefordert habe – zu einem Doppel. Schröder würde sich mit einem guten Mann verstärken, und er – Rinke – habe sich für mich als Partner entschieden.

Wir trafen uns also in Schröders Heimatstadt Hannover in einer Tennishalle und spielten vor einem Haufen Sicherheitsleuten Tennis. Schröder kam ehrgeizig daher, sein sportliches Einschlagen machte mir klar, dass eine gewisse Substanz vorhanden war, die ein interessantes Spiel versprach. Schröders Partner machte einen passablen Eindruck und Moritz spielte gut, stark, souverän. Ich sah an seinen Anlagen, dass er in früher Jugend Trainerstunden genossen hatte. Nachdem wir den ersten Satz locker 6:1 gewonnen hatten und Schröders Miene sich deutlich verdunkelte, nahm ich Rinke zur Seite und wies ihn darauf hin, dass uns ein wohlverdientes Essen und ein freundliches Gespräch nach diesem Spiel wohl nur sicher seien, wenn wir uns im zweiten Satz etwas zurück hielten. Das taten wir auch und gewannen diesen zweiten Satz ‚nur' 7:5. Schröder war zufrieden und lud uns zu einem Spargel-Essen an den Maschsee in Hannover ein.

Mein mitgefahrener Neffe vergnügte sich während des Essens mit den Pistolen der Sicherheitsleute, während wir mit Doris und Tochter Klara zu Mittag aßen. Schröder erwähnte das Tennisspiel nicht mehr und auch Rinke und ich versuchten, über andere Dinge zu reden. Wann hat man schon Gelegenheit, dem Bundeskanzler den einen oder anderen Hinweis in Sachen Kultur zu geben? Gefruchtet haben diese Hinweise natürlich alle – nichts!

Einige Monate später wurde ich dazu berufen, ein Theaterprojekt für die documenta 10 zu verwirklichen und bat Rinke, die Sache als Dokumentarist zu begleiten. Rinke nahm freudig an und witterte eine Chance auf Wiederaufnahme unseres Tennisspiels. Diesmal aber, meinte er, sollten wir doch mal ein Einzel *gegeneinander* spielen. Ich sagte sofort zu (ich hatte ihn ja beim Doppel erlebt), und wir trafen uns auf einer Rotsandanlage in Kassel.

Rinke – siegessicher – hatte eine Freundin mitgebracht, die auf dem Schiedsrichterstuhl Platz nahm und Weisung hatte, das gesamte Spiel per Video zu filmen. Vermutlich mit dem Hintergedanken, seinen Triumph hinterher auf großer Leinwand ausführlich genießen zu können. Die Wahrheit ist, dass ich Rinke in zwei Sätzen glatt abgefertigt habe und das Video bis heute nicht zu sehen bekam. Das muss sich ändern …

Das große Stolpern?

Impressionen von der WM 2005

HANS MEYER

Eigentlich hatte ich den Trainerberuf schon an den Nagel gehängt, als mir die Ehre zuteil wurde, die deutsche Autorennationalmannschaft zu trainieren. Es ist egal, ob man Literaten oder Fußballer trainiert. Beiden Berufen scheint im Erfolgsfall mein Patentrezept „Flach spielen, hoch gewinnen" eigen zu sein. Und so stimmte ich – wie alle meine Mannschaften zuvor – auch die Literatenelf in der Toskana mit dieser Weisheit mental auf ihre große Aufgabe ein. Es drängte sich mir allerdings der Eindruck auf, dass das gute toskanische Essen, das einen viel größeren Raum einnahm als die Spiele, für den einen oder anderen Schriftsteller der größte Anreiz war, sich für die Nationalelf nominieren zu lassen. Auch hier also kein Unterschied zu den Fußballern, mit denen ich bisher gearbeitet hatte.

Schon vor dem Spiel fiel Moritz Rinke dadurch auf, dass er als einziger die deutsche Nationalhymne nicht nur fehlerfrei, sondern auch mit voller Inbrunst intonierte. Während des Turniers zeigte er gutes Spielverständnis, erkannte die Situationen und reagierte schnell, wobei allerdings seine ihm angeborene Individualität ihn das rechtzeitige Abspiel manchmal verpassen ließ. Das alles entscheidende Tor seinerseits eliminierte den hochfavorisierten Gastgeber Italien im Halbfinale mit 1:0. Allerdings mussten die deutschen Autoren wegen katastrophaler Schiedsrichterleistung und einigen Einwechselfehlern meinerseits beim 0:5 den eigentlich verdienten Weltmeistertitel abgeben. Böse Zungen behaupten, der Alkoholgenuss und das Schlafdefizit nach dem Halbfinale hätten dieses Ergebnis mit beeinflusst. Das weise ich von mir, habe ich doch das Verhalten meiner Spieler persönlich bis morgens um vier Uhr kontrolliert.

Nichtsdestotrotz verdanke ich Moritz Rinke den größten sportlichen Erfolg meiner Laufbahn, Vizeweltmeister geworden zu sein. Animiert durch diesen Erfolg habe ich meinen festen Entschluss, niemals wieder als Trainer in der Bundesliga zu arbeiten, revidiert und bin nach Nürnberg gegangen. Danke Moritz!

Vor dem Fliegen Schwimmstunden

KATHARINA ADLER

Die meisten eurer Stücke werden erst einmal in die Tonne wandern, erklärte Moritz Rinke zu Beginn seines Seminars für szenisches Schreiben am Deutschen Literaturinstitut Leipzig und erinnerte uns Studenten dann aber zur Ermutigung an die Kindergeschichte von Nils Holgersson und seine Abenteuer mit den Wildgänsen: Die Beziehung zwischen Dramatikern und Schauspielern ähnele der Geschichte des kleinen Jungen, der auf dem Rücken der Wildgänse fliegt. Das Besondere am Schreiben für das Theater sei die Begegnung der Sprachwelt des Dramatikers (Nils Holgersson) mit der Körperlichkeit der Schauspieler (die Wildgänse). Wobei Rinke bei den Stichworten „Begegnung" und „Körperlichkeit" einfiel, dass er gerade im Flieger nach Leipzig neben Dolly Buster gesessen habe. Sie hätten sich einander bekannt gemacht und er habe erzählt, dass er auf dem Weg sei, eine Professur anzutreten, worauf Frau Buster erklärte, dass sie sich in ihrer Freizeit auch mit wissenschaftlichen Themen auseinandersetze. Er habe noch kurz versucht, ihr zu erläutern, was für eine Art von Professur das sei und dass er mit der Ankündigung der „Tonne für die Texte" und der Geschichte von den Wildgänsen sein Seminar beginnen wolle, da setzten starke Turbulenzen ein und während er mit seinem überschwappenden Kaffeebecher beschäftigt gewesen sei, habe seine Sitznachbarin über ihr derzeitiges Interessensgebiet zu monologisieren begonnen. Sie habe über die Minderwertigkeit adulter pluripotenter Stammzellen referiert und auch beim verfrühten Alterungsprozess reproduktiv geklonter Säugetiere müsse noch geforscht werden, nein, „währrdän" habe sie mit ihrem Prager Zungenschlag gesagt, und sich nicht um die Turbulenzen gekümmert. Um das eindrucksvolle Wippen unter ihrem Kinn schon gar nicht. Im Landeanflug auf Leipzig hätte Frau Buster dann noch prognostiziert, dass wir, die herkömmlich produzierte Sorte, uns getrost in die Tonne werfen könnten, sobald der Alterungsprozess entschleunigt und noch ein paar andere Kleinigkeiten mit der Ontogenese geklärt seien. Er habe Einspruch erheben wollen, doch sie habe mit einer Serviette die Kaffeeflecken auf ihrer Bluse trocken getupft und ihn unterbrochen: „In der Tonne währrdän wir landen mit den Stücken ihrer Studähntän."

Viele der szenischen Texte, die wir in Moritz Rinkes Werkstattseminaren vorgestellt und besprochen haben, sind tatsächlich in die Tonne gewandert, allerdings haben wir gemeinsam auch immer wieder etwas Brauchbares hervorgeholt. Wir haben zwischen Kryptik, Küchenpsychologie und Klamauk nach Verwertbarem gesucht und dabei mal einen Dialogfetzen, mal ein Motiv, manchmal sogar das Skelett eines ganzen Theaterstücks wieder geborgen. Prinzipien und Theorie des dramatischen Schreibhandwerks gab es gleich dazu – wie die Anekdote über das Prager Busenwunder, an der sich vieles zeigen lässt, was eine Szene ausmacht: Die Reibung zwischen dem, wie eine Person aussieht und dem, was sie zu sagen hat. Das Aufeinanderprallen verschiedener Figurenenergien, wenn ein angehender Dramatik-Professor, der bei Turbulenzen mit seinem Kaffee kämpft, von seiner Sitznachbarin in aller Ruhe über künstliche Organismuserzeugung aufgeklärt wird. Wie eine Figur charakterisiert wird, wenn ihre Sprache von einem Akzent gefärbt ist, mit welchen Gesten sie sich artikuliert. Wie grundsätzlich anders sich verschiedene Körper in ein und demselben Raum bewegen und wie sie dabei wirken. Es macht einen völlig anderen Eindruck, ob ein Pornostar a.D. sich Kaffeeflecken von der Bluse tupft oder ein Student für szenisches Schreiben von seinem T-Shirt. Dass Busenwunder und Dramatiker in einem Flugzeug nebeneinander sitzen, bleibt enorm zufällig, ist aber nicht verwunderlich. Denn das Schreiben für das Theater ist nicht nur ein Schreiben für die Schauspieler, schon der Vorgang des Schreibens ist ein (zumindest imaginiert) körperlicher Akt. Der Dramatiker steht neben seinen Figuren und begeht mit ihnen eine Welt, die er für sie erschaffen hat, er zieht den Dialogen das Papier unter den Buchstaben weg und legt sie auf die Zunge der Figuren. Und so beiläufig, wie diese Anekdote über Dolly Buster und den Dramatik-Professor Handwerkliches des dramatischen Schreibens skizziert, so scheinbar nebenbei lehrt sie auch über die Verschränkung und Verdichtung von Themen: eine weibliche Figur, die im Pornogeschäft ihr Geld verdient, hält einen Monolog über die künstliche Erzeugung von Leben.

Stets geht es bei Moritz Rinke um Möglichkeiten und Beispiele von Theatertexten. Rinke fordert authentische Lebendigkeit der dargestellten Welt und ihrer Figuren und animiert dort, wo es nötig ist, zur Recherche und genauen Auseinandersetzung mit den Themen, die uns beschäftigen. Unsere Geschichten, Figuren, Dialoge sind nicht in Stein gemeißelte Werke, über die es zu richten gilt, sondern Vorschläge, von denen ein Teil verworfen wird, ein anderer Teil mit neuen Vorschlägen weiter gedacht. Ganz pragmatisch hat Moritz Rinke die dramatischen Strukturen der Stückentwürfe als Graphen aufgezeichnet und so demonstriert, wie Zeit, Ort und Figuren zusammenspielen. Diese Skizzen dienen zwar erst im zweiten Schritt dazu, bessere Stücke zu schreiben, zunächst einmal sind sie Hilfsmittel, Texte genauer und analytischer zu lesen.

Jeder Theatertext sei in der Hauptsache Literatur. Und gerade dieser hybride Zustand zwischen literarischer Arbeit und szenischer Umsetzung mache den Dramatiker genauso wie den Schauspieler zum Theatertier, hat Moritz Rinke auch zuletzt erklärt. Allerdings gehöre der Dramatiker zur Spezies der Meerjungfrauen – zu ihr ins Wasser wolle kaum jemand. Wenn sie sich verlieben wolle, dann müsse sie ans Land, wo sie allerdings auch nicht leben könne, also müsse sie zwischen Land und Wasser pendeln. In den Seminaren bleiben wir zunächst im Wasser – unter uns, versprach Rinke. Zu Pendlern zwischen den Elementen werden die, die ihre Liebe zum Land entdecken, ganz von allein. Der eine oder andere wird dann nach den Schwimmstunden sogar fliegen – nicht unbedingt neben Dolly Buster durch Turbulenzen, sondern, viel schöner, auf dem Rücken der Wildgänse.

Leibgeschriebenes

CHRISTOPHER KLOEBLE

Vom Theater halte ich wenig – so lautete mein Standpunkt vor einigen Jahren. Damals studierte ich seit kurzem am Deutschen Literaturinstitut Leipzig und sah mich gezwungen, eine Wahl zwischen Lyrik und Drama zu treffen, als zweites Hauptfach neben Prosa. Ich entschied mich weniger für Drama als gegen Lyrik. Aber wer geht heutzutage noch ins Theater, sagte ich mir, wenn im Kino ein guter Film läuft? In dieser Zeit spazierte ich mindestens viermal pro Woche zur Videothek. Drehbuchautor wollte ich werden, Drehbuchautor – nicht Dramatiker. Zumindest gab es Ähnlichkeiten, Überschneidungen, die mich hoffen ließen. Könnte ich jene Dialoge, welche ich für die Dramaseminare schreiben würde, später nicht ebenso gut für ein Drehbuch verwenden? Hervorragende Idee, glaubte ich, und machte mich auf zu meinem ersten Dramaseminar.

Ich verstand nichts. Damit will ich keineswegs sagen, dass ich mir kaum Mühe gab, mich in die Materie eines Theaterstückes hineinzuversetzen – ich verstand es nur einfach nicht. Woche für Woche stellten meine Kommilitonen ihre Stückentwürfe vor, wir lasen mit verteilten Rollen, jeder einzelne versuchte, diesen tintenfrischen Texten trotz amateurhaften Schauspiels bestmöglich Leben einzuhauchen, doch alles, was dabei für mich herauskam, war verquaster, intellektueller und vor allem hochartifizieller Mist. Von Dramatik keine Spur. Ich verstand es nicht, meinte jedoch nun durchaus zu verstehen, weshalb das deutsche Theaterpublikum zunehmend schrumpfte. Also präsentierte ich meinen, wie ich fand, bahnbrechenden Text: ein Roadmovie fürs Theater. (Im Seminar stellte ich es als *Odyssee* vor, um unnötiger Antipathie vorzubeugen.)

Nach dem Lesen wurde es still im Zimmer. Räuspern. Raschelndes, nervöses Herumblättern. Gewiss: Verlegenheit aufgrund des erstaunlich dramatischen Textes. Dann eine Meldung! Vorne rechts schnalzte einer mit der Zunge, ehe er meinte: „Ich versteh das nicht." Er sagte noch einiges mehr, keine schmeichelhaften Dinge, aber letztendlich lief alles auf seine ersten vier Worte hinaus. Die Zustimmung der Kommilitonen war alles andere als zurückhaltend.

Danach quälte ich mich zwei Semester lang durchs Szenische Schreiben, erfüllte nur mehr meine Anwesenheitspflicht und steigerte meine vorsichtige Abneigung gegen Dramatiker in Abscheu, bis Moritz Rinke ans Literaturinstitut kam und – so würde ich gerne weiterschreiben – meine Liebe zum Theater erweckte.

Doch ... zuallererst war da Argwohn. Der Kerl sah aus wie das Klischee eines Künstlers: dunkles, schulterlanges Haar, das er offen trug, ein Drei-Tage-Bart und kleine, blinzelnde Augen. Er gab eine Anekdote nach der nächsten zum besten, in denen Dolly Buster oder Gerhard Schröder vorkamen, und beim Beantworten einer Frage ließ er sich gerne soviel Zeit, dass man sich oft fragte, ob überhaupt noch eine Antwort folgen würde. Außerdem trug er uns merkwürdige Schreibübungen auf, die er als Leibschreiben bezeichnete: jeder Seminarteilnehmer verfasst einen kurzen Monolog aus Sicht und im Ton eines zufällig gewählten Kommilitonen. Das war meist unangenehm und verflucht schwierig. Und dennoch nicht uninteressant. Mit anderen Augen zu sehen, vorzugeben, man wäre diese oder jene Person – heimlich versuchte ich mich mit jener Methode bei meinen Theaterfiguren. Es half. Widersprüche in ihnen erschienen plötzlich so offensichtlich, ich wunderte mich, sie bisher nicht bemerkt zu haben, und nach etlichen Überarbeitungen strahlten ihre Farben schließlich kräftiger, hatte ihre Sprache einen satteren Klang und ihr Verhalten eine nie geahnte Nachvollziehbarkeit.

Beim Vorstellen meines Stückes blieb ich jedoch als einziger dieser Ansicht. Worum geht es? Worin liegt der Konflikt? Ist das nicht eher ein Drehbuchstoff? Zahllose Fragen ballten sich in dem viel zu engen Seminarraum und stürzten auf meinen Text und mich ein. Wieso warf sich Moritz Rinke als Dozent und erfahrener Dramatiker nicht schützend vor uns? Er räumte bloß ein, der Bauer gefiele ihm. Der Bauer! Das war nur eine von sieben Personen und nicht einmal der Protagonist. Ich solle weiter an dem Stoff arbeiten, lautete sein Rat. Ich nickte nachdenklich. Innerlich war ich drauf und dran, das Stück dem Reißwolf zum Fraß vorzuwerfen.

In den darauffolgenden Monaten nahm ich trotzdem weiter am Seminar teil. Im Gegensatz zu den Besprechungen meiner eigenen Texte, half mir die Auseinandersetzung mit denen der Kommilitonen weitaus mehr, mich auf Probleme und Schwierigkeiten des Stückeschreibens aufmerksam zu machen. Moritz Rinke beschäftigte sich überaus ernsthaft mit jedem einzelnen Stückentwurf, nicht selten derart ausgiebig, bis wir Studenten die weiße Flagge hissten und ihn baten, zum nächsten Text überzugehen. Ich glaube, alle im Seminar hatten den Eindruck, dass unsere Texte vorangebracht wurden und sich mit jeder neuen Fassung weiterentwickelten, wuchsen oder einem zumindest besser zugänglich wurden, und ebenso, dass wir zunehmend begriffen, weshalb und mit welchen Methoden das zu erreichen war. Stück für Stück, im wahrsten Sinne des Wortes, lernten wir zu verstehen. Und obwohl das ja eigentlich die gewöhnlichste Sache der Welt hätte sein sollen, der Zweck unseres Studiums, vermittelte dieses Verstehen so ein neues, kostbares, einmalig ermutigendes Gefühl, das einen vorantrieb, einen schreiben, fluchen, zerreißen und von neuem ansetzen ließ. Und dafür bin ich Moritz Rinke sehr dankbar.

Bei der ersten Szenischen Lesung meines ersten Stückes – das mit dem Bauern – war ich dann unentschlossen, was mich mehr faszinierte, das Schauspiel auf der Bühne oder die Reaktionen der Zuschauer, und mit einem Mal wurde mir klar: Theaterstücke sind keine Drehbücher. Eine einfache Tatsache, die beim Schreiben umzusetzen mir bis heute oft nicht leichtfällt.

Doch einmal abgesehen davon, ob ich alles, was das Stückeschreiben betrifft, komplett verstehe oder nicht – in jedem Fall schnuppere ich inzwischen deutlich häufiger Theatersaalluft als noch vor einigen Jahren.

Verzeichnis der Beiträger

Katharina Adler ist Autorin und lebt in München und Berlin.
Mario Adorf ist Schauspieler und lebt in Paris und München.
Verena Auffermann ist Literaturkritikerin und Publizistin; sie lebt in Berlin.
Peter von Becker ist Redakteur beim Berliner *Tagesspiegel*, Kulturjournalist und Schriftsteller.
Petra Bolte-Picker ist wissenschaftliche Mitarbeiterin am Institut für Angewandte Theaterwissenschaften der JLU Gießen.
Kai Bremer ist wissenschaftlicher Mitarbeiter am Institut für Germanistik der JLU Gießen.
Sibylle Broll-Pape ist Regisseurin und Intendantin des prinz regent theaters in Bochum.
Sabine Carbon ist Autorin, Fotografin und Dokumentarfilmregisseurin, sie lebt in Berlin.
John von Düffel ist Schriftsteller und Dramaturg am Deutschen Theater Berlin.
Michael Eberth ist Dramaturg und Essayist, er lebt in Berlin.
Michael Heicks ist Regisseur und Intendant des Theaters Bielefeld.
Sandra Heinrici ist Lektorin beim Verlag Kiepenheuer & Witsch, Köln.
Ulrich Horstmann ist Professor für Anglistik an der JLU Gießen.
Thomas Irmer ist Journalist, Kritiker und Autor zahlreicher Fernsehbeiträge u.a. für 3Sat; er ist Lehrbeauftragter am Kennedy-Institut der FU Berlin.
Ulrich Khuon ist Intendant des Deutschen Theaters Berlin.
Stephan Kimmig ist Regisseur und lebt in Berlin.
Christopher Kloeble ist Schriftsteller, sein zweiter Roman *Ein versteckter Mensch* erscheint 2011. Er lebt in Berlin und Oberbayern.
Stephan Kraft ist wissenschaftlicher Mitarbeiter am Institut für Germanistik 2 für Vergleichende Literatur- und Kulturwissenschaft der Universität Bonn.
Johann Kresnik ist Choreograph und Theaterregisseur; er leitete bis 2008 das Choreographische Theater Bonn.
Ulrike Maack ist Regisseurin und lebt in Hamburg.
Hans Meyer ist Fußballtrainer und war 2007 DFB-Pokalsieger mit dem 1. FC Nürnberg.
Manfred Ortmann ist Lektor des Suhrkamp-Verlags im Bereich Theater und Medien, Berlin.
Andreas Pflitsch ist Arabist und wissenschaftlicher Mitarbeiter am Zentrum für Literatur- und Kulturforschung, Berlin.
Michael Propfe ist Stellvertretender Intendant und Geschäftsführender Dramaturg am Deutschen Schauspielhaus in Hamburg.
Michaela Reinhardt ist Lektorin für Deutsch an der Università degli Studi del Piemonte Orientale in Vercelli.

GÜNTHER RÜHLE ist Theaterkritiker und -historiker; er war von 1985-1990 Intendant des Schauspiels Frankfurt und lebt in Bad Soden.

KLAUS SIEBENHAAR ist Direktor des Instituts für Kultur- und Medienmanagement und Professor für Neuere Deutsche Literaturwissenschaft an der FU Berlin sowie geschäftsführender Gesellschafter des B&S Siebenhaar Verlags.

TOM STROMBERG ist Leiter des Theaterfestivals „Impulse" (gemeinsam mit Matthias von Hartz) und Theaterproduzent.

ULRIKE VEDDER ist Professorin für deutsche Literatur und Geschlechterforschung an der HU Berlin.

KLAUS VÖLKER ist Dramaturg und Autor, von 1993-2005 war er Rektor der Hochschule für Schauspielkunst „Ernst Busch" Berlin.

HARALD WOLFF ist Dramaturg am Staatstheater Braunschweig, vorher war er Chefdramaturg am Rheinischen Landestheater in Neuss.

MAREN ZIMMERMANN ist Dramaturgin am Staatstheater Nürnberg.

Literarisches Leben heute

Herausgegeben von Kai Bremer

Band 1 Kai Bremer (Hrsg.): „Ich gründe eine Akademie für Selbstachtung." Moritz-Rinke-Arbeitsbuch. 2010.

www.peterlang.de